PROGRAMME
DÉMOCRATIQUE

PARIS. — IMPRIMERIE D'E. DUVERGER,
RUE DE VERNEUIL, N° 6.

PROGRAMME

DÉMOCRATIQUE

PAR

VICTOR HENNEQUIN

REPRÉSENTANT DU PEUPLE

« LA RÉPUBLIQUE FRANÇAISE EST DÉMOCRATIQUE. »
(Constitution de 1848, art. II.)

PARIS

LIBRAIRIE PHALANSTÉRIENNE

RUE DE BEAUNE, N° 2

ET QUAI VOLTAIRE, 29, EN FACE DU PONT-NATIONAL

1851

PROGRAMME

DÉMOCRATIQUE

IL FAUT MAINTENIR LA RÉPUBLIQUE.

La réalisation des réformes sociales aujourd'hui réclamées par la grande voix populaire est attachée à la conservation du gouvernement républicain.

Au maintien de la République en France est liée désormais la cause du progrès pour l'humanité tout entière. La République perdue, ou seulement éclipsée en France, ce sont les réformes sociales indéfiniment ajournées, c'est le monde entier qui recule.

La République proclamée en février n'est pas un accident, un expédient temporaire, une simple forme de gouvernement qu'une autre forme puisse remplacer ; c'est un pas en avant fait par l'esprit humain, et un pas décisif.

Dans le passé, le nom de République n'a pas toujours exprimé ni un progrès, ni une situation durable. Le titre de République se conciliait dans Rome, dans Athènes, avec l'odieux esclavage des travailleurs; à Venise, avec la tyrannie d'une oligarchie empruntant à l'inquisition toutes ses formes; si bien qu'à certaines Républiques certaines monarchies pouvaient être préférées, au point de vue du bien-être général et de la liberté.

Mais, de nos jours, le mot République a pris un sens tout nouveau.

A mesure que l'humanité s'éclaire, son histoire devient

logique; l'intelligence, de plus en plus répandue dans les masses, donne son empreinte aux faits, le progrès suit une ligne régulière et facilement aperçue. L'histoire des États européens, et surtout celle de France, type de toutes les autres, marche vers un dénouement; elle ne retrace plus, comme aux premiers jours, une agitation confuse; c'est un drame régulier, c'est une création ordonnée comme celle de la Genèse. Il est impossible de ne pas reconnaître la loi irrésistible du progrès dans la succession de ces trois termes :

Monarchie absolue; — Monarchie constitutionnelle; — République.

Monarchie absolue ou gouvernement d'un seul; — Monarchie constitutionnelle ou gouvernement de quelques-uns; — République ou gouvernement de tous.

La gradation providentielle devient surtout évidente si l'on examine à quelles classes de la société appartient l'influence sous ces trois formes. Qui règne sous le nom du roi absolu? c'est la noblesse féodale, la classe militaire qui se fait gloire de ne manier que l'épée, la classe organisée pour détruire.

Qui règne sous le nom du roi constitutionnel? c'est la bourgeoisie, la classe commerçante, celle qui ne vit que pour acheter et pour revendre, spéculant sur un travail qu'elle ne fait pas de ses propres mains; l'homme qui détruit est remplacé par l'homme qui fait circuler les denrées, par le banquier, le négociant, le commanditaire des grandes industries; c'est évidemment un progrès, mais un autre progrès doit suivre : ce progrès c'est l'avénement des travailleurs, des classes véritablement productives, qui n'arrivent pas au pouvoir pour y exercer un monopole, mais pour ouvrir leurs rangs à toutes les autres, à condition qu'elles deviendront laborieuses.

Règne de la guerre, — règne du commerce, — règne du travail, tels sont les trois synonymes de Monarchie absolue, — Monarchie constitutionnelle, — République; l'heure de la République, seule conséquence logique, seul dénouement rationnel de notre histoire, était marquée de toute éternité au cadran de la Providence.

Sous le règne de Louis-Philippe, tout homme intelligent, parmi ceux mêmes qui ne travaillaient pas activement et directement à la fondation du gouvernement républicain, regardait ce gouvernement, quelle que fût l'époque de son apparition, comme l'avenir assuré de la France et du monde.

La République était un progrès prévu, et c'est d'abord en France que ce progrès devait s'effectuer ; la France résume tous les climats, toutes les races, toutes les idées de l'Europe; la France est à l'Europe ce que la tête est au corps, l'état-major à l'armée, la population de Paris à la France elle-même ; toujours la France a devancé le mouvement européen. Quand l'absolutisme régnait encore partout sur le continent, elle entrait pour 33 ans dans la phase de la monarchie constitutionnelle; les tendances constitutionnelles se manifestant en Europe, il fallait que la France fût républicaine pour conserver son rang d'avant-garde.

La République devait naître en France. Elle pouvait y naître plus tard. La corruption rapide de la monarchie bourgeoise a pourri les étais du trône, le monarque est tombé subitement ; tous ont alors senti que la République était son héritière légitime, que ce gouvernement seul avait été appelé à la succession par les décrets de la Providence, ou, si l'on veut, par la loi toute puissante de la croissance et du progrès dans l'humanité.

Malgré la légitimité de la République, on pourra profiter contre elle de cette faiblesse passagère qui lui est commune avec l'enfant né avant terme, et de l'inexpérience de ses premiers tuteurs, peu préparés à comprendre le caractère social qui la distingue profondément de la République, surtout politique, de 1792, caractère social qui constitue son originalité, son individualité, son droit de vivre.

On pourra profiter encore de la naïveté d'une population dont l'éducation politique n'est pas terminée et qui a subi trop longtemps la monarchie pour ne pas être encore influencée par ses prestiges ; mais quelles que soient les épreuves de la République enfant, quelles que soient les trahisons de ses gardiens, nul ne la tuera, nul ne la chassera de son héritage, et nous sommes entrés définitivement dans une ère nouvelle en février 1848.

EXTRAITS DE BAPTÊME DE LA RÉPUBLIQUE.

La grandeur et la puissance de cette révolution se révèlent par les acclamations longtemps unanimes dont ses adversaires la saluèrent. Ceux qui depuis l'ont insultée, bâillonnée, chargée de liens, ne purent retenir un cri d'admiration lorsqu'ils obtinrent l'honneur, avidement sollicité, d'être admis près de son berceau. Ces démonstrations, reniées depuis, ont été reprochées à leurs auteurs comme des symptômes de frayeur ou comme les calculs d'une ambition perfide. Tous ces reproches ne sont pas injustes; mais dans le cœur humain nous voulons voir surtout les beaux côtés, nous voulons croire que les hommages rendus à la République par des monarchistes de la veille, qui devaient être encore monarchistes le surlendemain, ne furent pas toujours dépourvus de sincérité *momentanée*.

Une révolution qui débutait par l'abolition de l'échafaud politique ne pouvait inspirer une longue terreur ; et si la prudence pouvait imposer le silence à ses ennemis, cette prudence n'exigeait point et n'explique pas les manifestations de l'enthousiasme. On fut réellement converti pour quelques jours par le grandiose des événements, par la puissance généreuse et calme que le peuple venait de déployer.

Quel qu'ait été plus tard le scandale des abjurations, les acclamations qui saluèrent la naissance de la République sont acquises à son histoire ; ce sont des titres pour elle, nous voulons les rappeler.

Voici d'abord l'acte de naissance officiel : c'est la proclamation du 4 mai 1848, proposée par les représentants de la Seine, adoptée *à l'unanimité* et sans discussion par l'Assemblée nationale :

« L'ASSEMBLÉE NATIONALE,

« Fidèle interprète des sentiments du peuple qui vient « de la nommer;

« Avant de commencer ses travaux ;

« DÉCLARE,

« Au nom du peuple français et à la face du monde

« entier, que la RÉPUBLIQUE proclamée le 24 février 1848
« est et restera la forme du gouvernement de la France.

« La République que veut la France a pour devise : *Li-*
« *berté, Égalité, Fraternité.*

« Au nom de la patrie, l'Assemblée conjure tous les
« Français de toutes les opinions d'oublier d'anciens dis-
« sentiments, de ne plus former qu'une seule famille.

« Le jour qui réunit les représentants du peuple est
« pour tous les citoyens la fête de la concorde et de la fra-
« ternité.

« VIVE LA RÉPUBLIQUE !

« *Les présidents et secrétaires,*

« *Signé,* Audry de Puyraveau, Fresneau fils, Astouin,
« Lagrevol, Ferrouillat, Auguste Avond, Sainte-Beuve. »

Le *Moniteur* constate les cris de *Vive la République!* répétés DIX-HUIT FOIS par l'Assemblée constituante le jour où elle rendit ce décret. L'Assemblée renfermait des royalistes persévérants, nous en avons eu la preuve depuis. Pas un ne protesta, pas un ne fit une réserve en faveur de la monarchie.

Les cris enthousiastes de l'Assemblée n'étaient que l'écho des bruyants hommages offerts depuis deux mois et demi à la République naissante par les organes de tous les partis.

M. Chambolle, qui depuis a fondé *l'Ordre*, un des organes de la réaction, s'écriait dans le *Siècle* du 27 février :

« Nous le disons avec orgueil : il n'y aura pas dans l'his-
« toire de gloire qui effacera celle des vainqueurs de fé-
« vrier. »

Le *Siècle*, aujourd'hui franchement républicain, mais placé alors sous une direction moins démocratique, exprimait encore ainsi le 1er mars toute sa sympathie pour les vainqueurs :

« Le peuple de Paris a montré ce qu'est aujourd'hui la
« France. Intelligent, intrépide, dévoué ; sachant se mo-
« dérer lui-même, prêt à contenir ou à réprimer toutes les
« mauvaises passions, ce peuple a bien grandi depuis un de-
« mi-siècle. Si ses gouvernants avaient pu s'élever à sa hau-
« teur morale, nous exercerions aujourd'hui sur l'Europe

« une influence sans rivale, et la France jouirait d'une « profonde paix, d'une incontestable prospérité. Le crime « et la folie du pouvoir, la bassesse d'un grand nombre de « ceux qui y furent associés, l'égoïsme des privilégiés, les « habitudes vénales, les débordements de la corruption, « voilà les causes réelles et profondes de la révolution qui « vient encore une fois de raser le sol ; les événements des « derniers mois, des derniers jours n'en ont été que l'ac- « cident. Qu'il soit donc désormais entendu pour tous que « la nation française ne peut se gouverner que par la per- « suasion, que par l'honneur, que par la droiture. »

Telle était la puissance des événements que *l'Univers* lui-même ne marchandait pas ses offres de dévoûment. Depuis que la démocratie, exilée des positions officielles, a été renvoyée à l'école du socialisme, où elle devra se fortifier, se régénérer avant de retourner au pouvoir, bien des gens, la croyant morte ou mortellement malade, l'ont traitée comme le lion mourant de La Fontaine. La révolution de février fut *une catastrophe;* Louis-Philippe, suivant le *Moniteur du soir,* a été renversé par une *poignée de gredins. L'Univers* n'a pas assez de mépris pour la révolution de février ou plutôt pour *les égouts de février,* c'est son mot; chaque journal *honnête* se plaît à confondre les combattants avec les hordes incendiaires pourchassées par eux. Toutefois on commença par envisager l'affreux abîme d'un coup d'œil assez sympathique. Le lendemain de la révolution *l'Univers* publiait un manifeste de M. de Montalembert, constatant l'accord des libertés qui venaient d'être conquises avec l'Évangile. *L'Univers* ajoutait le 1er mars :

« Aujourd'hui, au prix de moins de sang qu'il n'en coule « dans une bataille, la République est proclamée dans « toute la France, de façon a être reconnue avec respect « dans toute l'Europe! Qui attendait cela? qui redoutait « une chute si prompte? qui espérait un si facile succès?

« Il n'est pas possible d'énumérer les mille causes, les « mille circonstances extérieures et inconnues qui nous ont « amenés là. C'est un livre à faire. Il suffit de dire que si « c'est un parti qui a tiré la République des flancs de sa « mère, *cette mère est bien la France et reconnaît hau-*

« *tement le fruit de ses entrailles*. Personne ne peut se « tromper au caractère de cet aveu éclatant. *Il n'est point* « *feint, il n'est point irréfléchi, il n'est point dicté par* « *la peur*. Chacun sent que la monarchie a définitive- « ment perdu sa cause, que la France est entrée défini- « tivement dans une voie nouvelle, qu'elle est définitivement « républicaine. Ce sentiment est la solide base sur laquelle « se rétablit la sûreté publique dont le prompt retour n'est « pas la moindre des merveilles que nous contemplons. »

Dans *l'Univers* du 3 mars, nous trouvons une lettre de M. de Falloux, précieuse à plus d'un titre. En voici les passages essentiels :

Lettre de M. de Falloux.

« ..... Le gouvernement provisoire installé à Paris est « lui-même le meilleur emblème de ce devoir social qui « sera, je l'espère, compris par tous nos compatriotes. « Beaucoup de ses membres me sont personnellement con- « nus et *je m'honorerai toujours* des relations qui m'ont « rapproché d'eux depuis mon entrée à la Chambre. Ils « consacrent en ce moment de grands efforts à rendre au « pays la sécurité, le calme dont il a besoin pour vaquer « aux grandes questions qui vont se soulever ; la Constitu- « tion d'abord, la liberté des cultes, la paix ou la guerre. »

M. de Falloux voit avec plaisir que la révolution va s'étendre à toute l'Europe.

« ..... Dites-vous bien que l'Europe va prendre feu d'un « bout à l'autre à la nouvelle des événements de Paris. « Cela, *grâce à Dieu*, nous dispense de songer à l'étranger. « Les puissances étrangères, comme on disait jadis, sont au- « jourd'hui les *impuissances étrangères*. Tout ce que leur « attaque a entraîné de violences, de passions en 92 et « en 93 ne peut plus se reproduire. Le mouvement actuel, « d'ici à six mois, enveloppera 60 millions d'hommes. Nous « sommes séparés de toute agression possible par un bou- « levard de 300 lieues, par un rempart de peuples qui « tournent vers nous leurs cœurs et non leurs armes. »

Enfin M. de Falloux termine en adressant au peuple

de février ces éloges passionnés qui étaient alors dans toutes les bouches :

« ..... Je ne puis, du reste, terminer ce griffonnage « sans consigner ici ce qui n'étonnera que ceux de nos « amis éloignés du théâtre des événements, c'est mon *ad-* « *miration*, je souligne le mot, pour le peuple de Paris. Sa « bravoure a été quelque chose d'héroïque, ses instincts « d'une générosité, d'une délicatesse qui surpasse celle de « beaucoup des corps politiques qui ont dominé la France « depuis soixante ans. On peut dire que les combattants, « les armes à la main, dans la double ivresse du danger et « du triomphe, ont donné tous les exemples sur lesquels « n'ont plus qu'à se régler aujourd'hui les hommes de « sang-froid. Ils ont donné à leur victoire UN CARACTÈRE « SACRÉ : unissons-nous à eux pour que rien désormais ne « le dénature ou ne l'égare.

« Votre dévoué serviteur,

« A. DE FALLOUX. »

Vers la même époque, *l'Univers* publia encore cet article chaudement républicain :

« Dieu parle par la voix des événements. La Révolution « de 1848 est une notification de la Providence. A la fa- « cilité avec laquelle ces grandes choses s'accomplissent, « et lorsque l'on considère combien au fond la volonté des « hommes y a peu contribué, il faut reconnaître que les « temps étaient venus ; ce ne sont pas les conspirations « qui peuvent de la sorte bouleverser de fond en comble « et en si peu de temps les sociétés humaines. Une conspi- « ration qui réussit allume instantanément la guerre civile. « Le principe politique, attaqué et renversé par surprise, « cherche immédiatement à se défendre. *Qui songe au-* « *jourd'hui en France à défendre la monarchie? Qui* « *peut y songer? La France croyait encore être monar-* « *chique, et elle était déjà républicaine.* Elle s'en éton- « nait hier, elle n'en est point surprise aujourd'hui. Re- « venue d'un premier mouvement de trouble, elle s'appli- « quera sagement, courageusement, invinciblement *à se* « *donner des institutions* en rapport avec les doctrines « qu'elle a depuis longtemps définitivement adoptées.

« La monarchie succombe sous le poids de ses fautes,

« Personne n'a autant qu'elle-même travaillé à sa ruine.
« Immorale avec Louis XIV, scandaleuse avec Louis XV, « despotique avec Napoléon, inintelligente jusqu'à 1830, « astucieuse, pour ne rien dire de plus, jusqu'en 1848, « elle a vu successivement décroître le nombre et l'énergie « de ceux qui la croyaient nécessaire. *Elle n'a plus au-« jourd'hui de partisans.* Charles X avait encore des « amis personnels et des serviteurs dévoués.

« De nobles cœurs ont porté son deuil ; son héritier a « pu, pendant un temps, trouver des soldats ; Louis-Phi-« lippe n'a été reconduit que jusqu'à la porte de sa de-« meure ; on a protégé sa vie, mais pas sa couronne ; et on « l'a laissé se sauver sans lui faire l'honneur de le croire « dangereux. Jamais trône n'a croulé d'une façon plus hu-« miliante. C'est que ce trône n'était plus un trône.

« IL N'Y AURA PAS DE MEILLEURS ET DE PLUS SINCÈRES « RÉPUBLICAINS QUE LES CATHOLIQUES FRANÇAIS.

« Parmi les principes sociaux *qui viennent de triom-« pher* et qui vont se formuler en institutions, *quels sont « ceux que l'Eglise réprouve?* Quels sont ceux que sa « voix n'a pas fait retentir depuis dix-huit siècles à l'o-« reille des peuples et des rois? Nous n'en voyons aucun! »

La grandeur et la générosité du peuple de février avaient rayonné si vivement, que le *Journal des Débats*, principal organe du pouvoir tombé, publiait, le 3 mars, le passage suivant :

« Il faut le dire, la dernière Révolution est du moins « la preuve éclatante de l'immense amélioration qui s'est « opérée dans nos mœurs. Un trône est tombé, tout un « gouvernement a été dissous, et *pas un acte de bar-« barie contre les personnes, pas une violence n'a pu « être signalée.* C'est à l'usage de la liberté, nous n'en « doutons pas, qu'il faut attribuer ce merveilleux adou-« cissement des mœurs. En discorde sur la politique il y « a huit jours à peine, on s'est trouvé d'accord pour sau-« ver de la ruine des institutions les conquêtes de la civi-« lisation et de la liberté. *L'ordre est resté debout sur « les décombres.* Bien insensés seraient ceux qui hésite-« raient à sacrifier leurs regrets ou leurs rancunes aux « exigences de l'intérêt général. »

Dans la profession de foi qu'il adressait aux électeurs de la Charente-Inférieure au mois de mars 1848, M. Baroche s'exprimait ainsi, en rappelant les événements de février :

« J'étais des cinquante-quatre membres de la Chambre « qui, *devançant de quelques heures la justice du* « *peuple*, avaient proposé la mise en accusation d'un mi- « nistère odieux et coupable....

« Je suis républicain par raison, par sentiment et par « conviction. Ce n'est pas comme un *pis aller* ou comme « un *provisoire* que j'accepte la République, mais comme « la *seule forme* de gouvernement qui puisse assurer la « grandeur et la prospérité de la France.

« Je suis *convaincu* que la royauté a fait son temps « en France, qu'elle n'a plus de racines, plus de bases « dans le pays.

« C'est à la République que les bons citoyens doivent « se rallier *sans réserve*, sans arrière-pensée, et en con- « sidérant comme *coupable* toute tentative de restaura- « tion monarchique.

« La République SEULE pourra donner aux classes labo- « rieuses des villes et des campagnes le bien-être et la « liberté politique auxquels tous les citoyens ont droit, en « assurant à tous :

« L'éducation gratuite,

« L'équitable rémunération du travail;

« En protégeant l'agriculture;

« En supprimant les ODIEUX impôts de consommation.

« Voilà pourquoi je veux la République, etc. »

Un autre ministre de M. Louis Bonaparte, M. Esquirou de Parieu, avait adressé, le 7 avril 1848, au *citoyen président* du *Club républicain* d'Aurillac une lettre de candidat dont voici quelques passages.

Il s'agissait de provoquer une souscription en faveur des démocrates polonais.

« Depuis les journées de février, nous avons tous sym- « pathisé au rayonnement de la liberté dans les États qui « nous entourent. Les révolutions de Vienne, Berlin, Mi- « lan, sont, par leur énergie rapide, *presque dignes du* « *peuple français ;* elles doivent nous réjouir ; mais il est

» plus loin de nous une nation qui est plus pour nous « qu'une voisine, c'est une sœur adoptive, l'héroïque Po- « logne. Je ne veux pas vous retracer ici son histoire de- « puis soixante-quinze ans. Cette histoire est la honte de « l'Europe et le regret de la France.

« *La France impériale* n'a point su affranchir la Po- « logne, parce que *le principe du despotisme est étranger « à celui de la fraternité !*

« Le jour est venu où la Pologne se lève encore une « fois. Puisse notre politique l'assister d'une manière effi- « cace !

« En attendant la lutte qui se prépare, de malheureux « réfugiés vont rechercher les vestiges de leurs foyers « *pour y attiser le feu de la liberté et secourir leurs « frères.* »

Le 9 mars 1848, les directeurs du *Comité électoral de la liberté religieuse*, c'est-à-dire MM. de Montalembert, président du comité, H. de Vatimesnil, vice-président, et H. de Riancey, secrétaire, adressaient aux électeurs une circulaire où nous lisons la péroraison que voici :

« Notre programme peut se résumer par un seul mot : « LA LIBERTÉ.

« A Dieu ne plaise que nous entendions exclure ou né- « gliger les deux autres termes de la devise nationale. « L'*égalité* et la *fraternité*, sorties, comme la liberté, « des entrailles du christianisme, nous sont aussi chères « qu'à tous autres Français ; mais elles n'ont pas été, « comme la liberté, victimes des plus amères déceptions. « On peut affirmer sans crainte qu'elles ne courent en ce « moment aucun danger.

« Depuis soixante ans, le mot de LIBERTÉ *figure dans « nos constitutions*. Il est plus que temps de FAIRE EN- « TRER LA CHOSE DANS NOS LOIS, dans nos mœurs, dans « nos cœurs, et de lui imprimer l'ineffaçable sanction de « la souveraineté nationale exercée dans toute sa pléni- « tude.

« Cette LIBERTÉ, nous la voulons franche, sincère, ab- « solue.

« La Révolution qui vient de s'effectuer serait la plus

« honteuse et la plus criminelle des déceptions, si elle ne « donnait à la France TOUTES les LIBERTÉS que nous avons « si longtemps et si vainement réclamées.

« JURONS DONC de n'accorder nos suffrages qu'aux « hommes qui nous garantiront TOUTES LES LIBERTÉS du « chrétien et du citoyen.

« LIBERTÉ de conscience et des cultes,
« LIBERTÉ de la science et de la pensée,
« LIBERTÉ de la presse et de la parole,
« LIBERTÉ du domicile et du foyer domestique,
« LIBERTÉ d'éducation et d'enseignement,
« LIBERTÉ du travail et de l'industrie,
« LIBERTÉ de l'individu et de la propriété,
« LIBERTÉ d'association et de réunion,
« LIBERTÉ EN TOUT ET POUR TOUS.

« *Signé :*

« Ch. de MONTALEMBERT, président du Comité.
« H. de VATIMESNIL, vice-président.
« H. de RIANCEY, secrétaire. »

Dans sa circulaire datée de *Lesparre*, *4 avril* 1848, M. Denjoy débute ainsi :

« *Citoyens électeurs* de la Gironde ! »

Voici la conclusion conforme à cet exorde civique :

« .... J'ai été fidèle à la monarchie, je le serai à la Ré- « publique.

« Je ne l'attendais pas, parce que je ne la croyais pas « mûre encore. Mais je connais mon pays, mon temps, « notre histoire. La République, depuis longtemps, m'é- « tait apparue aux extrémités de l'horizon.

« *La grandeur de son avènement est le présage de « ses destinées.*

« Elle a fait tressaillir le vieux monde ; elle a ouvert à « la France une carrière de pacifiques conquêtes, et, après « quarante ans, la France, aux applaudissements enthou- « siastes des peuples, vient de rentrer glorieusement à « Vienne, à Milan, à Parme, à Venise, à Berlin. Honneur « aux enfants de la France! *La sainte alliance des peu- « ples commence*. La France est bien la reine du monde ! « Poëte du peuple, vous l'aviez prédit.

« Oui, tout ce que Dieu m'a donné d'intelligence, de « courage, d'amour passionné et sans bornes pour cette « grande patrie, je le lui prodiguerai avec transport.

« *La liberté, l'égalité, la fraternité*, qu'il légua au « monde pour s'y développer dans le cours des siècles, « je travaillerai, pour ma faible part, à les réaliser de jour « en jour...

« *Association équitable et progressive des ouvriers et « des maîtres;* honneur, protection à l'agriculture autant « qu'à l'industrie.

« *Gratuité de l'instruction à tous ses degrés*, depuis « l'asile jusqu'à l'école professionnelle; LE TRAVAIL, *la « rétribution, la retraite* ASSURÉS A TOUS PAR L'ÉTAT, *et « devenant un dogme que suive immédiatement l'ap- « plication.*

« *Diminution immédiate aux* 575 *millions du budget « de la guerre*, pour enrichir d'année en année le budget « de la paix.

« *Respect à tous les peuples; sympathie publique, « avouée aux nationalités opprimées; intervention* PA- « CIFIQUE AUTANT QUE POSSIBLE, MAIS OPINIATRE, *en leur « faveur*, etc., etc....

« Voilà ce que je veux, voilà ce que je vous promets de « pratiquer.

« Dieu ne m'a pas donné, Girondins, la grandiose élo- « quence de Vergniaud, mais je sens en moi la flamme « patriotique de Guadet, l'abnégation de Grangeneuve, « l'ardeur de Ducos et de Boyer-Fonfrède, ces jumeaux « de la liberté.....

« Que Dieu éclaire et protége toujours la France *répu- « blicaine!*

« Salut et fraternité!

« DENJOY.

« Bordeaux.—Ragot, imprimeur. »

En fait de professions de foi républicaines, démocratiques et un peu sociales, publiées en 1848, sous une inspiration passagère, nous ne pouvons tout citer et nous regrettons que la place nous manque ici pour ce beau discours par lequel M. le général Gemeau, s'élevant noblement au-dessus des préjugés militaires, célébrait au pied d'un arbre de la liberté le soldat qui donne ses armes à son frère l'ouvrier, afin de lui ouvrir les deux bras à la fois. En feuilletant les journaux de Marseille, contemporains des secondes élections qui eurent lieu dans cette ville, pour l'Assemblée constituante, on y verrait un candidat *républicain*, M. Poujoulat, protester vivement contre l'accusation de royalisme, affirmant que s'il s'est cru permis d'être légitimiste tant que durait l'usurpation de Louis-Philippe, il ne saurait plus être que républicain depuis que le peuple a reconquis sa souveraineté.

Nous ne citons pas ces textes pour en faire un acte d'accusation contre ceux qui les ont signés, mais pour leur rappeler qu'éclairés alors par les lueurs divines de la Révolution et du génie populaire, ils aperçurent des vérités nouvelles auxquelles il leur faudra revenir; pour leur dire encore que, malgré les restrictions mentales dont ils voudraient arguer aujourd'hui, leurs manifestations de 1848 ont été considérées par le peuple comme des adhésions sans réserve, non pas seulement *au fait* de la République, mais encore AU DROIT RÉPUBLICAIN, que ces adhésions empressées leur ont enlevé à jamais l'autorité nécessaire pour être, en supposant qu'ils le voulussent, des agents utiles de restauration. C'est en foulant aux pieds la monarchie que les royalistes sont rentrés après février dans les affaires. Les Japonais, voulant couper court à la propagande chrétienne sur leur territoire, n'y laissaient pénétrer les commerçants hollandais qu'à la condition de marcher sur le crucifix en descendant du navire. Les Japonais savaient qu'après avoir marché sur son Dieu, on ne peut plus le relever pour l'adorer soi-même, encore moins pour l'offrir à l'adoration d'autrui.

EN QUOI CONSISTE LA RÉPUBLIQUE.

Ce qui constitue la République, c'est le gouvernement de la nation par elle-même, c'est la souveraineté de l'opinion substituée à la direction arbitraire et capricieuse des individus, soit qu'ils invoquent pour titre le vieux prestige héréditaire, soit même qu'ils prétendent, au nom de la gloire et du génie, substituer leur volonté à celle de tous.

La République, c'est la souveraineté du peuple s'exerçant directement et en permanence.

Cette souveraineté n'admet pas dans l'ordre politique d'autres fonctionnaires que des mandataires responsables du peuple, du peuple entier, de tous les citoyens sans exception. Le suffrage universel, telle est la manifestation essentielle de la République moderne.

DU SUFFRAGE UNIVERSEL.

Le suffrage universel est la dernière, la plus haute et la plus large expression de ce principe électif qui se laisse voir au moins en germe, dans tous les états sociaux et qui peut seul constituer dans la grande famille humaine une autorité consentie par la liberté, une hiérarchie conciliable avec le sentiment fraternel, celle qui est volontairement acceptée dans l'intérêt général.

L'élection des chefs est un principe tellement naturel, que l'Église catholique, aux premiers temps de son organisation, l'avait admis pour les évêchés, pour les cures, et qu'il s'est conservé dans la plupart des institutions monastiques. Parcourez au *Bulletin des lois* les nombreux statuts des communautés ou congrégations de femmes autorisées depuis le concordat de l'an X, vous y trouverez presque toujours l'élection de la supérieure et des autres dignitaires. Ce pouvoir électif est souvent temporaire, et cette combinaison serait entièrement républicaine sans l'étrangeté des vœux qui dans ces établissements garrottent la nature humaine.

Base de la hiérarchie chrétienne des premiers jours, l'élection devait être la pierre angulaire de la démocratie moderne.

Les lois électorales décrétées par la première Constituante et la Convention furent très larges, sans arriver cependant au suffrage universel conquis seulement par la révolution de 1848. Mais Napoléon Bonaparte escamota cette liberté comme toutes les autres. La loi électorale promulguée en même temps que le consulat à vie[1] et dont les principes se perpétuèrent sous l'empire fut dérisoire. Elle institua des colléges électoraux de canton, d'arrondissement, de département, réunions peu nombreuses formées, en règle générale, des citoyens les plus imposés, mais dont le premier consul pouvait modifier la composition, en y introduisant arbitrairement de nouveaux membres[2]. Ces colléges n'élisaient point directement ; ils présentaient seulement des listes triples de candidats pour les places vacantes au sénat, au tribunat, au corps législatif, au conseil général du département. Suivant les cas, l'empereur ou le sénat faisait le choix définitif.

Le corps législatif n'avait pas même le choix de son propre président, nommé directement par l'empereur[3]. Sous la Restauration, il y eut progrès ; le roi choisit le président de la chambre des députés parmi cinq candidats que lui présentait l'assemblée, mais on sait que la Charte de 1814, révisée en 1830, n'accordait l'éligibilité, le droit de vote qu'aux censitaires, aux privilégiés de la fortune, et que le gouvernement de Louis-Philippe refusa obstinément d'étendre ce cadre.

Or, le suffrage universel étant le droit absolu de l'humanité, la tâche des pouvoirs étant d'accélérer sur la terre l'avénement de la justice ;

(1) Sénatus-consulte organique du 16 thermidor an X et arrêté du 9 fructidor an X.

(2) Voici, d'après le règlement du 13 mai 1806, quelle était la formule de ces intrusions :

COLLÉGES ÉLECTORAUX.
—
Série n°
Département de

MODÈLE N° 1.

Extrait des minutes de la secrétairerie d'État.

DÉCRET IMPÉRIAL.

NAPOLÉON, EMPEREUR DES FRANÇAIS, ROI D'ITALIE,

Sur le compte qui nous a été rendu de la capacité du sieur de ses bonnes mœurs, de son attachement à l'État et à notre personne, et de ses services dans

Vu l'article 27 de l'acte des constitutions de l'empire, en date du 16 thermidor an X, nous l'avons adjoint au collége électoral sur la liste duquel il sera porté par notre préfet dans ledit département, sur la simple expédition des présentes.

Donné à le jour du mois de l'an de grâce mil huit cent et de notre règne, le

Délivré par nous, grand Electeur,

(3) Sénatus-consulte organique du 15 novembre 1813. — Décret du 23 novembre 1813, qui nomme le duc de Massa président du corps législatif.

Non-seulement aucun gouvernement ne peut restreindre les droits électoraux une fois acquis à la nation ;

Mais tout gouvernement manque à son devoir, s'il refuse de faciliter l'élargissement du cercle électoral qui doit embrasser un jour l'humanité tout entière.

La Constitution de 1848 et la première loi électorale qui en est sortie en 1849 ne devaient être modifiées, à notre avis, que dans le sens de l'extension des droits politiques. Cette Constitution et cette loi, les plus larges qu'on eût encore promulguées, se montraient encore étroites et restrictives sous trois points de vue :

Elles imposaient à l'exercice du droit électoral une condition de *domicile*, condition qui ne se justifie pas à nos yeux, le domicile ne fût-il que de six mois.

Elle admettait la privation des droits politiques perpétuelle ou temporaire *par suite de condamnations judiciaires.*

Nous protestons radicalement et systématiquement contre cette cause d'exclusion.

Elle devient trop facilement une arme de parti qui permettrait à une magistrature dévouée d'anéantir le vœu souverain des électeurs, en frappant d'incapacité politique les adversaires du gouvernement. Après la révolution de février, nos premiers législateurs avaient cru prévenir cet abus en s'abstenant de ranger dans les cas d'incapacité les condamnations pour affaires politiques ou pour délits de presse, mais ils avaient entamé ce grand principe qui fait du corps électoral le seul juge des indignités. La brèche était ouverte, et la réserve que s'étaient imposée les Constituants de 1848 n'a pas arrêté longtemps la Législative de 1849. Elle a classé parmi les causes qui entraînent la privation des droits politiques l'*outrage à la morale publique et religieuse* par la voie de la presse, rangeant ainsi Béranger, Lamennais, Paul-Louis Courier, Esquiros, Michel Chevalier parmi les indignes; elle a mis au même rang les délits politiques d'*attroupement, d'association, de colportage*, qualification que plusieurs tribunaux traduisent ainsi : *prêt d'un journal* ou distribution d'une brochure *par son auteur.* Elle était retrouvée, dès lors, cette baguette avec laquelle Tarquin le Superbe abattait les pavots les plus élevés pour apprendre à son fils qu'un pouvoir, parmi ses adversaires, doit choisir les chefs et les détruire.

Quiconque possède le sentiment de la justice reconnaîtra l'iniquité de ces exclusions par lesquelles tous les partis peuvent se décimer tour à tour. Il est vrai, dira-t-on, les délits politiques, diversement appréciés, suivant les époques, et suivant les majorités, dans les tribunaux, dans les assemblées, ne peuvent avoir qu'un juge impartial et vraiment compétent, le pays entier; mais les crimes et délits de droit commun, les escroqueries, les vols, ne rendent-ils pas les hommes qui en ont été convaincus indignes de figurer parmi les électeurs et parmi les éligibles?

Nous ne ferons jamais cette concession. Il nous serait facile de prouver par des faits que dans les époques passionnées par les luttes de partis, des exclusions purement politiques peuvent se cacher sous le titre apparent de condamnations pour vol, pour escroquerie. L'enthousiasme, ou, si vous le voulez, les illusions d'un chef d'école appelant des souscripteurs pour expérimenter son utopie, ne peuvent-ils pas être qualifiés d'*abus de confiance?* Quant aux condamnations pour vol, en voici un spécimen assez curieux. Nous taisons les noms, les lieux et les dates, prêt à tout désigner à la première réquisition.

Un officier de santé, républicain, nous en convenons, s'adresse, un jour d'élections, au maire de sa commune, présidant le bureau, et lui demande communication de la loi électorale.

M. le maire prend sur son bureau les textes de la loi électorale, de la Constitution, et joint par mégarde à ces papiers une lettre tout ouverte; elle était écrite par un fonctionnaire administratif secondaire à un agent voyer et contenait ceci en substance. Nous garantissons le sens et non les mots :

« Faites savoir aux cantonniers placés sous vos ordres « que, s'ils ne votent pas pour les candidats du gouvernement, ils seront destitués.

« Ne dites pas que cet avertissement vient de moi; laissez « croire qu'il émane de la préfecture, il en produira plus « d'effet. »

L'officier de santé, émerveillé de sa découverte, montre à quelques personnes cette pièce constatant le délit bien caractérisé d'intimidation exercée sur des électeurs. Le bruit se répand qu'il a dans les mains cette lettre compromettante pour un agent de l'autorité; la justice intervient alors, et dans quel but?

Elle poursuit l'officier de santé comme *voleur* de la lettre qui est tombée en sa possession, elle le condamne pour *soustraction frauduleuse* de cette pièce à huit jours de prison et DEUX ANS DE PRIVATION DES DROITS POLITIQUES.

Le signataire de la lettre ne fut nullement inquiété.

Rien de plus éloquent à nos yeux, de plus démonstratif que ce petit fait pour caractériser les exclusions judiciaires.

Elles donnent une arme non-seulement contre les adversaires isolés d'un gouvernement, mais contre les catégories entières de citoyens qui lui sont contraires. Lorsque l'Assemblée législative, par sa loi du 31 mai 1850, enleva la vie politique à plusieurs millions d'électeurs, nonobstant l'article 24 de la Constitution : *Le suffrage est direct* ET UNIVERSEL, comment chercha-t-elle à pallier cette antinomie? en invoquant l'article 27 ainsi conçu : « La loi électorale déterminera les causes qui peuvent priver un citoyen français du droit d'élire et d'être élu. » Nous sommes loin de croire la justification valable et l'interprétation juste, mais enfin la violation de la Constitution par la loi électorale du 31 mai eût apparu à tous, nue et sans voile, sans le prétexte tiré de cet article 27, consécration malheureuse du principe des exclusions judiciaires.

Tous les gouvernements abuseront de ce principe et contre leurs adversaires les plus marquants, et contre l'opposition en masse, tant qu'on n'aura pas tranché le mal dans sa racine en retirant absolument aux tribunaux cette faculté d'enlever à un homme la jouissance des droits politiques, conception étroite empruntée à ces temps où la vie politique était un privilége, une espèce de récompense et de faveur, conception incompatible avec cette idée que la vie politique est le droit commun, le droit de tous, et que l'homme ne peut l'ôter à ceux que Dieu ne prive pas de l'air et de la lumière.

Viendra-t-on nous dire : « Il est vrai, nul pouvoir ne « doit abuser contre ses ennemis des incapacités judi- « ciaires, et le seul moyen véritablement efficace d'empê- « cher l'abus de ces exclusions, c'est de les supprimer. « Toutefois il est humiliant de penser que, pour sauver « les condamnés politiques, vous faites grâce à de vérita- « bles voleurs, à des assassins convaincus, et les conservez « dans le nombre des électeurs. »

Le vote émis par des condamnés de droit commun, en proportion minime dans le pays, n'est pas un mal comparable, à nos yeux, au désastre de plusieurs millions d'électeurs honnêtes privés de leur droit. Ce serait le cas d'appliquer la maxime : Il faut mieux absoudre plusieurs coupables que de condamner un seul innocent. Entendons-nous, au surplus.

Tant que la société aura besoin de pénalité,

Tant qu'elle considérera comme nécessaire à sa défense la privation de la liberté individuelle appliquée aux hommes qui auront violé le droit d'autrui,

Nous admettrons que le droit de voter soit suspendu en même temps que le droit d'aller et de venir, et dans l'état actuel du Code pénal cette règle entraîne la privation perpétuelle du droit de vote pour les condamnés à perpétuité ; mais quand le délit paraît aux juges les plus sévères de nature à être expié par une peine temporaire, pourquoi prolonger la mort politique au delà de l'expiation subie ? Pourquoi faire du condamné en règle avec la justice un paria marqué d'un stigmate indélébile, si vous voulez qu'il redevienne honorable et si la peine à vos yeux a pour objet la moralisation, non pas la vengeance ?

Alors même qu'on nous abandonnerait tous ces points, on éprouvera quelque répugnance à penser que des condamnés de droit commun, après avoir subi leur peine, pourront être non-seulement électeurs, mais éligibles, mais élus ; ne voilà-t-il pas, va-t-on nous dire, une nation bien représentée !

Nous répondrons que c'est à la nation même à défendre sa dignité en ne choisissant pas pour mandataires des hommes flétris. L'exclusion des indignes, nous la voulons, mais nous ne la voulons point par l'administration, par les tribunaux ; nous la voulons par le suffrage universel.

à qui nul ne peut assigner de barrières ; nous la voulons par le plein exercice de la souveraineté nationale.

Au nombre des réformes que nous entendons réclamer, il faut placer la publicité de tous les actes judiciaires qui ont frappé un individu, constatés à la mairie de son lieu de naissance ; il faut placer encore l'abolition de la loi qui punit comme diffamateur le révélateur d'un fait authentiquement prouvé. Ainsi éclairée, croit-on que la nation sera tentée de se faire représenter par des criminels ? Si jamais elle s'y décidait exceptionnellement, c'est qu'elle userait en souveraine du droit de réhabilitation déjà consacré par nos codes. Et qui pourrait s'inscrire en faux contre cette réhabilitation par la voix du peuple ? Croit-on qu'il faudrait, pour la mériter, des vertus, une intelligence et des services vulgaires ?

En résumé, nous ne voulons point de condition de domicile pour l'exercice du droit électoral. Sédentaire ou nomade, habitant Lille ou Marseille, le citoyen porte avec lui son droit de cité.

Nous ne voulons point d'incapacité judiciaire, à aucun titre.

Enfin, la loi électorale de 1849, à laquelle nous n'aurions touché que pour l'élargir, était encore une loi restrictive sous un autre point de vue. Elle ne reconnaissait pas le droit politique de la femme, droit incontestable cependant, dont on peut ricaner, mais contre lequel, n'en déplaise aux vaudevillistes et aux auteurs de caricatures, il est impossible de produire un argument de quelque valeur.

Comment organiser le suffrage universel ? Il semblerait naturel que chaque électeur votât, sans déplacement, dans sa commune. Cependant les Constitutions les plus démocratiques, celle de 1791 et celle de 1848, ont prohibé le vote à la commune et réclamé le vote au chef-lieu de canton. La raison en est simple : la liberté politique n'est pas sérieuse là où n'existe pas la liberté sociale. Aujourd'hui le paysan est privé de toute indépendance, s'il lui faut voter sous les yeux du capitaliste dont il est le débiteur, du propriétaire qui donne ou retire le travail, du curé qui ouvre sur son intérieur le plus intime la lucarne du confessionnal; tous ces motifs sont fort bien indiqués dans une instruction du 8 janvier 1790, publiée par l'Assemblée constituante. Nous citons :

« La principale raison qui a déterminé l'Assemblée na-« tionale à préférer les assemblées primaires par canton « aux simples assemblées par paroisse ou communauté, « c'est que les premières étant plus nombreuses décon-« certent mieux les intrigues, détruisent l'esprit de cor-« poration, affaiblissent l'influence du crédit local, et par « là assurent davantage la liberté des électeurs. Les ci-« toyens des campagnes ne regretteront pas la peine lé-« gère d'un très petit déplacement, en considérant qu'ils « acquièrent, à ce prix, une plus grande indépendance « dans l'exercice de leur droit de voter. »

Au surplus, le vote au chef-lieu de canton destiné à neutraliser les influences trop locales n'est qu'une précaution transitoire, une épreuve dont la durée nécessaire est soumise à l'appréciation du législateur; le vote à la commune est évidemment le fait normal, définitif. Bientôt la démocratie n'en aura plus rien à redouter.

La République n'admet pas d'autres pouvoirs politiques que les mandats donnés par le peuple : c'est le peuple qui est la source de tous les pouvoirs; mais où est la source de son pouvoir à lui-même?

Le peuple gouverne en vertu de ce principe naturel proclamé par l'évidence des faits, consacré par l'intérêt universel, qu'à l'intelligence, à la lumière appartient la mission de diriger.

Aux époques où la masse entière du peuple est éclairée ou tend à l'être, aux époques où chaque homme participe nécessairement aux lumières générales et devient un foyer rayonnant, il est incontestable que la lumière sera d'autant plus vive que la masse d'hommes réunis sera plus considérable; nul génie individuel ne pourra plus, comme aux âges d'enfance et de ténèbres, mettre son intelligence en balance avec l'intelligence du peuple entier.

Sous la République, le droit de tous les fonctionnaires

a pour base la volonté du peuple, le droit du peuple a pour base l'intelligence du peuple. Il en résulte que tout accroissement des lumières du peuple fortifie le droit républicain, en consolide la base, tandis que l'intérêt des partis qui voudraient nous ramener à la monarchie est d'arrêter la propagation des idées, d'éteindre les rayons du soleil populaire, afin de rendre un peu d'éclat aux petits flambeaux théocratiques, aristocratiques et princiers.

La République, c'est le peuple souverain.

La manifestation de la souveraineté du peuple, c'est le suffrage universel.

Le suffrage universel puise sa valeur, sa légitimité dans ses lumières, et n'a d'existence sérieuse qu'à la condition d'émaner d'êtres intelligents et libres. Point de République, point de suffrage universel sans la plénitude des droits dont voici la liste : *liberté individuelle*, *liberté de la presse*, *droit de réunion*, *droit d'association*. Ces droits, communs aux deux sexes, sont les colonnes de la République, ou plutôt ce sont les parties essentielles, les organes vitaux de la République elle-même.

LIBERTÉ INDIVIDUELLE.

Chaque citoyen français participe à la souveraineté. Quelle est la valeur morale d'un souverain qu'on emprisonnerait arbitrairement ? Suivant un axiome de la monarchie, le roi est inviolable. Les citoyens français doivent tous être inviolables ; le suffrage universel les a tous faits rois.

Une législation démocratique a mission de prévenir les attentats à la liberté individuelle, tels qu'arrestations motivées légèrement, détentions préventives prolongées sans instruction, sans jugement.

Ce sujet comporte une division en deux parties :

Emprisonnement criminel ou correctionnel ;

Emprisonnement pour cause civile.

GARANTIES JUDICIAIRES.

Un principe domine ces deux aspects de la question :

c'est que la liberté individuelle ne doit être enlevée à personne en dehors des garanties judiciaires. Nous voulons dire :

Que nul citoyen ne peut être arrêté si ce n'est dans les cas et avec les formes prévus par la loi ;

Qu'après l'arrestation, l'instruction judiciaire doit être prompte ;

Que tout homme retenu en prison doit être jugé, et jugé par une juridiction de droit commun.

La juridiction de droit commun pour les délits de presse, tant que la loi pénale admettra des délits de presse, et généralement pour tous les délits politiques, c'est le jury ordinaire et non trié par le gouvernement, attendu que le jury non trié est la manifestation de l'opinion publique seule compétente pour prononcer sur la criminalité d'une opinion.

Jusqu'à présent l'institution du jury, fort libérale en apparence, a été faussée sous tous les régimes monarchiques, sans en excepter la République d'aujourd'hui, par la composition arbitraire de la *liste annuelle*, extraite de la liste générale, et destinée à fournir les seuls jurés admissibles au tirage au sort pour le service de l'année. Ce choix préliminaire est présenté par les gouvernements comme une garantie de capacité, attendu, assure-t-on, que tous les citoyens ne possèdent pas les lumières suffisantes pour l'exercice, même temporaire, d'une magistrature. En fait, ce triage, motivé par un intérêt de parti, n'élimine pas les incapables, mais les opposants. Son objet est de garantir au pouvoir les condamnations, les plus sévères et les plus nombreuses possibles, dans les procès politiques. Sous la Restauration, la formation de la liste annuelle, représentant le quart de la liste générale, était abandonnée sans réserve au caprice ou plutôt au zèle des préfets [1].

La révolution de février, naïve en cette matière comme en toute autre, a chargé de dresser arbitrairement la liste annuelle, des commissions municipales qui, à Paris, ont été nommées en 1848, 1849, 1850 par le pouvoir exécutif. Ce sont des délégués du pouvoir exécutif qui ont choisi

(1) Loi du 2 mai 1827, art. 7.

le jury chargé de juger les journalistes démocrates et autres adversaires du pouvoir exécutif. Au point de vue de l'équité, cette situation ne peut être défendue. Elle crée dans Paris un jury artificiel en communion d'opinion assez étroite avec le pouvoir, en dissentiment non moins remarquable avec les autres jurys de France.

Pour obtenir dans le jury la représentation sincère de l'opinion publique, il faut accepter le tirage au sort comme règle absolue, ou, si l'on veut un choix préliminaire, le confier au suffrage universel.

Les hautes cours, tribunaux révolutionnaires, cours spéciales[1], cours prévôtales et conseils de guerre appliqués à des citoyens non militaires ne peuvent être que des armes de parti. La passion des gouvernements, tous appuyés jusqu'à ce jour sur une fraction seulement de l'opinion publique, a souvent méconnu le principe des garanties judiciaires; mais, disons-le à l'honneur de notre époque, la déportation sans jugement, appliquée durant des années à plusieurs centaines de citoyens présumés coupables d'insurrection en juin 1848, a excité des protestations chaleureuses dans le parlement, des réclamations persévérantes dans la presse, dans tous le pays. Partout a retenti ce cri : *Des juges! des juges!* Il y a un demi-siècle, le Directoire n'avait pas rencontré d'opposition sérieuse quand il déporta sans jugement des hommes d'État, des journalistes, ses ennemis; les consuls de la République avaient pu, même sans le concours du corps législatif[2], mettre en surveillance spéciale, hors du territoire européen de la République, cent trente citoyens à la fois.

Rien ne fait mieux sentir le prix d'une liberté que le scandale des atteintes qui lui ont été portées. Voici jusqu'à quel point l'empereur Napoléon poussa le cynisme dans son mépris de la liberté individuelle et des garanties judiciaires. Le décret du 3 mars 1810 concernant les prisons d'État débute ainsi :

« Considérant qu'il est un certain nombre de nos su-
« jets détenus dans les prisons d'État sans qu'il soit con-

(1) Voyez le décret impérial du 6 juillet 1810, contenant règlement sur l'organisation et le service des cours impériales, des cours d'assises et des *cours spéciales*.

(2) Acte du 14 nivose an IX.

« venable *ni de les faire traduire devant les tribu-*
« *naux, ni de les faire mettre en liberté.* »

Napoléon conclut de ces prémisses que les prisonniers de certaines catégories appelés prisonniers d'État seront détenus indéfiniment dans les châteaux de Saumur, Ham, If, Landskronn, Pierre-Chatel, Fenestrelle, Campiano, Vincennes. Le conseil privé en revoit les noms chaque année seulement au mois de décembre, et décide alors si la détention de chacun d'eux cessera ou sera prolongée.

Lorsque les prisons d'État de l'empereur furent ouvertes en 1814, on en vit sortir des prêtres belges enfermés pour avoir refusé des prières publiques à l'empereur [1], plusieurs cardinaux, deux cent trente-six séminaristes. Parmi eux se trouvaient quarante diacres ou sous-diacres, et Napoléon avait prétendu les faire tous entrer dans l'artillerie. Plusieurs membres du chapitre de Cambray recouvrèrent aussi la liberté, et si nous ne mentionnons ici que les victimes ecclésiastiques du despotisme impérial, c'est que le gouvernement de la Restauration mit principalement en lumière par ses actes officiels les persécutions que le clergé avait subies.

Les libertés publiques, il faut bien le reconnaître, furent plus respectées sous la Restauration que sous le despotisme impérial; cependant sous le gouvernement *légitime* il arriva trois fois, en 1815, en 1817, en 1820, que l'exécution de la règle suivant laquelle tout détenu doit être déféré aux tribunaux fut suspendue temporairement par des lois politiques, des mesures de salut public [2].

Voici, comme échantillon de ces mesures, l'article 1er de la loi du 26 mars 1820 :

« Tout individu prévenu de complots ou de machina-
« tions contre la personne du roi, la sûreté de l'Etat et
« les personnes de la famille royale, pourra, sans qu'il y
« ait nécessité de le traduire devant les tribunaux, être
« arrêté et détenu en vertu d'un ordre délibéré dans le

(1) Voyez divers arrêtés des 8 et 9 avril 1814.
(2) Loi du 29 octobre 1815, relative à des mesures de sûreté générale. — Loi sur la liberté individuelle, du 12 février 1817.

« conseil des ministres et signé de trois ministres au « moins et dont il lui sera laissé copie. »

Cette loi temporaire exigeait à la vérité que le détenu fût renvoyé devant les tribunaux ou mis en liberté au bout de trois mois.

Les cours prévôtales de la Restauration [1] furent signalées à l'indignation du pays par de nombreux publicistes de cette époque, et spécialement par M. Bérenger (de la Drôme), depuis président de la haute cour assemblée à Bourges en 1848, à Versailles en 1849.

EMPRISONNEMENT CRIMINEL OU CORRECTIONNEL.

Une triple distinction se présente ici. La détention peut être l'exécution d'une condamnation.

Elle peut être préventive,

Ou bien encore être causée par la contrainte par corps pour amende et frais de justice.

DÉTENTION PAR SUITE DE CONDAMNATION.

La peine de l'emprisonnement contre laquelle l'opinion publique ne réagit pas assez vivement est cruelle, excessive; elle atteint l'homme par un long supplice dans ses facultés physiques, morales, intellectuelles, détruisant son industrie, frappant les innocents, la famille du condamné, les femmes, les enfants, les faibles, dont il est le soutien, plus sévèrement encore que lui-même.

Concilier complétement avec la prison l'observation de toutes les règles d'humanité, de justice, est impossible. Avouons pourtant que de grands progrès ont été faits en cette matière depuis le moyen âge. Autrefois point de château féodal ou clérical, à commencer par celui des papes dans Avignon, qui n'eût ses cachots, ses oubliettes infernales, et le voyageur contemple encore avec indignation ces monuments d'une terreur qui ne dura pas des mois, comme celle de 93, mais des siècles.

(1) Loi du 9 novembre 1815, relative à la répression des cris séditieux et des provocations à la révolte-loi du 20 décembre 1815 qui rétablit les cours prévôtales.

La prison était alors suivant les cas, suivant la haine du seigneur, un lieu de détention ou de mort certaine. Il y avait, au choix du tyran, des cellules aérées et des cachots où l'on mourait promptement étouffé. Voici comment une ordonnance de Charles VI décrit la prison du petit Châtelet à Paris. Le roi demande pourquoi l'on ne garnit pas de prisonniers un établissement si convenable.

« En nostre petit Chastellet estant sur le Petit Pont à « Paris lequel fait division entre la cité de Paris et les « manans et habitans oultre ledit Petit Pont a pluseurs et « diverses prisons, les unes fortes, convenables, sures et « competanment aërées, ou créature humaine, sanz peril « de mort ou mehaing, peut estre et souffrir penitence de « prison; *et trois chartres basses et non aérées, es-« quelles homme mortel par faulte d'aer ne pourroit « vivre longuement*, si comme par nos maçons, jurez et « autres en ce expers, qui ledit lieu ont visité, a esté « rapporté, et à nous tesmogné par noz diz prévost et « procureur; *esquelles convenables et licites prisons* « n'ont été au temps passé, ne encores ne sont aucuns « prisonniers amenez. »

Les plaintes de Charles d'Armagnac, aux états généraux assemblés à Tours en 1483, révélèrent ce que la Bastille avait été sous Louis XI pour les prisonniers d'Etat. Le gouverneur, Philippe Lhuillier, avait plongé Charles d'Armagnac dans un cachot fangeux, et se plaisait, par intervalles, à faire donner cent coups de verges à sa victime, en sa présence, ou à lui faire arracher des dents. Le supplice dura quatorze années.

Qu'étaient les prisons, les prisons d'Etat surtout, aux dix-septième et dix-huitième siècles? Les histoires du Masque de fer et de Latude le disent. L'humanité n'était pas le caractère de cette odieuse législation de Louis XIV, suivant laquelle les filles trouvées avec des soldats aux environs de Versailles subiront l'amputation du nez et des oreilles, les déserteurs auront le nez et les oreilles coupés, seront marqués de deux fleurs de lis aux joues, rasés, enchaînés, envoyés dans cet état aux galères [1].

(1) Ordonnance du 4 décembre 1684.

L'histoire des prisons ne nous offrirait, depuis le moyen âge jusqu'à nos jours, d'autre sujet d'observation qu'un adoucissement lent mais continu, sans l'introduction ou plutôt l'essai récent d'un système dont l'appréciation divise encore les esprits : le système cellulaire.

Le système cellulaire ne saurait être admis comme un régime de séquestration absolue, ni comme applicable à toute la durée de l'emprisonnement. Ainsi compris, ce serait une épouvantable aggravation de peine aboutissant à la mort ou à l'abrutissement du prisonnier.

Dans la barbarie même du moyen âge, on avait si bien compris l'impossibilité de livrer l'homme à la solitude absolue, que le roi Jean ordonnait en 1351 aux abbés et supérieurs de visiter et consoler deux fois le mois dans leurs cachots les moines condamnés *à l'oubli*.

Le système cellulaire peut produire quelques bons effets s'il a pour objet non pas d'enlever au détenu toute espèce de société, mais de *changer le milieu* dans lequel se meut sa vie, de substituer à la dangereuse et dégradante société des prisons celle de visiteurs honorables.

Le système cellulaire peut être utile à cette autre condition d'être appliqué seulement comme moyen transitoire d'assouplir la nature du condamné; mais quand il a désiré, mérité le travail, ne lui refusez ni le travail ni la société d'autres condamnés placés dans les mêmes conditions morales; appliquez-les de préférence non pas à des tâches industrielles, mais à l'agriculture, qui réclame sans cesse des bras, à l'agriculture où la concurrence des prisonniers ne peut effrayer le travail libre. Dans le pénitencier agricole dont la cellule n'est que l'entrée, que le condamné puisse, en acceptant avec résignation et dévouement des travaux pénibles, quelquefois insalubres et dangereux, acheter cette réhabilitation morale, cette réintégration dans l'estime publique qui doit être la dernière fin d'une pénalité bien entendue.

L'État doit régir lui-même le travail des prisonniers et les soustraire à la cupidité de ces entrepreneurs qui ont provoqué tant de scandales.

Même réduit aux limites que nous venons de poser, le système cellulaire ne saurait jamais être appliqué aux prévenus et condamnés politiques. Séparez-les des prévenus et condamnés de droit commun ; ne les isolez pas les uns des autres. L'œuvre de moralisation, qui peut seule justifier temporairement le régime de la cellule pour les condamnés de droit commun, ne peut pas être invoquée pour l'isolement des prisonniers politiques ; ce ne sont pas là des malfaiteurs à convertir. Le changement de conduite et de maximes par suite des rigueurs de la prison, changement qui réhabilite les condamnés de droit commun, avilirait, au contraire, des hommes politiques dans l'opinion de tous les partis.

DÉTENTION PRÉVENTIVE.

La détention préventive, quelques modifications et améliorations qu'elle reçoive, sera toujours une imperfection de la loi. C'est la privation de la liberté avant le jugement, préalablement à la conviction du coupable. Si, plus tard, il est condamné, la détention préventive déjà subie est un surcroît de peine excédant les termes de la sentence, quelquefois même le *maximum* édicté par la loi pénale. Si le prévenu est acquitté, la détention préventive demeure comme une peine infligée à l'innocent.

Nous savons qu'en théorie, et pour les casuistes judidiaires, la prison préventive n'est pas une peine, c'est seulement un moyen de garantir la comparution du prévenu devant la justice. Durant cette détention il est présumé innocent.

Fort bien, mais en fait la prison préventive est aussi dure que la prison subie par suite d'une condamnation, plus dure même, à certains égards, attendu que pendant la prévention l'instruction s'opère, qu'elle cherche à isoler le détenu, qu'elle use fréquemment de la mise au secret.

Détention préventive des condamnés.

Ici du moins l'abus est facile à corriger ; il suffirait de décider que l'exécution de toute condamnation emportant privation de la liberté sera considérée comme commencée à partir du premier jour de la détention préventive.

Détention préventive des acquittés.

Ici la réforme est beaucoup plus délicate. Quelle compensation accorder à l'innocent frappé dans sa santé, dans sa famille, dans son industrie? Lui donnera-t-on une action contre le magistrat qui l'a privé de sa liberté trop légèrement? Le moyen âge lui-même nous offre l'exemple d'un pareil recours : Charles VII condamnait à l'amende le juge dont la sentence aurait été infirmée comme abusive et déraisonnable, *tanquam tortionaria et irrationabilis.*

Cependant la responsabilité du juge ne peut évidemment s'admettre qu'en cas d'abus de pouvoir démontré.

Nous ne croyons pas que la difficulté de la question puisse être complétement surmontée. Toute société qui a besoin de prisons est évidemment imparfaite et remplie de contradictions, mais dans beaucoup de cas la détention préventive pourrait être supprimée sans péril. Dès à présent on ne l'exige pas en toute matière; nous voudrions que la liberté fût accordée jusqu'à la condamnation aux prévenus de délits peu graves, et nous rappelons à la magistrature moderne qu'un arrêt du parlement de Toulouse, du 31 mai 1781, fait défense aux juges inférieurs de décréter au corps quand il n'échoit pas peine afflictive ou infamante.

Pour les délits de moyenne importance, il nous semblerait équitable que la mise en liberté sous caution fût de droit quand le prévenu peut fournir cette caution ou indiquer des répondants honorables.

La détention préventive serait ainsi réservée aux hommes prévenus d'actes entraînant les pénalités les plus sévères.

CONTRAINTE PAR CORPS POUR AMENDES ET FRAIS DE JUSTICE.

Après la détention préventive, expédient qui peut être utile à la magistrature, mais qui ne satisfait pas la justice absolue, vient une autre cause d'emprisonnement non moins abusive dans ses effets, la contrainte par corps pour paiement des amendes et frais de justice.

La détention prolongée pour ce motif de malheureux qui ont déjà subi la peine d'emprisonnement à laquelle ils avaient été condamnés, blesse l'égalité devant la loi ; c'est la misère punie, l'indigence, cette excuse de bien des délits traitée en circonstance aggravante, la diversité dans la peine pour le riche qui se rachète, et pour le pauvre contraint à payer de sa personne. Cette anomalie frappa les législateurs de notre première République. Un décret de la Convention, du 5 octobre 1793, dispose que, jusqu'à la révision des lois pénales, le défaut de paiement des amendes prononcées par la police correctionnelle ne pourra entraîner qu'une détention d'un mois *à l'égard des insolvables.*

Napoléon, bien qu'il n'attachât pas assez de prix à la liberté individuelle, crut devoir célébrer son avénement à l'empire, et, plus tard, son mariage avec Marie-Louise, par l'élargissement des condamnés de police correctionnelle retenus en prison pour le paiement de l'amende et des frais, ainsi que pour délits forestiers [1].

Ces précédents nous tracent la voie : la contrainte par corps à l'égard des insolvables pour amende et frais de justice doit être limitée à un temps court, et nous voudrions que l'indigent pût se libérer de ce genre de créance en donnant à l'État des journées de travail. Déjà plusieurs conseils généraux, notamment ceux du Bas-Rhin et du Jura, en 1849, ont demandé que ce mode de rachat fût admis pour les frais et amendes résultant des délits forestiers.

CONTRAINTE PAR CORPS EN MATIÈRE CIVILE.

La contrainte par corps en matière civile, limitée par l'ancien régime lui-même, qui interdisait au créancier l'arrestation du débiteur à domicile [2], a disparu de nos lois après chaque triomphe de la démocratie. Supprimée, lors de la première révolution, par une loi du 9 mars 1793, la contrainte par corps en matière civile ne fut rétablie que le 24 ventôse an V. On la vit, le 9 mai 1848, abolie par le gouvernement provisoire qui invoqua dans

(1) Décret du 13 prairial an XII. — Décret du 25 mars 1810.
(2) Arrêt du parlement, 19 décembre 1702.

son décret les droits de la dignité humaine. Il était naturel que la réaction rétablît la contrainte par corps. L'Assemblée constituante devait détruire systématiquement les œuvres du gouvernement provisoire, comme l'Assemblée législative, allant plus loin sur la même pente, devait anéantir les œuvres de la Constituante. Une loi du 13 décembre 1848 rétablit la contrainte par corps, en l'adoucissant par quelques réserves.

Nous savons parfaitement que l'abolition de la contrainte par corps enlève sa principale sûreté à la vieille organisation du crédit qui en possède fort peu. La plupart des papiers de commerce aujourd'hui circulant seraient généralement refusés, si la personne du débiteur ne servait de gage. Mais la civilisation et l'humanité ne peuvent tolérer ce dernier vestige de l'esclavage. L'être humain ne saurait être objet de commerce. En supprimant ce gage, le législateur se met en demeure d'organiser le crédit sur de nouvelles bases, sur des bases réelles, assurant au créancier un paiement sérieux, tandis que la contrainte par corps ne lui fournit le plus souvent qu'une onéreuse vengeance.

DOMICILE.

De la liberté individuelle nous ne séparons pas l'inviolabilité du domicile. Qu'importe au citoyen de ne pas être conduit en prison, si sa maison envahie par la police devient elle-même une prison? La sécurité du domicile, depuis le 10 décembre 1848, a reçu des atteintes graves et multipliées. L'auteur de cet écrit n'oubliera jamais, par exemple, que, dans le département de Saône-et-Loire, à Toulon-sur-Arroux, un juge de paix, un commissaire de police et six gendarmes se sont établis, depuis dix heures du soir jusqu'à deux heures du matin, dans une maison privée pour l'empêcher, lui, candidat à l'Assemblée nationale, de s'entretenir, pendant la période électorale, avec dix-sept électeurs. Jusqu'à nos jours pourtant la sainteté du domicile avait paru si respectable, qu'un despote, le premier consul, dans une question qu'il avait à cœur, la prohibition de la contrebande auglaise, prescrivit l'observation des règles qui défendaient, même aux autorités constituées, d'entrer *la nuit* dans la demeure des citoyens pour y faire des visites domiciliaires [1].

LIBERTÉ INDIVIDUELLE DE LA FEMME.

Considérant tous les droits fondamentaux comme appartenant également aux deux sexes, nous ne pouvons abandonner le sujet de la liberté individuelle sans recommander à la sévère surveillance de la presse, de l'opinion publique, des autorités constituées, les établissements appelés *Maisons de refuge*, où trop souvent des jeunes filles sont introduites et séquestrées sans aucun droit et en dépit de leur volonté, où trop souvent, mal nourries, privées d'air et d'exercice, elles sont soumises à un travail outré par des exploiteurs en habit monastique.

Le décret impérial du 26 décembre 1810, qui autorisa la création des maisons de refuge, témoigne assez, par les précautions qu'il indique, par les défiances qu'il révèle, des dangers de cette institution et des abus qu'elle peut cacher. Avec un gouvernement complaisant pour l'influence jésuitique, les maisons de refuge deviendraient de petites bastilles, des oubliettes et des tombeaux.

Elles rappelleraient au moins cet *hôpital général* de l'ancien régime où les jeunes filles, les jeunes garçons, soumis à des travaux excessifs, étaient châtiés à la moindre faute :

« Par le retranchement du potage, en les mettant au « carcan, dans les malaises, durant certain temps de la « journée, *ou par les autres voies semblables et usitées* « dans ledit hôpital, que les directeurs estimeront né- « cessaires [2]. »

La punition sous-entendue ici était la flagellation.

(1) Arrêté du quatrième jour complémentaire an XI.
(2) Ordonnance de Louis XIV, 20 avril 1684.

LIBERTÉ DE LA PRESSE.

La liberté de la presse est liée intimement à la cause de tous les progrès. La presse, c'est la circulation de la pensée dans le pays; cette pensée doit être affranchie de toute entrave. Lorsque la presse est frappée, l'exercice des autres libertés devient impossible. Tout pays qui tolère l'asservissement ou la confiscation de la presse abdique tous ses droits, se résigne à tous les abus. Les seuls progrès politiques et sociaux qu'il doive espérer désormais sont ceux qui pourront entrer dans les calculs intéressés du despotisme.

Après chaque révolution faite au nom de la liberté de penser et d'écrire, cette liberté a été proclamée par les chartes, mais jusqu'à présent tout gouvernement s'est appuyé sur un parti ou sur une coalition de partis qui, pour désarmer la concurrence, n'a pas manqué de rendre la liberté de la presse illusoire et par des lois restrictives, et par une application violente, arbitraire de ces lois.

Toutes les législations faites *sur* la presse ont été faites *contre* elle. On en jugera par ces précédents :

L'ancienne monarchie, et ce n'est pas le moindre grief de l'histoire et du peuple contre elle, ne laissa vivre la presse que sous le régime du bon plaisir. Elle ne se borna pas à créer pour l'imprimeur l'obligation d'apposer son nom à toutes ses œuvres, ce qui était une bonne mesure, elle le soumit pour chacune de ses publications à la permission préalable. Cette prétention de soumettre l'opinion publique à la convenance, à l'intérêt bien ou mal compris du parti dominant, s'appuyait sur un calcul dont la révolution française démontra toute la fausseté. Vainement dans les années qui précédèrent la crise, le parlement ou le grand conseil firent-ils lacérer et brûler par le bourreau les livres qui répétaient le cri du peuple, notamment en février 1776, *les Inconvénients des droits féodaux*; en juillet 1780, *l'Essai sur le jugement qu'on peut porter de M. de Voltaire*; en juin 1785, les trente premiers volumes des *OEuvres de Voltaire* imprimées à Kelh; le 17 décembre 1788, la *Délibération à prendre par le tiers-état dans toutes les municipalités du royaume;* le 6 mars 1789, les *Lettres de Volney;* enfin, le 13 du même mois, *la Passion, la Mort et la Résurrection du Peuple.* Ces folles décisions, qui rappelaient Xerxès fouettant la mer, furent bientôt cassées par un jugement sans appel. Ce n'est point le bourreau, c'est l'orateur et l'écrivain qui seuls peuvent lutter contre la pensée. Un pouvoir qui ne peut réfuter ses adversaires doit se résigner à céder ou à périr.

Même depuis la proclamation de toutes les libertés en France, la guerre des gouvernements contre la presse s'est perpétuée. Les principes reconnus en 89 ont seulement contraint les pouvoirs à colorer d'hypocrisie l'absolutisme si longtemps naïf et sûr de lui-même. Avec Napoléon toutefois, les allures de Louis XIV ont reparu. L'une des premières mesures prises par les consuls, en l'an VIII, fut un acte insolent contre la presse, acte présageant toute la tyrannie impériale. Il est du 27 nivôse an VIII, et voici le texte curieux des articles essentiels :

« Art. 1er. Le ministre de la police ne laissera, pendant toute la durée de la guerre, imprimer, publier et distribuer que les journaux ci-après désignés :

« Le *Moniteur universel.*

« Le *Journal des Débats et des Décrets.*

« Le *Journal de Paris.*

« Le *Bien informé.*

« Le *Publiciste.*

« L'*Ami des lois.*

« La *Clef du cabinet.*

« Le *Citoyen français.*

« La *Gazette de France.*

« Le *Journal des hommes libres.*

« Le *Journal du soir* par les frères Chaigneau.

« Le *Journal des défenseurs de la patrie.*

« La *Décade philosophique.*

« Et les journaux s'occupant exclusivement des sciences, « arts, littérature, commerce, annonces et avis.

« Art. 2. Le ministre de la police générale fera incessamment un rapport sur tous les journaux qui s'impriment « dans les autres départements.

« Art. 3. Le ministre de la police veillera à ce qu'il ne « s'imprime aucun nouveau journal, tant dans le dépar- « tement de la Seine que dans les autres départements « de la République, etc. »

Si tels furent, à l'égard de la presse, les procédés de Bonaparte, premier consul, encore obligé à quelques ménagements de forme envers la démocratie, on doit pressentir ce que dut être le décret impérial du 5 février 1810, contenant règlement sur l'imprimerie et la librairie.

Les imprimeurs sont réduits, pour Paris, au nombre de soixante. Ils reçoivent du directeur général de l'imprimerie un brevet révocable et prêtent serment de ne rien imprimer de contraire *aux devoirs envers le souverain et à l'intérêt de l'Etat*. Tout ouvrage est soumis à une censure préalable. L'impression peut en être interdite, ou subordonnée à des suppressions ou modifications arbitraires.

Les libraires sont également assermentés et brevetés. Ils ne peuvent le devenir « qu'après qu'ils auront justifié de « leurs bonne vie et mœurs *et de leur attachement à la « patrie et au souverain.* »

Le décret impérial du 3 août 1810, statuant sur la presse départementale, dispose que chaque département autre que celui de la Seine devra se contenter d'un seul journal.

« Ce journal sera sous l'autorité du préfet et ne pourra « paraître que sous son approbation. »

Les préfets peuvent en outre autoriser, mais *provisoirement*, quelques journaux d'affiches, d'annonces, de sciences et arts, strictement réduits à leur objet, privés du droit d'introduire dans leurs colonnes la politique, même sous forme de nouvelles, et jusqu'à la littérature. Pour autoriser définitivement la publication de ces journaux d'affiches, d'annonces et avis divers, un décret de l'empereur était indispensable [1]. Il fallut un décret impérial pour autoriser, à Paris, l'inoffensif *Journal de la librairie* [2].

(1) Décret impérial du 26 septembre 1811.
(2) Décret impérial du 14 octobre 1811.

Aujourd'hui l'on n'oserait plus invoquer, comme étant en vigueur, les lois oppressives de l'Empire contre la liberté de la presse, mais, par un anachronisme aussi choquant, les autorités administratives et judiciaires se prévalent encore des lois de la Restauration contre les productions de la pensée. En 1850, un brevet d'imprimeur a été retiré brusquement, par ordre de M. Baroche, au sieur Boulé, imprimeur de plusieurs journaux démocratiques, qui furent ainsi frappés indirectement de suspension. Nous avons entendu le ministre essayer de justifier à la tribune cet acte audacieux en invoquant la loi du 21 *octobre* 1814, loi qui consacre, à la vérité, la révocabilité des brevets d'imprimeur, mais qui consacre en même temps des institutions évidemment abrogées et par les mœurs et par les progrès de la législation, telles que *la censure préalable*, exercée sur les écrits de vingt feuilles d'impression et au-dessous, telles que cette disposition monstrueuse de l'article 9 :

« Les journaux et écrits périodiques ne pourront pa-« raître *qu'avec l'autorisation du roi.* »

On aurait pu dire à M. Baroche : Un peu plus de courage encore ! Si la loi du 21 octobre 1814, loi dictée par l'influence étrangère, l'une des lois qui indisposèrent la nation contre les Bourbons et préparèrent leur nouvel exil de 1815, si cette loi cosaque n'est pas abrogée par la Constitution de la République, ressuscitez-la tout entière, ne vous bornez pas à la révocabilité des brevets ; invoquez la loi de 1814, pour livrer les ouvrages nouveaux à la censure, les journaux au régime du bon plaisir absolu.

La loi de 1814, au surplus, si vous l'acceptez tout entière, donnerait plus d'une leçon au pouvoir que vous avez servi. Des écrits soumis à la censure préalable, elle excepte, par respect pour le pouvoir parlementaire, « les « opinions des membres des deux Chambres. »

L'histoire dira que depuis le 10 décembre 1848 des représentants du peuple ont vu la communication de leur pensée à leurs électeurs entravée par la législation du colportage. Elle dira que la circulation de discours prononcés à l'Assemblée nationale, notamment par M. Victor Hugo, discours déjà publiés par le *Moniteur officiel*, a été prohibée dans cinq départements, sous prétexte d'état de siége.

En matière de presse, comme en fait de liberté individuelle, l Empire fut l'arbitraire et le despotisme en permanence. La Restauration, non pas mieux intentionnée, mais plus faible, ne se montra complétement absolutiste que par intervalles. C'est ainsi que, pendant l'année 1817, par une loi spéciale et temporaire, la publication des journaux et écrits périodiques fut soumise au bon plaisir du roi sans aucune espèce de réserve. Cet état de siége de la pensée fut prorogé pendant la session parlementaire de 1818 [1], renouvelé en 1820 [2], et continué cette fois jusqu'à la fin du troisième mois qui suivit l'ouverture de la session de 1821 [3].

Enfin la Restauration enfanta, les 17 et 26 mai 1819 et le 25 mars 1822, des lois sur la presse ou plutôt contre la presse, fort entachées d'arbitraire encore, mais plus sensées que les précédentes, et qui n'ont cessé jusqu'à ce jour d'être considérées par les tribunaux comme la base de la législation en vigueur dans les affaires de presse.

La raison proteste pourtant contre l'application de ces lois après la révolution de juillet 1830 et surtout après celle de février 1848. Cette législation de la Restauration sur la presse, législation qui devait aboutir à la destruction totale de la liberté d'écrire, par la fameuse ordonnance du 25 juillet 1830, contient de nombreuses dispositions qui révèlent un esprit d'un autre siècle et dont nul n'oserait depuis longtemps réclamer l'exécution. Nous avons parlé de la censure. Voici l'article 3 de la loi du 17 mars 1822, article qui donna naissance aux fameux procès de tendance.

« Dans le cas où l'*esprit* d'un journal ou écrit périodi-
« que, *résultant d'une succession d'articles*, serait de
« nature à porter atteinte à la paix publique, au respect
« dû à la religion de l'État ou aux autres religions légale-
« ment reconnues en France, à l'autorité du roi, à la sta-
« bilité des institutions constitutionnelles, à l'inviolabilité

(1) Loi du 30 décembre 1817.
(2) Loi du 31 mars 1820.
(3) Loi du 26 juillet 1821.

« des ventes des domaines nationaux et à la tranquille « possession de ces biens, les cours royales dans le ressort desquelles ils seront établis pourront, en audience « solennelle de deux chambres, et après avoir entendu le « procureur général et les parties, prononcer *la suspen-« sion* du journal ou écrit périodique pendant un temps « qui ne pourra excéder un mois pour la première fois « et trois mois pour la seconde. Après ces deux suspen-« sions, et en cas de nouvelle récidive, *la suppression dé-« finitive* pourra être ordonnée. »

La même loi, tout en concédant aux journaux cette existence précaire, les menace de rétablir, par une simple ordonnance royale, le régime du bon plaisir absolu « toutes « les fois que des circonstances graves rendraient momen-« tanément insuffisantes les mesures de garantie et de ré-« pression établies. »

Louis XVIII usa de cet article. L'arbitraire absolu de 1817 et de 1820 reparut en 1824 [1] entre deux sessions. Et quelle était la *circonstance grave* qui rendait cette rigueur indispensable ? De l'aveu même du roi, c'était une jurisprudence favorable aux journaux, récemment introduite dans les cours, et rendant insuffisante la répression judiciaire.

Sous Louis-Philippe la législation de septembre 1835, sous la République les lois intervenues depuis le 13 juin 1849, ont rendu à la presse presque toutes les entraves que deux révolutions avaient brisées.

Une législation conçue enfin pour protéger sincèrement la presse consacrerait les principes suivants :

DROITS DE LA PRESSE.

1° L'industrie de l'imprimerie est libre comme toutes les autres. Le gouvernement ne peut donner ni retirer aucun brevet d'imprimeur ou de libraire.

2° Il n'existe aucune peine pour délits de presse. Le législateur efface du Code la nomenclature de ces délits, et d'abord toutes ces qualifications vagues d'excitation à la

(1) Ordonnance du 15 août 1824

haine et au mépris du gouvernement, d'excitation à la haine entre les classes de citoyens, d'outrage à la morale publique et religieuse, armes de parti dont on a vu les pouvoirs les plus opposés faire tour à tour l'usage le plus contradictoire et qui souvent ont frappé dans leur fortune et leur liberté des écrivains dont la France se glorifie. Un pouvoir attaqué par la presse doit se défendre par la presse; si dans cette lutte il a le dessous, les huissiers et geôliers ne lui rendront pas l'avantage.

3° La suppression des peines en matière de presse entraîne l'abolition du cautionnement, mesure indispensable si l'on veut favoriser l'éclosion de nouvelles feuilles, dans les départements surtout.

4° Les feuilles périodiques ne doivent être soumises à aucun timbre.

Lorsque la révolution de février abolit le timbre des journaux, des réclamations nombreuses s'élevèrent contre cette exemption qui semblait un privilége pécuniaire extorqué par l'omnipotence des journalistes. C'était un faux point de vue.

Tel est depuis dix ans et plus le bon marché des journaux que cette industrie ne saurait être lucrative, que la plupart des journaux meurent d'inanition s'ils ne sont pas soutenus, en dehors de leurs bénéfices réguliers, par quelque voie exceptionnelle. L'abolition du timbre, alors même que les journaux s'en seraient attribué le profit, n'aurait point rendu la presse lucrative; mais les journalistes et spécialement les journalistes démocrates, après février, n'ont pas vu, dans l'abolition de l'impôt du timbre, un moyen d'améliorer leur situation financière; ils y ont vu la possibilité d'abaisser encore le prix d'abonnement déjà très réduit et de faire parvenir l'expression de leur pensée à un plus grand nombre de lecteurs. Le public seul a profité de cet impôt aboli; le rétablir, c'est porter atteinte aux progrès de l'intelligence publique, la priver d'un enseignement infiniment plus précieux, plus productif que les centimes de timbre, amener inévitablement dans le prix des journaux une augmentation supportée par ces contribuables mêmes que l'on prétend dégrever.

La pensée doit être affranchie du timbre. Si l'on voulait établir un impôt sur les journaux, mesure qui n'a pas d'àpropos en ce moment où la presse démocratique est écrasée, où la presse de toutes les opinions souffre, il faudrait faire tomber cet impôt sur les *annonces* qui sont la partie commerciale et vraiment productive du journal.

5° Outre l'abolition des brevets, de la pénalité pour délits de presse, la suppression du cautionnement et du timbre, nous réclamons encore *la liberté du colportage*. Quelles que soient les règles d'ordre public imposées à la distribution des écrits, il faut que ces règles soient générales, les mêmes pour tous les écrits, pour tous les lecteurs, n'interdisant exceptionnellement la lecture à aucune classe de citoyens, la liberté de la vente aux publications d'aucun parti. Ces principes ont été méconnus, le sont encore aujourd'hui par l'autorité militaire, quand elle ferme à certains journaux l'entrée des casernes, oubliant que les soldats sont électeurs et que la liberté pleine et entière de s'éclairer est la conséquence indivisible du droit de vote.

Ces principes sont méconnus par l'administration civile quand elle s'arroge, par interprétation de la loi du 16 février 1834 sur les crieurs publics et de la loi du 27 juillet 1849 contre la presse (art. 6), l'exorbitante faculté d'arrêter la distribution, la vente, le colportage des livres, brochures et journaux qui lui déplaisent, alors même que nulle décision judiciaire ne les aurait frappés.

Voici les textes invoqués et qui ont reçu depuis deux années environ tant d'applications excessives.

Loi du 16 *février* 1834 : « Nul ne pourra exercer, « même temporairement, la profession de crieur, de ven- « deur, ou de distributeur sur la voie publique, d'écrits, « dessins ou emblèmes, imprimés, etc., sans autorisation « préalable de l'autorité municipale.

« Cette autorisation pourra être retirée. »

Loi sur la presse du 27 *juillet* 1849, *art.* 6 : « Tous « distributeurs ou colporteurs de livres, écrits, brochures, « gravures et lithographies devront être pourvus d'une « autorisation qui leur sera délivrée, pour le département « de la Seine, par le préfet de police, et pour les autres « départements par les préfets.

« Ces autorisations pourront toujours être retirées par « les préfets qui les auront délivrées. »

Ces textes appliquent évidemment la condition de l'autorisation à *l'exercice* de la *profession* de vendeur d'écrits en général, sans donner à l'administration municipale ou préfectorale aucune qualité de juré, ni de censeur, aucune mission pour distinguer entre les ouvrages dont un vendeur autorisé prétend faire le commerce. Ces textes ont cependant suffi à MM. Baroche et Carlier pour chasser de la rue, même des boutiques, non-seulement les journaux socialistes, comme la *Démocratie pacifique*, la *Voix du Peuple*, la *Réforme*, mais les journaux républicains de vieille date, comme le *National*, républicains nouveaux et modérés comme le *Crédit*, le *Siècle*, comme la *Presse* et *l'Événement*.

Cependant le monopole de la voie publique était assuré aux journaux orléanistes, légitimistes ou bonapartistes affichés, comme le *Pouvoir* et le *Moniteur du soir*, qui tous deux prêchaient dans l'intérêt d'un absolutisme inconnu l'abaissement des assemblées nationales.

La partialité de l'administration que nous venons de rappeler pour les journaux qui flattaient ses tendances inconstitutionnelles alla si loin, que M. Baroche, dans la discussion d'une loi sur la *télégraphie électrique*, ne craignit pas d'avouer qu'il entendait accorder aux divers journaux, à des conditions, à des prix divers, le droit d'user, pour leurs communications, des procédés télégraphiques. Ce libéral projet resta sans exécution, grâce à l'indignation née dans les rangs de la majorité elle-même.

Nous reproduisons ces faits dans leur nudité pour faire sentir à quel arbitraire sans frein un gouvernement se trouve entraîné quand il oublie que la presse est inviolable et placée au-dessus de lui comme l'opinion publique dont elle émane. Le vrai gouvernement c'est l'opinion; à l'opinion manifestée énergiquement par la presse, un pouvoir républicain doit subordonner ses actes.

DEVOIRS DE LA PRESSE.

Les obligations de la presse envers l'État et les citoyens se réduisent à deux garanties qu'elle doit offrir : signature de la part de l'éditeur, droit de réponse assuré à toutes les parties lésées.

La réprobation et la flétrissure de l'opinion sont, pour les délits de presse, une répression aussi efficace que suffisante, la seule d'ailleurs qui frappe l'abus sans atteindre l'exercice du droit. Nous voulons que l'imprimeur demeure tenu de ne rien publier sans y apposer son nom, principe d'ordre et de vérité que le gouvernement provisoire, dès le 29 février, s'attachait justement à faire respecter. La démocratie doit exiger la sincérité en toutes relations et la constatation d'origine de tous les produits.

Ce n'est pas que nous entendions faire peser sur l'imprimeur la responsabilité des opinions qu'il publie; la responsabilité morale dont nous avons besoin est surtout celle de l'auteur ; mais des habitudes littéraires il est difficile de bannir absolument l'anonyme : si le nom de l'auteur se cache, l'indication de l'origine typographique permettra de le retrouver pour le signaler aux intéressés.

La législation de la Restauration sur la presse caractérise une époque et ne saurait s'appliquer à d'autres temps. Cette législation est la dernière lutte sérieuse du droit divin, de la légitimité, de l'absolutisme contre l'esprit des temps nouveaux.

Et cependant, si rétrograde qu'elle soit aujourd'hui dans son ensemble, elle contient, art. 11 de la loi du 25 mars 1822, une disposition fort sage et qui devrait constituer l'article essentiel d'une législation démocratique sur la presse : c'est la consécration du droit de réponse.

« Les propriétaires ou éditeurs de tout journal ou écrit « périodique seront tenus d'y insérer dans les trois jours « de la réception ou dans le plus prochain numéro, s'il « n'en était pas publié avant l'expiration des trois jours, « la réponse de toute personne nommée ou désignée dans « le journal ou écrit périodique, sous peine d'une amende « de cinquante francs à cinq cents francs. . . . . . . Cette « insertion sera gratuite, et la réponse pourra avoir le « double de la longueur de l'article auquel elle sera faite. »

Nous n'admettons pas de pénalité en matière de presse autre que la réfutation de toute injuste attaque par l'autorité ou les parties privées, dans les colonnes mêmes du journal qui se l'est permise. Ce système peut être étendu aux livres mêmes, par voie de suppléments ou de cartons, si la réfutation dans la presse périodique n'est préférée.

Quant aux dommages-intérêts, ils ne peuvent consister que dans la publicité donnée, aux frais du calomniateur ou de l'insulteur, à la rétractation de la calomnie, à la réparation de l'outrage; mais les dommages-intérêts pécuniaires attribués à l'offensé sont devenus trop souvent une spéculation dégradante. Ils ont multiplié les persécutions dirigées contre la presse par des hommes déshonorés exploitant leur mauvaise réputation comme un fonds de commerce.

DROIT DE RÉUNION.

Il faut respecter le droit de réunion dans le club qui est l'élément vital de la République. Point de République là où les citoyens *et citoyennes* ne peuvent pas se réunir librement pour discuter les questions politiques ou sociales qui les intéressent. La représentation nationale est une déception si, dans les grandes villes, les bourgs, les moindres hameaux, l'élaboration des idées, la critique des personnes, ne peuvent pas s'accomplir au sein de réunions publiques, par le travail incessant de la parole et de la pensée. Ceux-là seuls redoutent les clubs qui espèrent maintenir ou restaurer des priviléges.

Nous voulons aussi que les grandes réunions pacifiques destinées, non plus à la discussion, mais à des manifestations solennelles de l'opinion, ces réunions dont l'Amérique, l'Angleterre et l'Irlande ont souvent été le théâtre, dont M. Barrot faisait l'apologie à la tribune la veille du banquet de février, ne soient jamais livrées à l'arbitraire du sabre, et que l'emploi de la force sans sommation contre une foule désarmée soit prévenu par une responsabilité directe et sévère.

Le droit de réunion a toujours été attaqué, contesté par les gouvernements monarchiques, surtout lorsqu'il a cherché à se donner une organisation, un règlement, lorsqu'il s'est manifesté par des sociétés, tenant des assemblées périodiques, tendant à constituer entre elles une correspondance, à former corps dans le pays.

Nous comprenons la haine de la monarchie et de tous les gouvernements artificiels contre de telles institutions, attendu qu'elles sont le germe et l'ébauche du gouvernement absolu, définitif, de celui qui doit hériter de tous les autres, de la souveraineté du peuple exercée sans délégation par lui-même.

Mais si les sociétés populaires, les clubs plus ou moins affiliés entre eux et devenus solidaires sont l'épouvantail de la monarchie et des privilégiés de toute espèce, ils ont droit à la reconnaissance de la démocratie dont ils ont été l'organe le plus puissant. Sans l'initiative des assemblées populaires spontanément formées, d'abord au Palais-Royal et dans les rues, l'Assemblée constituante de 89 n'eût pas été poussée en avant par la prise de le Bastille; sans les sociétés populaires l'Assemblée législative n'aurait pas eu le courage de détrôner Louis XVI, malgré l'invasion du territoire, malgré la connivence désastreuse de la cour avec l'ennemi. La journée du 10 août n'eût pas sauvé la patrie.

Pendant tout le cours de la Révolution, les crises héroïques et salutaires furent déterminées par les sociétés populaires se substituant à des assemblées molles, divisées, impuissantes, les galvanisant, leur communiquant l'esprit de vie. Chacune des assemblées qui marquent les étapes de la première révolution sut reconnaître que les clubs, même en la violentant quelque peu, lui avaient rendu service,

Le 9 octobre 1791, au moment où l'Assemblée constituante commençait à prendre des mesures restrictives contre les clubs, parce qu'il s'y manifestait un mouvement démocratique dépassant les horizons de cette Assemblée, elle les remercia, par un rapport rendu public, des services qu'ils avaient rendus dans la première période de la Révolution française.

« Nous allons vous entretenir, disait le comité de constitution, de ces sociétés que l'enthousiasme pour la liberté a formées, auxquelles elle doit son prompt établissement et qui dans des temps d'orages ont produit l'heureux effet de rallier les esprits, de former des centres

« communs d'opinion et de faire connaître à la minorité « opposante l'énorme majorité qui voulait et la destruc- « tion des abus, et le renversement des préjugés, et l'éta- « blissement d'une constitution libre.

« ..... Tandis que la Révolution a duré, cet ordre de « choses a presque toujours été plus utile que nuisible. « Quand une nation change la forme de son gouverne- « ment, chaque citoyen est magistrat ; tous délibèrent et « doivent délibérer sur la chose publique ; et tout ce qui « presse, tout ce qui assure, tout ce qui accélère une ré- « volution doit être mis en usage. C'est une fermentation « momentanée qu'il faut soutenir et même accroître, pour « que la Révolution ne laissant plus aucun doute à ceux « qui s'y opposent, elle éprouve moins d'obstacles et par- « vienne plus promptement à sa fin. »

Plus d'une fois le zèle des clubs fut appliqué par le législateur républicain à des missions officielles. Nous lisons dans un décret conventionnel du 18e jour, 1er mois de l'an II :

« La Convention nationale, sur le rapport de son co- « mité des marchés, décrète que les dispositions de la loi « du 29 septembre dernier qui a chargé les administra- « tions de département et de district *et les sociétés po-* « *pulaires* de surveiller les dépôts de chevaux, leurs four- « nisseurs et agents, s'étendent à toutes les administra- « tions de subsistances, habillement, équipement, ar- « mement, charrois, convois et relais militaire. »

Quelques jours après, le 24e jour du 1er mois de l'an II, la Convention, par un autre décret, invitait les *sociétés populaires* à lui faire passer des renseignements sur les arrêtés pris par les administrations relativement aux émigrés et à leurs biens.

Le 23 brumaire an II, la Convention décrétait que la société des Jacobins n'avait pas cessé un seul instant de bien mériter de la patrie.

Le même décret fut renouvelé le 27 floréal an II, avec mention honorable, non-seulement pour les Jacobins, mais aussi « pour les citoyens de leurs tribunes. »

Si la Convention, en l'an III, ferma la salle des Jacobins

pour interdire bientôt après[1] « toute assemblée connue « sous le nom de *club* ou de *société populaire*, » ce fut après le 9 thermidor qui préparait l'Empire, la Restauration et terminait le premier élan de la Révolution française.

Après avoir fait la révolution politique, qui aurait avorté sans eux, les clubs ne devaient reparaître en 1848 que pour insinuer dans toutes les veines du pays la révolution sociale. Le gouvernement provisoire, sans comprendre entièrement la portée de leur action, s'écriait dans sa proclamation du 19 avril 1848 :

« La République vit de liberté et de discussion ; les « clubs sont pour la République un besoin, pour les ci« toyens UN DROIT. »

L'interdiction totale des clubs et la suspension indéfinie du droit de réunion fut et devait être en France un des contre-coups de l'expédition romaine. La loi du 19 juin 1849 contre les clubs dut apprendre aux hommes irréfléchis la solidarité du droit républicain dans l'Europe entière.

Ce que nous disons du droit de réunion s'applique aux femmes. Elles ont évidemment dans la société des intérêts, des droits aussi bien que l'homme. Leur contester l'usage des libertés fondamentales, c'est faire abus de la force. Malheureusement l'intolérance et le despotisme envers les femmes sont une habitude enracinée chez le sexe mâle. Il fallut, en 1394, une ordonnance de Charles VI pour que le témoignage des femmes fût reçu en justice dans plusieurs provinces arriérées.

La justice envers les femmes est un principe nouveau pour les démocrates eux-mêmes. La Convention, préparant les voies au célèbre M. Athanase Coquerel, interdit, par un décret spécial de 93, les clubs et sociétés populaires de femmes[2]. Ces réunions pourtant avaient rendu à la Révolution plus d'un signalé service.

Mais la première Révolution, s'agitant au milieu de crises encore brutales, ne pouvait avoir le sentiment du rôle à venir de la femme, de sa part dans la politique fu-

(1) Loi du 6 fructidor an III.
(2) Décret du neuvième jour, deuxième mois, an II.

ture. Aussi ne sommes-nous pas étonnés de voir la Convention, le 4 prairial an III, exclure les femmes de toutes les assemblées politiques.

Aujourd'hui que la Révolution, nous devons l'espérer, nous devons y contribuer tous, est entrée dans une phase moins sanglante, aujourd'hui que l'élaboration, la propagation des idées organiques doit succéder à la destruction de l'édifice monarchique et féodal, les femmes ont dans la politique une mission de ralliement, de conciliation à remplir.

DROIT D'ASSOCIATION.

Si la liberté individuelle, le droit de réunion, la presse sont pour le citoyen des prérogatives sacrées, il est une liberté plus féconde encore pour le progrès, parce qu'elle fait passer à l'état pratique les idées mûries par l'exercice des autres libertés et pourra, nous ne craignons pas de le dire, suppléer un jour la législation tout entière : c'est la *liberté d'association.*

Une des applications les plus urgentes du principe d'association est l'organisation des sociétés de secours mutuels entre ouvriers. Ces sociétés varient dans leurs formes, mais nous indiquerons comme spécimen une société qui s'est réalisée, qui a produit de bons résultats, la *Société générale de secours mutuels* entre ouvriers de toutes professions, dont les imprimeurs de la ville du Mans ont pris l'initiative en septembre 1835.

Cette association a été, dès son origine, encouragée par la municipalité qui ne lui a fourni, comme argent, que *onze francs* à la vérité, mais qui lui a prêté un local et l'a préservée de nombreuses tracasseries.

Le but que se propose la société est de secourir ses membres en cas de maladie ou d'accidents graves.

Elle admet dans son sein les ouvriers de tous les corps d'état.

Elle est administrée par un président, un vice-président, un commissaire vérificateur et son adjoint, un secrétaire et son adjoint, tous élus pour un an, en assemblée générale.

Dans les cinq jours qui suivent la déclaration d'une maladie, un *visiteur*, qui fonctionne à tour de rôle, doit rendre compte de l'état du malade au vérificateur, et continuer ses visites une fois par semaine, à des heures variées. Les receveurs sont nommés aussi à tour de rôle.

La cotisation mensuelle est fixée à 1 fr. 25 c.

L'exécution du règlement est maintenue par des amendes, et, en cas de non paiement de ces amendes, par la radiation.

Tout aspirant au titre de sociétaire doit être présenté par deux membres. Il existe un jury d'admission statuant au scrutin secret.

Le prix d'admission, fixé à 20 fr., est réduit de moitié pour les fils des sociétaires.

Les maladies chroniques et périodiques, les plaies incurables, la folie ou la démence, sont des causes de non admission.

Peut être exclu tout sociétaire enclin à l'ivrognerie, ou conservant des habitudes de désordre qui porteraient atteinte à la juste considération dont la société jouit et qu'elle tient à conserver pure.

Le candidat a droit, en cas de maladie, à la moitié du secours fourni par la société, six mois après avoir acquitté le prix de l'admission ; au bout d'un an, il aura droit à 1 fr. 25 c. par jour, taux régulier et définitif du secours.

Les *pensions* ou *traitements* sont des subventions pécuniaires subordonnées à l'état de la caisse, et que la société promet à ceux de ses membres qui deviendraient incapables de gagner leur vie par l'industrie ou le commerce.

Ces traitements sont pris sur les rentes de la caisse, sans que le capital puisse jamais être attaqué pour suppléer à l'insuffisance des revenus.

La société pourvoit encore aux frais d'enterrement de ses membres et alloue quelques secours aux familles des sociétaires décédés.

Telles sont les dispositions principales du règlement [1]. Il n'a rien de pompeux, mais il est pratique et l'expérience en a démontré la sagesse. S'il limite étroitement

(1) Publié au Mans, chez Bondu, libraire, place Saint-Nicolas.

les cas de subventions fournies par l'association, c'est que nous vivons dans une société pauvre, et qu'avec l'épargne de l'ouvrier surtout il est impossible de faire grandes largesses. Si le règlement indique des précautions multipliées contre l'abus et la fraude, c'est que nous ne vivons pas dans une société très loyale. Indigence, fourberie, tels sont les deux obstacles qu'il faut prévoir toutes les fois qu'on veut introduire dans le monde actuel un commencement de solidarité, de justice.

Nous venons d'esquisser une association réduite à des proportions très modestes, un système de défense et de garantie mutuelle contre la maladie. Ce n'est pas là une société industrielle, une de ces sociétés de production dans lesquelles les secours en cas de maladies et les retraites entreraient nécessairement comme accessoires, mais qui se proposeraient un but plus fécond.

La liberté d'association sincèrement pratiquée, éclairée par une active propagation, suffirait pour opérer la transformation industrielle nécessaire à notre époque, transformation qui est la substitution de la solidarité à l'incohérence, de l'unité au morcellement et à l'égoïsme. Il appartient à tous les agriculteurs, à tous les ouvriers, à tous les entrepreneurs, à tous les citoyens, en un mot, de préparer par des associations partielles cette association universelle qui sera le dénouement de la grande révolution française.

L'association est si bien dans les convenances, dans les besoins de l'humanité que l'Église l'a instituée pour les monastères qui renferment à ses yeux la perfection et l'idéal de la vie religieuse ; que l'État en a introduit plusieurs caractères dans les administrations, dans l'armée; que le législateur enfin s'est vu conduit à l'autoriser, à l'ordonner même dans certaines professions qui vivent assurément fort en dehors de ce qu'on appelle des idées avancées. Les huissiers sont organisés dans chaque arrondissement par *communauté*, c'est le terme légal, et versent dans la bourse commune les deux cinquièmes de leurs émoluments qui sont ensuite répartis également entre tous les huissiers, sauf des primes pour les audienciers de première instance et d'appel [1]. Le décret du

(1) Décret impérial du 14 juin 1813.

15 décembre 1813 institue également une bourse commune pour les agents nommés à Paris courtiers-gourmets-piqueurs de vin.

D'après quel type, suivant quelle doctrine devraient être organisées les associations industrielles qui s'ébauchent partout depuis février, prenant à tâche de consacrer, de fortifier par la vie collective deux principes généralement inconnus au monastère comme à la caserne, *la liberté, l'activité productive?*

Si dans cet écrit nous voulions dogmatiser au point de vue d'une école spéciale, nous dirions pourquoi l'association formée entre le *Capital*, le *Travail* et le *Talent*, l'association qui dans la répartition tient compte de ces trois éléments, nous paraît préférable à l'association égalitaire rétribuant les travailleurs également et par tête,

A l'association qui répartit *suivant les besoins*,

A l'association qui répartit proportionnellement au travail seul,

Enfin à l'association qui rétribue en raison du travail et de la gradation des talents, mais qui exclut systématiquement toute espèce de primes, d'intérêts, de dividendes, d'avantages quelconques attribués à l'homme qui concourt à l'œuvre collective par son capital.

Mais c'est comme législateur et au point de vue du législateur que nous écrivons. Nous ne discuterons pas plus, en cette qualité, le mérite relatif des divers modes d'association industrielle, que nous ne discuterions le mérite relatif des divers dogmes religieux. En présence des différentes théories d'association qui cherchent à s'expérimenter, comme en présence des différentes religions qui réclament l'exercice de leur culte, le législateur n'a qu'un mot à prononcer : *Liberté.* Nous ne reconnaissons à personne le droit d'interdire ou d'entraver une association icarienne, phalanstérienne, proudhonienne, conçue d'après Louis Blanc ou Pierre Leroux. Nous croirions restaurer cette infaillibilité intolérante qui est la mère de toutes les inquisitions, si nous accordions à une autorité quelle qu'elle soit compétence pour déclarer qu'une association industrielle ne sera pas tolérée parce qu'elle repose sur des opinions erronées, chimériques, absurdes.

A cette pleine liberté de l'association, nous mettons à la vérité une condition *sine quâ non :* c'est que l'association, quelle que soit l'école dont elle procède, ne violera pas elle-même le principe de liberté en s'appuyant sur la contrainte de la force ou sur la contrainte de la loi ; c'est que l'association résultera d'adhésions purement volontaires.

Placée dans ces termes, quelle utopie peut effrayer un homme sérieux? Vous avez peur du communisme, dites-vous, du communisme qui vous soumettrait au régime de la communauté par décret et qui, jugeant la propriété individuelle inique, en dépouillerait violemment les citoyens fort nombreux qui professent une opinion contraire. Oui, vous avez raison de repousser ce communisme, et la résistance que vous opposeriez à sa dictature serait un cas de légitime défense.

Mais comment auriez-vous peur d'une communauté volontairement formée entre des hommes unis d'opinion, renonçant librement à leur propriété individuelle et voulant propager leur doctrine exclusivement par le spectacle des avantages qu'ils en espèrent? Comment une pareille communauté vous semblerait-elle plus redoutable que la communauté des Chartreux ou celle des Trappistes à laquelle vous applaudissez? En quoi le Phalanstérien, appelant des convictions et des dévouements à la fondation d'une commune-modèle, empiète-t-il sur votre liberté, votre propriété, votre famille?

Toute association qui ne s'impose pas est sacrée. Si elle repose sur de fausses bases, la théorie dont elle procède sera réfutée par l'épreuve de la pratique, beaucoup plus péremptoirement que par la persécution.

Non-seulement la vieille société n'a pas le moindre droit de contrarier les associations volontaires, soit agricoles, soit industrielles, les associations des patrons avec les ouvriers ou des ouvriers entre eux ; mais elle n'a pas le plus léger intérêt à éloigner du champ de la pratique les théories qui lui paraissent le plus dangereuses.

Une nouvelle théorie sociale cherche à s'expérimenter, laissez-la faire. Si elle réussit, si elle donne à l'humanité le bonheur qu'elle promet, ou seulement le quart, le dixième de ce bonheur, vous applaudirez sans doute, et vous ne poussez pas l'esprit de parti jusqu'à vous affliger de la félicité publique.

Si la théorie échoue après avoir eu à sa disposition tous les éléments d'une expérimentation concluante, voilà le monde purgé d'une erreur. Pourquoi donc entraver les essais d'association, quel que soit le Saint dont ils se réclament? La vieille société dans ces matières comprend mal son intérêt comme son droit. Tout en respectant les décisions de la justice, nous regrettons, au point de vue de l'opportunité, qu'elle ait frappé les Saint-Simoniens quand ils s'efforçaient d'installer à Ménilmontant une ébauche de la société future, Proudhon quand il annonçait la prochaine organisation de sa *banque d'échange*, Cabet quand il allait au-delà des mers fonder l'Icarie, Jeanne Deroin et ses coaccusés, quand en 1850 ils s'efforçaient de relier en faisceau les associations ouvrières.

Laisser agir les associations, respecter à leur égard la liberté quand elles la respectent elles-mêmes, se montrer bienveillant pour leurs travaux, honorer leurs succès, ne constitue pas à leur égard la tâche entière d'un gouvernement démocratique.

Tel que nous le concevons, l'État doit agir, non pour faire prévaloir à l'aide de son autorité certaines doctrines, mais pour garantir la publicité aux efforts de toutes, non pour absorber l'industrie, le commerce, les arts, en leur imposant sa direction, en les marquant de son cachet exclusif, mais pour appeler les idées nouvelles à un concours équitable et favoriser sur une échelle réduite l'expérimentation de celles qui promettraient des résultats précieux à la société tout entière.

La création d'un organe administratif spécial, qu'on pourrait appeler *ministère du progrès industriel et des améliorations sociales*, a été proposée depuis longtemps, et nous allons emprunter quelques lignes à l'auteur de cette idée.

« Ce ministère comporte deux divisions. La première « division est chargée de l'examen, de l'expérimentation « et de la publication des découvertes, inventions et « perfectionnements faits dans le domaine des procédés « techniques de l'industrie.

« L'autre division est chargée d'examiner toute proposition relative à l'amélioration du régime social, d'en « provoquer la discussion par les rapports insérés dans le « journal officiel du ministère du progrès, et d'en faciliter ou d'en ordonner au besoin elle-même l'expérimentation.

« On pourrait craindre que la division des améliorations sociales eût beaucoup de besogne sur les bras et « beaucoup d'argent à dépenser en expériences. On se « tromperait.

« Une fois bien établi que toute théorie de réforme sociale, pour avoir une base réelle, doit présenter un plan « d'organisation communale et pouvoir être essayée sur « une lie e carrée de terrain, il est évident qu'on ne saurait s'adresser au ministère du progrès qu'à la condition « de lui soumettre des plans étudiés, des travaux sérieux « sur l'organisation' des éléments sociaux d'une commune. — Or, il ne faut pas croire que le ministère du « progrès aurait beaucoup de plans déterminés et essentiellement différents à examiner, et surtout que beaucoup de plans seraient capables de soutenir avec avantage la critique de la presse, de l'opinion publique et des « commissions.

« Le ministère ne serait tenu d'essayer aux frais du « gouvernement que les plans qui paraîtraient à ces commissions et à l'opinion publique mériter l'expérience. « Quant aux autres, il déclarerait que leurs partisans sont « libres de les essayer à leurs frais; que le gouvernement, « loin d'y mettre obstacle, leur accordera temporairement « l'immunité d'impôts et les priviléges propres à faciliter « l'essai.

« Il y a plus, c'est que, pour les projets jugés dignes de « l'expérience, le gouvernement pourrait, à la rigueur, se « dispenser d'intervenir pécuniairement lui-même. Les « jugements favorables, portés par le ministère du progrès « sur ces plans, comme les jugements favorables que « l'Académie des sciences porte sur une invention nouvelle, suffiraient pour déterminer la mise à exécution par « des compagnies de capitalistes ou de partisans du projet « favorablement jugé... Le ministère du progrès pourrait « donc, à la rigueur, garantir absolument la stabilité, en

« ne jouant, quant aux projets de réforme ou d'amélio-
« ration sociale, qu'un rôle semblable à celui que joue
« l'Académie des sciences dans l'ordre des améliorations
« industrielles ou des découvertes scientifiques.

« Nous n'avons voulu donner ici que l'idée générale
« d'une institution dont l'établissement est aussi facile que
« l'action en serait salutaire. Ce que nous avons dit suffit
« pour prouver aux hommes d'intelligence qu'il n'y a plus
« de factions sérieuses ni de partis révolutionnaires pos-
« sibles dans un Etat aussitôt que le ministère du progrès
« industriel et des améliorations sociales y existe et y
« fonctionne. »

Ces lignes sont de Victor Considerant. Nous les extrayons du *Manifeste de l'Ecole sociétaire*, édition de 1842.

Si nous avons emprunté cette citation à l'homme qui tient le premier rang parmi les disciples de Fourier, malgré la résolution que nous avons prise d'ôter à cet écrit tout caractère d'école trop spécial, c'est que la conception du *ministère du progrès* protége toutes les idées nouvelles sans acception d'origine, qu'elle les admet toutes au même concours. M. Louis Blanc, en adoptant, en popularisant immédiatement après février la formule de Considerant, a suffisamment prouvé qu'il en comprenait le caractère vaste et général.

La liberté d'association entraîne le droit pour les ouvriers de débattre, même collectivement, la question du salaire, de refuser le travail, soit individuellement, soit en masse, pourvu que ce concert dans l'abstention soit purement volontaire, et que nulle violence, nulle intimidation ne soit employée à l'égard des ouvriers qui voudraient continuer le travail.

La liberté d'association conduit à la création dans chaque société d'une magistrature ou, si l'on veut, d'un arbitrage industriel consenti par les associés ; elle amène enfin l'abolition du livret, signe d'infériorité castique, humiliant pour l'ouvrier, et qui disparaîtrait sans inconvénient pour personne lorsque chaque société d'ouvriers se serait déclarée solidaire des engagements industriels de ses membres.

COMMENT GARANTIR LES LIBERTÉS ?

Nul ne conteste en principe le caractère sacré des libertés fondamentales; en théorie, elles n'ont point d'adversaires, et nous avons prouvé par des textes que nul ne criera *Vive la liberté* plus haut que MM. de Montalembert, de Vatimesnil ou de Falloux.

En fait pourtant, l'histoire des libertés est l'histoire de leur martyre. Tous les partis, à l'état de minorité, d'opposition, les ont proclamées; tous les partis vainqueurs en ont fait litière; aucun d'eux au pouvoir ne s'est élevé jusqu'au respect de la liberté chez un adversaire.

Aucun parti en possession de l'autorité n'a voulu permettre le développement pacifique, la propagation régulière de l'opinion qui devait être son héritière. Les illusions de l'amour-propre, l'ardeur de la conviction se joignant aux intérêts matériels, on s'est proclamé infaillible, nécessaire à la société, nécessaire à l'ordre; on a déclaré qu'on aimait toujours la liberté, mais non pas *la licence*, et sous le mot de licence on a toujours proscrit l'idée nouvelle dont on redoutait la concurrence. *La licence*, pour un empereur païen, c'était le christianisme; pour François Ier, pour Louis XIV, c'était le protestantisme; pour Louis XV et Louis XVI, la philosophie; pour Charles X, le libéralisme; pour Louis-Philippe, l'opinion républicaine. *La licence*, c'est-à-dire l'opinion mise en dehors du droit commun, à l'égard de laquelle toutes les garanties de la justice et de l'humanité sont méconnues, l'opinion qui paraît dangereuse aux gouvernements, rassurante aux peuples, c'est aujourd'hui le *socialisme*.

Tous les gouvernements promettront le respect des libertés fondamentales; dans la pratique, aucun ne l'observera dès que sa lutte contre ses adversaires deviendra vive. Tous ils seront, pour la liberté, des dépositaires infidèles. Ce n'est pas un gouvernement appuyé sur une majorité parlementaire, c'est-à-dire sur un parti ou sur une coalition de partis qui peut garantir la liberté; c'est l'*intervention du peuple*, du peuple entier qui résume et absorbe toutes les nuances de l'opinion; du peuple intégral qui, maintenu dans l'ignorance pendant des siècles de monarchie, n'en comprend pas moins que la liberté individuelle, la liberté de la presse, les droits de réunion, d'association sont les instruments nécessaires de son affranchissement et de son bien-être.

Quand ces droits ont subi des atteintes trop scandaleuses ou trop prolongées, le peuple se lève.

Tout gouvernement qui a violé les libertés fondamentales a péri. Le mépris du droit amène d'éphémères satisfactions, rachetées tôt ou tard par l'abandon ou la révolte de l'opinion. Chacun sait comment et pourquoi tomba l'ancienne monarchie: elle se vit briser. Quant au Directoire, on l'abandonna. Quand Napoléon Bonaparte, le 18 brumaire, détruisit brutalement le gouvernement fondé sur la constitution de l'an III, pourquoi ce gouvernement fut-il renversé si facilement? Pourquoi ne put-il se retenir dans sa chute à aucun principe, à aucune fraction de l'opinion? Pourquoi la constitution de l'an III ne lui servit-elle pas de sauvegarde? C'est que ce gouvernement avait le premier foulé aux pieds les principes et déchiré la constitution.

Après le 18 fructidor, il avait ordonné, par un décret monstrueux, la déportation, sans aucune forme judiciaire, des *propriétaires*, *entrepreneurs*, *directeurs*, *auteurs* et *rédacteurs* attachés à quarante-deux journaux.

Une loi de circonstance, celle du 19 fructidor an V, mit les journaux pendant un an sous l'inspection de la police, investie du droit exorbitant d'en prohiber la publication.

La police, à la vérité, ne pouvait exercer un pareil droit sans en référer au Directoire; mais celui-ci ne laissa pas l'arme au fourreau; le 13 frimaire an VI, en dehors de toute crise révolutionnaire, il supprimait *le Défenseur de la vérité* et *le Journal du matin*.

Le droit de suffrage ne fut pas mieux respecté par le Directoire et les autres pouvoirs installés en vertu de la constitution de l'an III.

Avec un audacieux arbitraire, la loi relative aux élections de l'an VI annula de nombreuses élections de représentants, par la seule raison que certains choix étaient royalistes, certains autres démagogiques, c'est-à-dire parce que ces choix n'étaient pas conformes à l'esprit et à l'intérêt du gouvernement d'alors.

Le corps législatif essayait de justifier cette violation de la souveraineté populaire en alléguant l'article de la constitution qui le chargeait de prononcer sur la *validité des opérations des assemblées électorales*, comme si un pareil article, statuant uniquement sur la légalité des opérations électorales, pouvait donner au corps législatif le droit de briser, pour des raisons politiques, une élection légalement accomplie.

Depuis le 18 fructidor jusqu'à la fin de son existence, le gouvernement directorial, agissant d'accord avec les Cinq-Cents, se fit un jeu d'annuler les opérations électorales contraires à sa politique. On poussa la dérision envers les électeurs jusqu'à valider les mêmes opérations électorales pour certains noms, à les annuler pour certains autres sortis de la même urne, afin de bien constater qu'il ne s'agissait pas de faire respecter la loi électorale, mais d'imposer au pays une représentation sympathique au gouvernement.

Ces abus de pouvoir, devenus chroniques, laissèrent le corps législatif sans réponse, quand, le 19 brumaire, Napoléon Bonaparte dit aux Cinq-Cents : « Vous invoquez la « constitution de l'an III! Il y a longtemps qu'elle n'existe « plus. »

L'opinion fait d'abord crédit aux gouvernements nouveaux; mais les libertés fondamentales méconnues finissent toujours par trouver des vengeurs. Napoléon avait châtié les abus de pouvoir du Directoire; mais Napoléon, à son tour, se joua des indépendances nationales à l'extérieur, des libertés publiques à l'intérieur, et le jour vint, le 3 avril 1814, où les sénateurs, ses flatteurs, ses complaisants, ses complices, renversèrent leur idole du piédestal en adressant à Napoléon ces reproches très fondés et doublement cruels dans leur bouche :

« Il a déchiré le pacte qui l'unissait au peuple français, « notamment en levant des impôts, en établissant des taxes « autrement qu'en vertu de la loi, contre la teneur expresse « du serment qu'il avait prêté à son avénement au trône.

« . . . . Il a entrepris une suite de guerres, en violation « de l'art. 50 des constitutions du 22 frimaire an VIII, qui

« veut que la déclaration de guerre soit proposée, discutée,
« décrétée et promulguée comme des lois.

« . . . . Il a inconstitutionnellement rendu plusieurs dé-
« crets portant peine de mort. . .

« Il a violé les lois constitutionnelles par ses décrets
« sur *les prisons d'Etat.*

« Il a anéanti la responsabilité des ministres, confondu
« tous les pouvoirs et détruit l'indépendance des corps
« judiciaires.

« La liberté de la presse, établie et consacrée comme
« l'un des droits de la nation, a été constamment soumise
« à la censure arbitraire de sa police, et en même temps
« il s'est toujours servi de la presse pour remplir la France
« et l'Europe de faits controuvés, de maximes fausses, de
« doctrines favorables au despotisme, et d'outrages contre
« les gouvernements étrangers.

« Des actes et rapports entendus par le sénat ont subi
« des altérations dans la publication qui en a été faite,
« etc., etc. »

Les chutes successives de la Restauration et de la monarchie de juillet ont complété l'expérience ; il est avéré que la France marche à la liberté illimitée de l'individu, de la presse, de la réunion, de l'association, c'est-à-dire à la souveraineté directe de l'opinion. Tout pouvoir qui entrave ce développement providentiel, tout pouvoir qui, même au nom de son intérêt, de son salut, de son existence compromise, restreint la place déjà conquise par les libertés publiques, commet l'attentat de Charles X ; tout gouvernement qui trahit son devoir, non pas en restreignant les libertés publiques, mais en arrêtant leur développement, commet l'attentat de Louis-Philippe.

La royauté s'est vue punie, et punie justement pour n'avoir pas assez tenu compte des libertés publiques et de leur progrès nécessaire ; la démocratie ne doit pas se croire autorisée davantage à refuser à ses adversaires, dans ses instants de triomphe, l'usage des libertés civiques. Pour aucun parti le salut public n'est une bonne raison à invoquer contre la liberté. Le principe du salut public a autorisé toutes les tyrannies. Sauvons toujours la liberté d'abord. La démocratie socialiste a la confiance de posséder la vérité, elle ne doit donc pas craindre les discussions de la presse, de la chaire et du club ; la discussion libre ne peut que fortifier et propager ses principes. Ajoutons que nul parti, même le plus fondé en justice et en vérité, ne peut se flatter d'être complet, de représenter toutes les vérités, de consacrer tous les intérêts, d'être le fidèle miroir de l'homme et des besoins sociaux. Laissez donc la discussion mettre en lumière ce qu'il y a d'utile et de sain dans les idées mêmes de vos adversaires ; la science politique et sociale intégrale doit résulter de la manifestation de toutes les pensées, du libre essai de toutes les théories.

Vainqueurs ou vaincus, ayons toujours pour devise : guerre aux mauvaises institutions, mais respect aux libertés nationales !

Que faisons-nous, en prononçant ces paroles ? De la morale qui serait impuissante, si elle ne trouvait une sanction. La garantie des libertés, jusqu'à ce jour, a été la crise qui a renversé le pouvoir transgresseur ; la démocratie au pouvoir sera renversée comme tout autre parti si elle opprime ; mais l'intervention du peuple ne pourrait-elle pas devenir pacifique ?

La tyrannie, successivement exercée au nom des différents partis, avec une phase de guerre civile à chaque changement de décoration, n'est pas une destinée digne de la France.

Pour que l'intervention du peuple entier, seul gardien vigilant, persévérant, incorruptible du droit public, cesse d'être violente, révolutionnaire, désordonnée, il faut revêtir cette intervention d'un caractère légal, donner au droit la forme du droit ; c'est ce que la Constitution de 1848 a cru faire en plaçant la *souveraineté du peuple* au-dessus de tous les pouvoirs, en déclarant que cette souveraineté, se manifestant par le suffrage universel, déléguerait le pouvoir législatif à une Assemblée nationale élue pour trois ans ; le pouvoir exécutif à un président nommé pour quatre ans et non rééligible.

L'expérience a prouvé que ce système n'assurait pas au peuple un contrôle suffisant sur les pouvoirs sortis de son sein ; que ce système ne garantissait pas les libertés, qui sont toutes à présent par terre, et ne préservait nullement de l'oppression cette minorité progressive qui s'appelle aujourd'hui la démocratie socialiste.

Les pouvoirs élus par le suffrage universel ont refusé des juges à plusieurs centaines de malheureux, déportés comme suspects ; ils ont érigé en délit toute distribution d'imprimés, chargé la presse d'entraves. Ils ont *suspendu* le droit de réunion pendant PLUSIEURS ANNÉES consécutives pour tout le pays, pourchassé les associations, installé pour PLUSIEURS ANNÉES le despotisme militaire dans cinq départements, sous le nom *d'état de siége*.

Si ces actes avaient été les seuls, on aurait pu dire, pour les expliquer : Le président et l'Assemblée sortis, après le 15 mai, après les journées de juin, d'un vote qui exprimait la défiance contre le socialisme, ont fidèlement rempli, par toutes ces mesures, le mandat de résistance qui leur avait été confié. Leurs actes ont sincèrement traduit la pensée, les sentiments de leurs électeurs.

Bien que nul gouvernement ne doive se laisser entraîner par les passions de la majorité qui l'appuie jusqu'à l'oubli des garanties qui protégent les minorités, on eût pu comprendre en effet que le président de la République et l'Assemblée cédassent aux préventions anti-socialistes sous l'empire desquelles ils avaient été élus, si ces pouvoirs avaient respecté dans le peuple, dans le corps électoral intégral le droit de manifester plus tard, par les mêmes voies, des sentiments différents ; mais le suffrage universel lui-même ayant été mutilé dans l'intérêt des partis qu'il avait portés temporairement à la puissance, il est clair que sous le régime constitutionnel inauguré en 1848 la volonté du peuple entier n'a pas encore les moyens de se faire respecter et de s'imposer comme une barrière à tous les empiètements des partis.

Où faut-il en venir? Au gouvernement du peuple entier se régissant lui-même, sans empereur, sans roi, sans président, sans assemblée législative ; du peuple votant dans ses comices, non sur des noms de candidats, mais sur des principes, mais sur des institutions, mais sur des lois. L'esprit moderne est en train de retourner la vieille notion de l'autorité. C'était autrefois le peuple qui devait obéir, c'est au peuple que revient aujourd'hui, par une série de transitions graduées, le droit du commandement et le fait de la puissance.

L'idée du pouvoir législatif exercé directement par le peuple entier a été trop bien développée dans les écrits spéciaux de MM. Rittinghausen et Considerant, pour que nous ayons besoin de l'approfondir. Nous ferons seulement remarquer que l'histoire conduit nécessairement à ce dénouement, à cette résorption du pouvoir législatif dans la nation tout entière.

Depuis l'origine du monde, et spécialement depuis l'origine de la nationalité française, la souveraineté du peuple a fait sentir son existence par des mouvements confus. Sous les Mérovingiens déjà, de 420 à 752, le gouvernement représentatif était ébauché dans les synodes de leudes et d'évêques réunis près du roi ; plus largement dans les champs de mai. Un édit de Charles-le-Chauve, édit rédigé dans une espèce d'assemblée nationale en 864, associe dans l'œuvre législative le consentement du peuple à la promulgation du roi par cette formule célèbre : *Lex quoniam consensu populi fit et constitutione regis.*

Par degrés, les états provinciaux et généraux s'organisèrent. Comme conseillère influente et surtout comme caissière des impôts, la nation partageait le pouvoir avec ses chefs, mais les privilégiés seulement, les prêtres, les nobles, étaient admis à ce partage; les bourgeois ou vilains enrichis formèrent, avec le temps, un troisième ordre, un tiers-état qui devait détruire en 1789 toutes les lois d'exception créées au profit des deux autres.

La convocation des états généraux n'avait, dans l'ancienne France, rien de régulier, de périodique, de légalement obligatoire pour le roi. La plus anciennement célèbre de ces assemblées eut lieu à Paris en 1356 pendant la captivité du roi Jean et l'anarchie du royaume. Cette assemblée n'était pas encore tout à fait nationale, c'étaient les états de la *langue d'oïl.*

Les princes, il faut bien le reconnaître, n'ont jamais admis les états généraux au partage de leur autorité par un sentiment de justice, mais sous l'empire des nécessités financières. L'arrière-pensée de toutes les monarchies fut de convoquer les représentants du peuple pour en obtenir des subsides, de les chasser aussitôt qu'ils réclameraient des constitutions. Investi des pouvoirs royaux, le dauphin, depuis Charles V, tenta contre les états généraux de 1356 le petit coup d'État avorté que Louis XVI devait recommencer le 23 juin 1789. Le *mercredi, après Pasques fleuries*, le dauphin enjoignit aux états de se dissoudre et cassa leurs décisions. Quelques mouvements insurrectionnels l'obligèrent à une dissimulation momentanée. Mais trois ans après il réintégrait tous les fonctionnaires destitués à la réquisition de l'assemblée qui fut hautement accusée par lui de sédition et de trahison.

Le règne de Charles VI devait mettre en lumière, par un autre exemple, la mauvaise foi de tout monarque obligé de partager un instant le pouvoir avec une assemblée. L'assemblée *des notables*, moins large dans sa composition que les états généraux, avait été convoquée ; sur ses plaintes avait été rendue, aux applaudissements de la France et aux grands remercîments du gouvernement royal, l'ordonnance dite *cabochienne* pour la police générale du royaume ; quatre mois ne furent pas écoulés que le gouvernement royal, redevenu absolu, révoquait et faisait déchirer publiquement cette ordonnance comme rendue sous l'empire des séditions, ou pour citer plus textuellement « durant *les brouillis* qui puis trois ans « ont esté en ce royaume. »

Les doléances des états de Nevers, en 1441, sous Charles VII, donnent une preuve plus curieuse encore de l'antipathie des rois pour le gouvernement parlementaire.

« Ont remontré au Roy la pauvreté du commun peuple « et excessives tailles, aides, impositions, gabelles, dont « les dessus dits sujets sont insupportablement foulez, re- « quérant qu'il plaise au Roy d'y pourvoir convenable- « ment et modérément. »

Ces doléances émettent la maxime fort avancée au quinzième siècle que pour imposer des tailles il faut le concours des états.

« Ont remontré au Roy comment telles tailles et impo- « sitions se doivent mettre sus et imposer et appeler les « seigneurs et les états du royaume. »

Le roi répond avec une hypocrite sollicitude pour la bourse du peuple :

« Et n'est jà nul besoin d'assembler les états pour mettre « sus lesdites tailles, car ce n'est que charge et dépense au « pauvre peuple qui a à payer les frais de ceux qui y « viennent. »

Les rois ne convoquèrent les états généraux que forcés et contraints par des insurrections ou des nécessités financières des plus urgentes ; ils escamotèrent toujours l'idée de faire de ces états une institution régulière et de les convoquer à des époques fixes, ou pour des sujets déterminés par une constitution. Cependant la représentation nationale était un besoin si réel, que dans les intervalles indéfinis des convocations d'états le parlement de Paris devenait, par la force des choses, un corps politique faisant autorité, même aux yeux de la cour, dans les affaires les plus graves, comme le prouve le testament de Louis XIV, annulé dans ses principaux effets, par arrêt du parlement, le 2 septembre 1715. C'est au parlement que le duc d'Orléans vint alors demander la régence du royaume.

Dans cette affaire, la compétence politique du parlement fut reconnue par la famille d'Orléans, qui, d'après ses instincts naturels, s'appuyait sur la magistrature, expression la plus haute de la bourgeoisie, pour lutter contre la volonté d'un roi de la branche aînée ; mais le parlement, aimé au Palais-Royal, l'était beaucoup moins à Versailles et aux Tuileries. Ses luttes contre la cour remplissent l'histoire du dix-huitième siècle.

Depuis la transformation des états généraux de 89 en *Assemblée nationale constituante*, la souveraineté du peuple est devenue en France un dogme ; il y a plus, la capacité législative a été reconnue pratiquement au peuple entier dans plusieurs circonstances solennelles.

L'intervention directe de la nation en masse, formant une grande assemblée législative, fut consacrée par la constitution de 1793, qui soumettait les lois au vote du peuple. Elle le fut encore par la loi du 5 fructidor an III, intitulée assez naïvement : *Loi sur les moyens de terminer la révolution* (une révolution qui dure encore aujourd'hui !).

Cette loi soumet la constitution de l'an III au vote des assemblées primaires.

La constitution de l'an VIII, improvisée après le 18 brumaire et le coup d'État de Napoléon Bonaparte, cette constitution qui substituait le Consulat au Directoire, fut également soumise au vote du peuple français ; des registres d'acceptation et de non acceptation s'ouvrirent dans chaque commune [1].

Trois constitutions ont représenté le mouvement révolutionnaire depuis 1789 jusqu'à l'apparition de Napoléon.

Celle de 1791 ne fut point soumise au vote de la nation.

Voici quelle fut pour les autres la statistique des suffrages :

Constitution de 1793 : acceptants, 1,801,918; — refusants, 11,610;

Constitution de l'an III (qui créa le Directoire), votants, 1,057,390; — refusants, 49,977;

Constitution de l'an VIII (consulat), votants, 3,011,007; — refusants, 1,562.

Deux ans après le peuple français était consulté sur cette question :

« Napoléon Bonaparte sera-t-il consul à vie? » Des registres furent ouverts dans les communes; 3,577,259 citoyens votèrent; — 3,568,985 votes furent affirmatifs.

Enfin, le 29 floréal an XII, un décret *impérial* invitait le peuple à voter sur la proposition suivante :

« Le peuple veut l'hérédité de la dignité impériale dans « la descendance directe, naturelle, légitime et adoptive « de NAPOLÉON BONAPARTE et dans la descendance directe, « naturelle et légitime de *Joseph Bonaparte* et de *Louis* « *Bonaparte*, ainsi qu'il est réglé par le sénatus-consulte « organique du 28 floréal an XII. »

Cet hommage à la souveraineté du peuple n'était pas bien sincère. N'ayant encore obtenu que le suffrage des sénateurs, ses créatures, Napoléon prend par avance le titre d'*empereur* dans le décret même qui charge, en apparence, le peuple français de décider la question.

3,524,254 citoyens votèrent, — 3,521,675 acceptèrent la proposition ; les opposants qui eurent le courage de voter furent donc réduits à 2,569. Si ce vote, inspiré par les circonstances et par la pression administrative, avait eu

(1) Loi du 23 frimaire an VIII, qui règle la manière dont la constitution sera présentée au peuple français.

le pouvoir d'enchaîner les générations à venir, si d'ailleurs le sénatus-consulte de l'an XII ne se trouvait infirmé et par le sénatus-consulte du 3 avril 1814 qui proclame la déchéance de la famille Bonaparte, et par l'abdication de Fontainebleau, Louis-Napoléon Bonaparte, président actuel de la République, serait aujourd'hui l'héritier de son oncle à l'empire français.

Lorsque le pouvoir politique sera rentré dans le sein de la nation, désormais majeure et faisant rendre aux rois, présidents et assemblées leurs comptes de tutelle, une hiérarchie s'établira, celle des lumières ; il se constituera dans toutes les branches de l'activité humaine des corps électifs composés de toutes les sommités, foyers rayonnants sans pouvoir pour la contrainte, mais vulgarisant pour toutes les questions la solution donnée par la science, et se faisant librement obéir par la seule force de l'intérêt général bien entendu.

L'acte additionnel aux constitutions de l'empire, acte mort-né d'ailleurs, contient l'idée incomplète mais féconde d'une représentation spéciale donnée à l'industrie, à la propriété manufacturière et commerciale dans le corps législatif[1].

MESURES TRANSITOIRES.

Nous avons donné le dernier mot de la souveraineté du peuple, c'est l'assemblée primaire, c'est la réunion légale de tous les citoyens votant sans parlement, sans pouvoir artificiel d'aucune sorte sur les principes législatifs, et ne reconnaissant d'autre constitution que la volonté de la majorité se manifestant en permanence.

Subsidiairement et si les esprits ne se montrent pas mûrs encore pour d'aussi grands résultats, deux perfectionnements transitoires devraient être appliqués à la consti-

(1) Acte du 22 avril 1815, pour régler le nombre des députés pour représenter la propriété et l'industrie commerciale et manufacturière.

tution actuelle, aussitôt qu'elle pourra être modifiée légalement et dans le sens démocratique :

Abolition de la présidence; élections annuelles des représentants.

SUPPRESSION DE LA PRÉSIDENCE.

La volonté nationale s'étant manifestée par le choix d'une assemblée, représentation de l'opinion publique bien plus fidèle que ne peut l'être un individu, parce qu'elle donne place à la minorité comme à la majorité, et personnifie toutes les nuances de l'opinion, le pays ne peut avoir deux têtes, et le pouvoir exécutif, chargé d'accomplir les volontés de l'assemblée, qui sont celles de la nation, ne saurait être, si l'on veut prévenir les usurpations et les conflits, qu'une simple émanation de cette assemblée.

Nous demandons que la constitution ne statue rien sur l'organisation du pouvoir exécutif, et que cette matière soit réglée par chaque assemblée comme elle règle son organisation intérieure, ses commissions et ses bureaux.

Cette subordination du pouvoir exécutif était entrée dans les intentions des constituants de 1848, mais l'élément opposé à la République, déjà caché dans leur assemblée, ajourna la réalisation de cette pensée démocratique en insérant dans la constitution :

Qu'il y aurait un président nommé pour quatre années;

Que ce président serait élu par le suffrage universel.

On donnait ainsi au suffrage universel deux expressions qui pouvaient avoir la prétention d'entrer en lutte en se disant issues directement de la souveraineté populaire.

Vainement les constituants, en chargeant le président du *pouvoir exécutif*, avaient-ils entendu et exprimé par là qu'il était nommé uniquement pour *exécuter*, et que la direction, la pensée politique appartenait à l'assemblée; vainement la constitution a-t-elle voulu enchaîner le président en exigeant de lui un serment de fidélité à la *République démocratique*, en le déclarant personnellement responsable de tous les actes du gouvernement et de l'administration. Les partis monarchiques coalisés ont prouvé que la présidence, telle qu'elle est organisée par la constitution, pouvait devenir une entrave dans les roues du char démocratique. Il n'est pas jusqu'à cette responsabilité qui avait pour objet de lier plus étroitement le président à l'exécution des volontés de l'assemblée, dont certains courtisans ne se soient prévalus pour lui attribuer, par un déloyal sophisme, une indépendance politique supérieure à celle des rois constitutionnels.

L'institution de la présidence, telle qu'elle existe aujourd'hui, doit disparaître si l'on veut arriver à l'idéal de la République, la nation se gouvernant elle-même. Le pouvoir exécutif ne doit être que le bras de l'assemblée, incapable de réaliser, de concevoir même une autre politique que la sienne, de la même manière que l'assemblée doit être soumise assez souvent au jugement des électeurs pour qu'il lui soit impossible de rendre sa politique indépendante de l'opinion du pays.

ÉLECTIONS ANNUELLES DES REPRÉSENTANTS.

Nous voulons que les élections des représentants soient fréquentes, afin que les réunions électorales activent l'éducation politique des masses et que le corps législatif soit maintenu en constante harmonie avec l'opinion publique. Le terme d'une année pour les réélections ne nous semblerait pas trop court. Celui de trois ans, aujourd'hui fixé, est beaucoup trop long. Les élections du suffrage universel, l'expérience l'a prouvé, n'entraînent pas de troubles. La dissidence prolongée de la majorité d'une assemblée avec les sentiments du pays est une cause de perturbation bien plus dangereuse.

Refuser de recourir souvent aux élections, sous prétexte qu'elles agitent le pays, c'est imiter le navigateur qui refuserait de faire sonder souvent la mer, de peur de fatiguer son équipage. L'opinion est la mer mobile qui porte les gouvernements ; refusez de la sonder, et vous irez bientôt vous briser aux écueils que vous n'aurez pas voulu reconnaître.

Dira-t-on qu'en soumettant complétement le pouvoir exécutif à toutes les volontés de l'assemblée, l'assemblée à toutes les volontés du pays, nous excluons toute politique suivie? c'est une erreur. Nous n'excluons, en fait de persévérance politique et de plan de conduite, que les séries d'actes hostiles à l'opinion publique, mais l'opinion nationale elle-même peut et doit avoir un plan. Dès à présent l'histoire de l'opinion, en France, a sa logique. Cette logique deviendra de plus en plus nette à mesure que l'opinion sera plus éclairée, se manifestera plus souvent et plus régulièrement. Il appartient au peuple et au peuple seul d'imprimer aux actes nationaux leurs grandes lignes générales, à l'assemblée de formuler et de préciser les détails conformément aux vues du peuple, au pouvoir exécutif enfin d'agir dans le cercle tracé par l'assemblée.

Ce système, ouvrant à l'intervention du peuple une porte large et régulière, diminuerait énormément la part, non-seulement des révolutions, mais des conflits, des crises, en attendant la réalisation de la législation directe, du gouvernement du peuple par lui-même, qui serait l'enterrement définitif des partis, la fin de leurs luttes, et qui, sur les ruines de l'ancien mécanisme législatif, inaugurerait la souveraine de la société future, l'héritière de toutes les assemblées où l'homme fabrique des lois pour l'homme, l'*Association libre et volontaire* ne reconnaissant d'autres lois que celles de Dieu.

Nous avons énuméré les droits fondamentaux qui constituent la République : suffrage universel, liberté individuelle, liberté de la presse, droit de réunion, d'association, principes qui garantissent la manifestation de la véritable pensée publique. Essayons maintenant de classer, en les rapportant aux différentes attributions ministérielles, les réformes sociales déjà mûres, acceptées par la presque unanimité de l'opinion démocratique.

Nous passerons en revue la *Justice*, les *Relations extérieures*, l'*Enseignement*, les *Cultes*, l'*Intérieur*, l'*Agriculture*, le *Commerce*, les *Travaux publics*, l'*Armée* et les *Finances*.

JUSTICE.

ORGANISATION DE LA MAGISTRATURE.

Le sentiment populaire l'a proclamé depuis longtemps. C'est l'élection, l'élection compétente, instruite, qui, dans toutes les branches de l'activité sociale, est la source légitime du pouvoir, c'est-à-dire du droit de diriger, d'éclairer. Il est urgent de rapprocher dès aujourd'hui de cet idéal les principales branches du service public, de faire intervenir l'élection dans les corps qui peuvent être le plus nuisibles au développement des institutions républicaines, tant qu'une organisation nouvelle ne les aura pas rendus solidaires de la démocratie. Elections dans la magistrature, élections dans l'armée, telle doit être la volonté d'un gouvernement républicain ; élections dans le clergé, telle serait la conséquence entraînée presque nécessairement par la suppression du budget des cultes. Ces trois mesures qu'il fallait prendre après février sont la condition d'un avénement sérieux et sans retour pour le régime démocratique.

Nous voulons traiter la question de l'élection des magistrats gravement, froidement, sans récriminations, sans protestation contre aucune chose jugée, sans allusion même aux divers actes de la justice politique accomplis depuis février, et plus spécialement depuis le 10 décembre. Notre but est d'éloigner l'opinion démocratique des rancunes stériles, de la tourner vers la féconde élaboration des institutions de l'avenir.

Aussi dirons-nous sans invoquer aucun fait et en nous tenant sévèrement dans la région du droit absolu :

Un régime politique ne peut vivre et se développer qu'en engendrant des institutions et des lois conformes à son principe.

Sous la République démocratique, la loi doit être républicaine et démocratique.

Il ne suffit pas, pour protéger efficacement le développement de ce régime, que la lettre des lois soit républicaine. C'est par l'interprétation et l'application que les lois touchent aux hommes comme aux choses.

Un pouvoir qui aurait pour lui le législateur ne serait point sauvé s'il avait contre lui le juge.

Toutes les fois que la France a changé sérieusement de régime politique, la magistrature, institution et personnel, a été complétement renouvelée. La Constituante de 1789 dut briser les parlements et toute la vieille organisation judiciaire qui se dressait comme une barrière devant les principes nouveaux. La Constituante n'hésita pas : elle comprit que, pour fermer à jamais aux magistrats de la monarchie le retour vers leurs siéges, pour protéger le nouveau pouvoir contre le reproche de caprice, d'arbitraire, de favoritisme dans ses choix, il fallait instituer les nouveaux magistrats au nom d'une autorité plus haute que la royauté : on fit appel à l'élection. Nous lisons dans la loi du 24 août 1790, décrétée le même jour que la constitution civile du clergé :

« Les juges seront élus par les justiciables.

« Ils seront élus pour six années ; à l'expiration de ce « terme, il sera procédé à une élection nouvelle dans la- « quelle les mêmes juges pourront être réélus. »

La cour de cassation elle-même, qui représente la stabilité judiciaire, était encore élective en l'an IV [1].

Ainsi furent écartés, et par une autorité irrécusable, celle du peuple, les magistrats malintentionnés pour le développement de la démocratie. La volonté populaire en maintint quelques-uns ; mais ce fut exceptionnellement, témoin ceux qui refusèrent en l'an IV le serment de haine à la royauté prescrit aux fonctionnaires publics [2].

La Restauration imita la Révolution par le licenciement d'une magistrature hostile à son principe ; mais elle ne donna pas à ses nouveaux juges une investiture d'ordre supérieur, comme l'avait fait la Constituante en 1790. Louis XVIII, n'accordant aucune force obligatoire aux choix impériaux, nomma tous les magistrats à nouveau, comme s'il n'en existait pas un seul en fonctions ; débu-

(1) Loi du 5 vendémiaire an IV, qui détermine le mode d'élection des juges au tribunal de cassation.
(2) Loi du 19 ventôse an IV.

tant par la cour de cassation[1], il détermina le personnel de toutes les cours du royaume.

Après la révolution de juillet, le roi Louis-Philippe, dont l'œuvre fut, à la vérité, simplifiée dans la magistrature par des démissions spontanées assez nombreuses, ne se considérait comme obligé de conserver les anciens fonctionnaires dans aucune branche du service public. Il s'exprime ainsi dans sa proclamation du 15 août 1830.

« Il faut que l'administration reprenne partout son « cours ; de nombreux changements ont déjà été faits, « d'autres se préparent : *l'autorité doit être entre les « mains d'hommes fermement attachés à la cause na- « tionale.* »

En février, le gouvernement provisoire comprit à demi que la magistrature avait besoin d'une institution nouvelle et que l'avénement du peuple exigeait dans un corps aussi influent sur les destinées publiques un de ces remaniements complets nécessités par l'avénement de tous les régimes antérieurs. Pour licencier la magistrature, le gouvernement provisoire avait au moins autant de droits que Louis XVIII et plus d'intérêt, car des magistrats impériaux deviennent plus facilement royalistes que des magistrats élevés à l'école de la royauté ne deviennent démocrates. Le gouvernement provisoire eut à moitié le sentiment de son intérêt et de son droit quand il formula cette maxime dans le décret du 17 avril 1848 :

« Le principe de l'inamovibilité de la magistrature, « *incompatible avec le gouvernement républicain*, a « disparu avec la Charte de 1830. »

Cette déclaration devait entraîner, comme conséquence logique, une révocation générale des magistrats, sans aucune espèce d'exception depuis le premier président de la cour de cassation jusqu'au moindre juge de paix, avec invitation au peuple d'élire ses magistrats nouveaux parmi les licenciés en droit. La compétence spéciale devant se concilier ici avec la sympathie populaire, rien n'eût empêché de réélire les anciens magistrats que l'opinion en eût jugés dignes ; le devoir de la presse eût été d'éclairer

(1) Ordonnance du 15 février 1815.

les électeurs en produisant les titres de chacun à la réélection, titres fréquents surtout dans la cour de cassation, qui s'est honorée plus d'une fois par des actes d'indépendance.

Une magistrature ainsi instituée eût été solidaire de la démocratie et l'eût énergiquement défendue.

Le gouvernement provisoire recula devant le principe posé par lui-même ; il ne porta aucune atteinte radicale à l'inamovibilité des juges et ne soutint pas un seul instant devant l'Assemblée constituante sa propre déclaration de principes du 17 avril. Le gouvernement provisoire, trouvant devant lui deux magistratures, l'une *debout*, amovible et chargée de requérir, l'autre *assise*, inamovible, ayant mission de juger, destitua un certain nombre de magistrats amovibles et *suspendit* exceptionnellement quelques magistrats inamovibles, juste milieu déplorable. Il fallait révoquer la magistrature intégralement, comme on avait dissous la Chambre des pairs et la Chambre des députés.

Si l'on trouvait cette mesure trop rigoureuse, si l'on comptait sur la conversion soudaine et spontanée aux principes républicans de ce corps judiciaire qui se montrait en robes rouges aux funérailles des héros de février, et qui faisait afficher dans tout Paris des mandats d'amener contre les derniers ministres de Louis-Philippe, il ne fallait destituer, suspendre, irriter personne.

Entre la révocation générale, qui anéantissait le pouvoir de l'ancienne magistrature, et la conservation générale qui aurait eu pour objet de la rallier, on a préféré le système mitoyen des fourches caudines. Il n'a pas mieux réussi à M. Crémieux qu'aux Samnites. Le corps judiciaire étant resté le même avec toutes ses attractions, ses tendances originelles, les magistrats révoqués ou suspendus y sont rentrés pour la plupart par l'effet d'une affinité naturelle ; ils y sont revenus avec un grief spécial contre les idées démocratiques. Cette expérience servira-t-elle ?

RÉVISION DE LA LÉGISLATION.

Il ne suffit pas de régénérer la magistrature ; les lois qu'elle applique doivent subir une transformation correspondante. Quand on voudra supprimer de notre volumineuse législation les redites, les contradictions, les parties abrogées expressément ou tombées en désuétude, quand on voudra profiter de ce travail de révision et de récapitulation pour soumettre avec suite au pouvoir législatif les amendements que le progrès de l'opinion réclame et que l'initiative parlementaire présente aujourd'hui avec désordre, une commission de l'Assemblée nationale, s'adjoignant les jurisconsultes et hommes spéciaux dont elle jugera l'expérience nécessaire, commencera la révision intégrale de tous nos codes. Des institutions impériales, et qui datent de quarante ans, ne sont pas compatibles avec les besoins de la République démocratique promise au peuple en 1848. Cette révision, soumise par chapitres au vote de l'Assemblée nationale, aura surtout pour objet de simplifier les lois civiles et la procédure. La commission sera chargée de réunir dans un recueil toutes les dispositions administratives non contenues dans les codes et qui ont aujourd'hui force de loi, afin que la connaissance du seul recueil officiel dispense de compulser les ordonnances des anciens rois et cent soixante volumes du *Bulletin des lois* pleins de décisions contradictoires.

Le vœu de cette révision générale de la législation a été émis dans les conseils généraux de 1849, et l'idée n'était pas nouvelle.

Le besoin de réviser, de condenser, de ramener à l'unité une législation, fruit compliqué des siècles, ce besoin auquel satisfit Justinien en réduisant aux Pandectes les monuments si nombreux de la jurisprudence romaine, l'ancienne monarchie française l'éprouva plus d'une fois. Des lettres de Louis XII, du 21 janvier 1510, chargent des commissaires de poursuivre *devant les états provinciaux*, c'est-à-dire de concert avec des espèces de parlements locaux, la révision de toutes les coutumes du royaume, et de promulguer à nouveau ces coutumes au nom du roi. Les lettres de Louis XII attestent que cette œuvre avait été précédemment ébauchée par Charles VII, Louis XI et Charles VIII.

Ici encore la Convention a laissé une trace lumineuse; ici encore elle a pris une décision progressive dont l'exécution n'a été qu'ajournée par les orages politiques. Voici le texte entier d'un décret du 3 floréal an II :

« La Convention nationale, après avoir entendu le co-
« mité de salut public, nomme les représentants du peuple
« Cambacérès, Merlin de Douai et Couthon pour composer
« la commission chargée, aux termes de la loi sur la po-
« lice générale de la République, de rédiger en un Code
« succinct et complet les lois rendues jusqu'à ce jour, en
« supprimant celles qui sont devenues confuses ; et autorise
« cette commission à employer tel nombre de citoyens et
« à faire les dépenses qu'elle jugera nécessaires et conve-
« nables pour remplir les vues de la Convention. »

Ce décret fut complété le 11 prairial par un autre, esquissant à grands traits le plan général du Code complet des lois sur le rapport de la commission de recensement et de rédaction.

Ce plan devait changer nécessairement suivant les variations intervenues dans le gouvernement du pays. Napoléon n'avait pu continuer dans son premier esprit l'œuvre conventionnelle; mais on trouverait un utile document, au moins pour le plan et la classification d'un travail semblable, dans le décret du 8 novembre 1810, énumérant les lois françaises qui seront exécutoires dans plusieurs départements réunis à l'empire français aux dépens de la Hollande; c'est la liste en 64 pages, et classée par ordre de matières, de toutes les lois françaises considérées par l'empereur comme essentielles. Napoléon sentait combien il eût été difficile et infructueux d'obliger les légistes et tribuns hollandais à se mettre dans l'esprit et sur la conscience le *Bulletin des lois* tout entier.

Ce travail de révision, de coordination de toutes nos lois, déjà tenté par la Convention, la Restauration voulut l'entreprendre à son point de vue. Une ordonnance de Louis XVIII (20 août 1824) chargea une *commission de révision* de colliger les arrêtés, décrets et autres décisions réglementaires rendus antérieurement au rétablissement de l'autorité légitime.

La commission devait proposer les ordonnances d'abrogation ou de remplacement qui lui sembleraient utiles. Elle fut composée de MM. de Pastoret, Portalis, d'Herbouville, de Martignac, Dudon, Pardessus, Bonnet, Cuvier, Allent, Amy, de Cassini, de Vatimesnil, Dunoyer; mais son travail s'appliquant seulement aux matières qui peuvent être régies par ordonnance, ne produisit aucune réforme profonde : l'œuvre demeure entière aujourd'hui. A la vérité, les démocrates attendront pour la reprendre que le gouvernement français soit rentré dans la voie démocratique ; ils se garderont bien de réclamer une révision générale des lois par tout pouvoir antipathique à leurs doctrines, et dont le règne sur l'opinion ne serait à leurs yeux qu'une usurpation éphémère.

La révision des Codes, accélérée par des propositions spéciales qui amèneraient en dehors de ce travail l'attention du pouvoir législatif sur les questions les plus urgentes, modifierait les différents éléments de la loi dans un sens que nous allons présumer.

LÉGISLATION CIVILE.

DES PERSONNES.

État civil.

La tenue des registres de l'état civil est un élément d'ordre qui distingue une société civilisée d'un état barbare, comme au point de vue matériel les numéros des maisons et les noms des rues. Il faut aller plus loin dans la même voie, et bien comprendre que la statistique, la publicité, l'inventaire exact de tous les éléments sociaux, personnes et biens, est une condition préalable des réformes que veut opérer la démocratie. Faites la lumière si vous voulez créer le monde.

Avec M. Hébert, qui a déployé pour populariser cette innovation tant de persévérance et de zèle, nous demandons une immatriculation des citoyens, réunissant sous leurs noms tous les renseignements dont l'exactitude est facile à constater authentiquement, mariages, naissances d'enfants légitimes, reconnaissances d'enfants naturels, acceptations de tutelles, faillites, interdictions, nominations de conseils judiciaires. Déjà l'administration, et nous l'en félicitons, a ordonné, par voie de circulaire ministérielle, que l'indication des dispositions essentielles de toute condamnation devenue définitive fût envoyée, par le greffier du tribunal ou de la cour, au lieu de naissance du condamné, pour être classée au greffe du tribunal, ou, ce qui vaudrait mieux, à la mairie, comme complément d'état civil.

L'immatriculation ne doit pas seulement indiquer par extrait les actes authentiques qui ont modifié l'état civil de la personne, mais aussi les contrats principaux qui peuvent influer sur ses biens.

Dans la session de 1849, les conseils généraux du Calvados, d'Indre-et-Loire et de la Haute-Saône ont émis un vœu légitime et qui se rattache à la réforme hypothécaire. Ces conseils demandent que les époux soient interrogés, lors de la célébration du mariage, sur la question de savoir s'ils ont fait un contrat; dans le cas de l'affirmative, ils indiqueront la date du contrat, le nom et la résidence du notaire qui l'aura reçu. Cette déclaration, insérée dans l'acte de mariage, apprend aux tiers intéressés quelles sûretés ils peuvent attendre. Si les époux n'ont pas fait de contrat, on sait que, d'après le Code civil, ils sont mariés sous le régime de la communauté. Cette innovation est entrée, au surplus, dans un projet de loi voté par l'Assemblée législative à la fin de 1850, projet qui aurait pu, selon nous, aller beaucoup plus loin dans cette voie de publicité et de statistique.

Afin d'épargner aux nouveaux nés la dangereuse épreuve du déplacement et des intempéries, le conseil d'Indre-et-Loire a demandé, dans la session de 1849, que la constatation de la naissance et du sexe des enfants fût opérée au lieu même de l'accouchement par un agent de la mairie, à l'imitation de ce qui se pratique pour la constatation des décès. Nous savons un médecin, le docteur Loir, qui travaille avec beaucoup de zèle à la propagation de cette idée. A côté d'avantages incontestables, elle a ses inconvénients.

On objecte que certaines naissances se dissimulent aujourd'hui et seraient avec un grand scandale révélées aux familles et au voisinage par l'apparition d'un agent municipal. Nous croyons cependant que les avantages de la mesure l'emportent sur des inconvénients qui deviendront moins sensibles à mesure que les hommes sauront s'habituer à la vérité absolue.

Divorce.

Un grand fait milite en faveur du divorce; c'est que le règne de cette institution a toujours coïncidé en France avec le triomphe de la philosophie et de la liberté. La première révolution française a proclamé le divorce, qui reçut plusieurs organisations jusqu'au Code civil, où Napoléon le conserva. Cette liberté, respectée par l'empire, n'a été effacée du Code que par les scrupules de la Restauration. Le divorce s'est maintenu jusqu'à ce moment dans plusieurs pays qui avaient reçu pendant l'empire l'empreinte de nos mœurs et de nos lois, notamment en Belgique. Après la révolution de juillet, la Chambre des députés rétablit le divorce, mais ce vote fut paralysé par le véto de la Chambre des pairs. Une nouvelle velléité de rétablir le divorce fut manifestée en 1848 par le gouvernement provisoire. La réaction la comprima.

Il est impossible de le méconnaître, le divorce a l'appui de tous les philosophes, de tous les hommes de progrès, la haine des absolutistes et des jésuites, parce que le divorce est une application du grand principe de liberté, une application au profit de la femme dont l'esclavage est la base de l'ordre social, tel que nos immobilistes le comprennent. L'institution du divorce est fondée sur ce raisonnement difficile à réfuter :

Voici deux époux dont les natures ont toujours été ou sont devenues antipathiques ; ils se rendent mutuellement malheureux, tandis que séparés, libres de former de nouveaux liens, ils pourraient contracter des unions assorties à leurs caractères. En les contraignant à rester unis, vous perpétuez la souffrance dans un ménage et vous empêchez peut-être la formation de deux ménages fortunés.

Aujourd'hui les deux sexes sont élevés séparément ; on

s'épouse sans se connaître, après s'être à peine entrevu dans des assemblées d'étiquette. Les calculs pécuniaires, l'autorité des parents viennent encore contrarier les sympathies natives; aussi les mécomptes matrimoniaux sont-ils fréquents. Pourquoi les rendre irréparables?

A cette question les adversaires du divorce ne peuvent rien répondre de concluant et de décisif. Quelques-uns de leurs arguments toutefois méritent considération.

Nous ne parlons pas de la fin de non recevoir puisée dans les prescriptions religieuses. Aucun dogme bien ou mal interprété par les théologiens ne saurait faire autorité en matière civile. Libre à celui qui considère, à tort ou à raison, le divorce comme interdit par la religion chrétienne, de s'abstenir du divorce. Ses scrupules de conscience ne peuvent devenir la loi des personnes qui ne les partagent pas, encore moins la règle du législateur digne de notre époque et pour qui le temps des *religions d'Etat* est fini à jamais.

La considération *des enfants* est beaucoup plus grave. Les enfants ont besoin d'être protégés par l'union matérielle, morale et spirituelle du père et de la mère; parents séparés, enfants négligés ou même persécutés, opprimés dans les nouvelles familles que leurs parents vont former. Cette objection est sérieuse. Organiser, assurer l'éducation de l'enfance indépendamment du zèle ou de la négligence des parents, est assurément une réforme plus urgente que le rétablissement du divorce, une réforme qui devrait précéder toute extension de la liberté dans les relations conjugales.

Cette nécessité d'organiser et d'assurer préalablement l'éducation de l'enfance nous empêcherait pour notre part, et dans les circonstances actuelles, de réclamer le rétablissement du divorce et d'en prendre l'initiative; mais si cette réforme était proposée, nous la voterions :

Parce que le rétablissement du divorce serait un triomphe pour le principe de liberté, une brèche notable faite aux préjugés intolérants et hypocrites qui s'opposent à l'extension de la vérité dans les rapports de l'homme et de la femme;

Parceque l'intérêt des enfants, seul argument sérieux que l'on oppose au divorce, est compromis par la mésintelligence et le désaccord des parents plus que par leur séparation matérielle ; qu'il y a peu de profit pour l'éducation à rendre l'enfant spectateur d'une haine de famille envenimée par les contraintes du mariage indissoluble ;

Enfin, parce que l'antipathie des époux maintenus dans ces liens que rien ne peut dénouer, aboutit plus souvent qu'on ne pense à des crimes. Étudiez la statistique judiciaire de ces dernières années, vous serez effrayé du nombre des assassinats et surtout des *empoisonnements* entre époux, empoisonnements qui souvent échappent à l'œil de la justice et dont le chiffre dépasse nécessairement les constatations officielles.

Ces crimes, éloquente déposition contre des institutions imparfaites, emporteraient notre décision. Sans les atténuer nous voudrions les prévenir ; l'arsenic pour nous ferait pencher la balance. Nous voterions pour le divorce, si la question était remise sur le tapis, tout en consacrant nos efforts de préférence à garantir l'éducation à tous les enfants, l'indépendance par le travail à toutes les femmes, préliminaires qui peuvent seuls préparer pour les générations futures une liberté de mœurs franche, désintéressée, honorable, allant plus loin que le divorce, sans en présenter les dangers.

DES BIENS.

Etat civil de la propriété.

Les principales innovations qui soient réclamées aujourd'hui en matière réelle, spécialement la réforme hypothécaire et le crédit foncier, sont dominées par une question préalable, la création d'un état civil de la propriété foncière, d'une statistique et d'une évaluation permanente de chaque parcelle de territoire. Il faut que les aliénations, démembrements, transformations de la propriété foncière soient constatés et rendus publics comme les actes intéressant l'état civil des individus. Cette évaluation permanente servirait non-seulement à établir le crédit des propriétaires fonciers sur des documents irrécusables, mais encore à résoudre la grande question de la répartition équitable et proportionnelle des contributions.

La statistique de la propriété foncière est la base du crédit de l'État comme du crédit individuel.

Cette statistique peut être effectuée par une administration dont tous les éléments existent et n'ont besoin que d'être harmonisés. Ces éléments, qu'il faudrait réunir, sont les administrations de l'enregistrement, du cadastre, de la conservation hypothécaire et des contributions directes.

ORGANISATION DU CRÉDIT.

L'organisation du crédit est appelée de toutes parts en France.

Organiser le crédit, c'est affranchir le producteur de l'usure, en lui facilitant les moyens d'emprunter à bon marché sur sa terre ou sa maison (crédit foncier);

Sur ses produits agricoles, soit déjà récoltés, soit pendants encore par racines (crédit sur gages agricoles);

Sur ses produits industriels et manufacturés non vendus (crédit sur gages industriels);

Enfin sur son travail à venir, ce qui constitue le crédit sans gage.

Le crédit foncier, le plus vivement, le plus puissamment réclamé, parce qu'il est demandé par la voix écoutée des propriétaires du sol, ne peut se réaliser sans une mesure préalable, la *réforme hypothécaire*, ou révision de la partie du Code civil qui a surchargé d'entraves le prêt sur hypothèques ou sur gage immobilier, et qui tend au prêteur de véritables piéges en opposant à l'exercice de ses droits des priviléges survenus inopinément ou des hypothèques occultes.

Le conseil général de l'Ariége, session de 1849, évalue la dette hypothécaire actuelle à plus de douze milliards. Si l'on veut délivrer de ce fléau la propriété foncière, il faut réaliser trois améliorations étroitement liées :

Réforme hypothécaire, préliminaire indispensable;

Liquidation de la dette hypothécaire actuelle;

Organisation du crédit foncier pour l'avenir.

Réforme hypothécaire.

Notre but n'est pas d'entrer ici dans les détails de la

réforme hypothécaire. Nous signalons seulement l'urgence de cette réforme.

Pour être sérieuse et radicale, il faut qu'elle trouve son point d'appui dans la statistique et l'évaluation permanente de la propriété foncière qui devrait être la première institution relative aux biens, comme les actes de l'état civil sont le point de départ des institutions qui touchent aux personnes. Louis XIV l'avait pressenti quand le premier, en 1673, il établit, dans le ressort de chaque présidial, un greffe ou bureau dans lequel les créanciers hypothécaires pouvaient faire enregistrer leurs titres. En 1774, Louis XVI fit faire un pas à la question délicate de l'évaluation des revenus en ordonnant la translation à l'hôtel de Bretonvilliers du bureau unique pour l'enregistrement des titres de propriété des bourgeois de Paris et autres privilégiés qui voulaient jouir de l'exemption des droits sur les denrées venant de leurs terres et destinées à la consommation de leurs maisons.

Depuis la Révolution française, le régime hypothécaire a été l'objet de plusieurs actes législatifs importants, notamment la loi du 9 messidor an III, *concernant le Code hypothécaire*. Cette loi comprenait l'institution remarquable appelée l'*hypothèque sur soi-même*. Tout propriétaire pouvait mobiliser le crédit de sa terre, en faire une monnaie, prendre hypothèque sur lui-même pour un espace de dix ans et pour les trois quarts de la valeur de ses biens.

Le papier ainsi créé par le propriétaire s'appelait *cédules hypothécaires*. Il passait de main en main, par l'endossement à ordre. Dans cette transmission de créances, les formalités de la justice et du notariat se trouvaient supprimées.

Suivant cette loi du 9 messidor an III, il devait y avoir pour chaque arrondissement d'hypothèque cinq registres, sans compter le grand résumé, qu'on appelait *livre de raison des hypothèques*. Chacun de ces registres contenait une nature différente de renseignements sur la situation de la propriété foncière. On doit regretter aujourd'hui que la même centralisation de renseignements n'existe plus.

Le bureau de la conservation des hypothèques en chaque district (l'arrondissement actuel) était divisé en autant d'arrondissements qu'il existait de bureaux de perception des droits d'enregistrement, avec registres séparés pour chacune de ces subdivisions.

La loi de l'an III créait une institution de crédit privé parfaitement en harmonie avec les institutions de crédit public de la République. La *cédule hypothécaire* représentait fort bien l'assignat avec ses avantages et ses défauts. Comme l'assignat, c'était un moyen de circulation présentant au propriétaire des facilités inespérées. Comme l'assignat, c'était une institution progressive qui renaîtra, sans aucun doute, en se transformant. Mais la République avait tué les assignats en les multipliant bien au delà des valeurs réelles qui leur servaient de gage; l'émission des cédules hypothécaires fut promptement déconsidérée, parce qu'elle ne reposait pas sur cette évaluation certaine, permanente et publique de la propriété territoriale qui doit être la première institution de crédit foncier.

Crédit foncier.

L'organisation du crédit foncier pour l'avenir doit être complétée par la liquidation de la dette hypothécaire actuelle.

Aujourd'hui beaucoup de propriétaires ruraux, ne payant que péniblement l'intérêt de la somme qu'ils ont empruntée et dont leur terre est le gage, seraient dans l'impossibilité absolue de réaliser en outre le capital, et le créancier est le maître de les exproprier en exigeant cette restitution.

Pour dégager ces propriétaires, il suffirait de provoquer entre eux des associations constituant une caisse commune dans laquelle chacun d'eux verserait des annuités représentant l'intérêt de la somme qui lui a été prêtée, avec un léger excédant destiné à éteindre le capital.

Une association de cette nature servirait aux créanciers hypothécaires les intérêts de leur capital. Elle constituerait en outre, avec l'excédant dont nous venons de parler, et qui ne serait pas une charge sensible, un fonds d'amortissement employé à créer lentement le capital de la créance. Si l'association ne pouvait rembourser tous les capitaux à la fois, elle pourrait du moins, chaque année, en rembourser quelques-uns, soit en adoptant pour ce choix le tirage au sort, soit en désintéressant les créanciers les plus pressés. Les associations ayant pour objet le remboursement des créances hypothécaires ont été expérimentées avec succès dans plusieurs États de l'Europe.

Indépendamment des associations destinées à faciliter aux débiteurs les moyens de se libérer, on peut concevoir des associations plus complètes, soulageant doublement le propriétaire débiteur et en recevant de lui le paiement par annuités, qui est le paiement le moins lourd pour l'agriculture, et en lui prêtant sur hypothèque moyennant un intérêt inférieur au taux actuel.

Cet abaissement de l'intérêt peut s'expliquer par le grand nombre des opérations auxquelles se livrerait l'association de crédit foncier et par la condition que lui imposeraient ses statuts de ne prêter que sur gages parfaitement sûrs et liquides. Les associations de crédit foncier rendraient aujourd'hui un service immense en prêtant moyennant un paiement annuel de 5 p. 100, intérêts et amortissement du capital y compris. Ainsi la somme autrefois exigée pour les seuls intérêts par le crédit individuel contribuerait à l'extinction progressive du capital.

La liberté d'association peut créer des sociétés de remboursement hypothécaire;

Des associations plus complètes de crédit foncier prêtant le capital et recevant le remboursement par annuités;

Des associations de crédit sur gages agricoles ou industriels, que nous aurons bientôt à décrire sous le titre de *comptoirs communaux* ou d'*agences communales*.

Quel sera le rôle de l'Etat? Favoriser, protéger ces établissements partiels, et en outre placer au-dessus d'eux comme un type supérieur une *banque d'Etat* n'ayant qu'une seule attribution exclusive, celle de mettre des billets en circulation. L'unité est indispensable pour la monnaie de papier comme pour la monnaie d'or ou d'argent.

Par décrets des 27 avril et 2 mars 1848, le gouvernement provisoire a fusionné avec la Banque de France les banques de Rouen, Lyon, le Hâvre, Lille, Toulouse, Orléans, Marseille, Nantes et Bordeaux. Les conseils d'administration de ces banques avaient donné un avis conforme à cette mesure, déterminée surtout par le désir de faire du billet de banque une monnaie parfaitement uniforme.

Comme le crédit ne se commande pas, nous ne pensons nullement que la fondation d'une banque d'Etat doive être accompagnée de la fermeture obligatoire des établissements privés, bien que cette fermeture ait eu lieu pour toutes les maisons de prêt dans les villes où des monts-de-piété ont été créés par l'administration.

La banque d'Etat ne doit pas prêter sur hypothèque seulement, ce mode de prêt n'est qu'une branche de ses opérations.

Parmi les travaux publiés sur l'organisation de cette banque, nous citerons la *Réforme du crédit et du commerce*, par M. Coignet de Lyon, comme un des plus lumineux, des plus complets. Voici, d'après cet auteur, quelles conditions doit remplir une banque d'Etat pour devenir le meilleur instrument possible du crédit :

1° Mettre le crédit à la portée de toutes les valeurs meubles et immeubles, prêter à leurs possesseurs à des conditions égales, ce qui n'est possible qu'après une simplification radicale de nos lois hypothécaires;

2° N'émettre de billets que sur un gage en meubles ou immeubles d'une valeur supérieure à celle du papier émis ;

3° N'accepter d'objets mobiliers en nantissement qu'après une sévère expertise ;

4° Ne faire entrer le billet en circulation que par l'effet de la confiance inspirée, *sans cours forcé*. Le cours forcé, généralement blâmable et de nature à tuer le crédit au lieu de le fortifier, peut cependant être justifié temporairement par des crises analogues à celle qui suivit la révolution de février et qui détermina le gouvernement provisoire à donner cours forcé aux billets de la banque de France[1] ;

5° Ne prélever qu'un intérêt modéré, de 3 p. 100 par exemple, sur l'émission du papier, quel que soit le gage ;

(1) Décret du 15 mars 1848.

6° Recevoir et retirer aux conditions de l'émission tous les billets présentés;

7° Faire les billets de faibles coupures et n'en émettre qu'en proportion des besoins de la circulation.

Le gouvernement français, depuis quelques années et malgré la résistance opiniâtre des marchands d'argent, semble comprendre l'utilité des billets de faibles coupures. La Banque de France n'avait émis que des billets de mille et de cinq cents francs jusqu'à la loi du 20 juin 1847, qui autorisa les coupures de deux cents francs. Le gouvernement provisoire autorisa les coupures de cent francs[1].

8° N'accorder le crédit garanti par un meuble qu'après le dépôt préalable du gage;

9° Pour éviter le dépérissement du gage, exiger le remboursement de la somme prêtée à des échéances après lesquelles le prêt pourra être renouvelé, si le gage, expertisé de nouveau, a conservé toute sa valeur;

10° Ouvrir de nombreux comptoirs qui mettent ce système de crédit à la portée de toute la France.

Afin de donner de la valeur aux meubles, aux produits et marchandises, il devra être annexé à chaque comptoir de banque un entrepôt et un bazar dont l'organisation relierait la réforme du crédit à la réforme du commerce.

Il est peu d'idées nouvelles, même parmi les meilleures, dont les premières applications ne soient accompagnées de tâtonnements et même de désastres passagers. La France débuta dans la centralisation en matière de crédit par la banque de Law autorisée par le régent le 2 mai 1716, non comme établissement de l'Etat, mais comme banque privilégiée. C'est en 1718, après deux années d'expérience satisfaisante, qu'elle fut convertie de banque générale en *banque royale*.

Le désastre de Law jeta sur l'idée, si progressive qu'elle fût, une longue défaveur. Toutefois nous voyons, en 1776, le conseil d'Etat autoriser, sur le rapport de Turgot, Jean-Baptiste-Gabriel Bernard à fonder sur de grandes proportions une *caisse d'escompte* « dont toutes les opérations « tendraient à faire baisser l'intérêt de l'argent. »

Dans l'avenir, l'organisation du crédit peut assurer des

(1) Décret du 15 mars 1848.

ressources à l'Etat et par degrés substituer à la monnaie métallique des papiers bien garantis. Un papier qui n'est pas émis au delà des besoins et de la valeur du gage qu'il représente est une valeur aussi solide que le métal, et nous ne devons pas nous laisser trop effrayer par le souvenir de Law, ni par celui des assignats révolutionnaires, bien que leur discrédit ait été rapide et complet comme le prouve cet article de loi du 6 nivôse an IV :

« A compter du jour de la publication de la présente « loi, il sera payé aux maîtres de postes pour chaque che- « val par poste *trente sous en numéraire* ou *cent cin- « quante livres en assignats*, et à chaque postillon *dix « sous* en numéraire *ou cinquante livres* en assignats, le « tout au choix du voyageur. »

L'assignat, à cette époque, était descendu subitement du 30e au 100e de sa valeur nominale.

Les *mandats territoriaux*, autre espèce d'assignats inventée par le Directoire, eurent encore moins de succès. Voici ce que valaient *cent livres* en mandats pendant le mois de thermidor an IV, l'année même de leur émission :

Première décade,	5 premiers jours,	4 liv.	9 sols,	5 den.
	5 derniers jours,	4	5	10
Deuxième décade,	5 premiers jours,	2	17	
	5 derniers jours,	2	9	9
Troisième décade,	5 premiers jours,	1	17	10

L'organisation unitaire du crédit vers laquelle nous marchons par une série de tentatives plus d'une fois désastreuses ne peut s'opérer qu'à deux conditions déjà indiquées :

C'est que la banque d'Etat n'anéantira nullement par voie d'autorité les établissements de crédit, soit privés, soit communaux, soit départementaux, et qu'elle n'aura pas d'autre attribution exclusive que la fabrication du billet.

C'est qu'elle ne sera point mise directement sous la main du pouvoir exécutif et qu'elle appartiendra non pas au gouvernement, mais à la Nation.

Officiers ministériels.

A la réforme hypothécaire se rattache nécessairement l'abolition de la vénalité des charges. Dans tous les contrats, le notaire est porté à rançonner ses clients, parce que lui-même est redevable de la somme exorbitante qu'il a dû promettre ou payer pour entrer en possession de son office. Les valeurs prélevées par les notaires, avoués, huissiers, grèvent lourdement toute opération de crédit. Mais cet abus est difficile à détruire.

Jusqu'à présent on n'a pu mettre sérieusement en question l'abolition de la vénalité des offices, même avec remboursement, sans faire jeter les hauts cris aux intéressés. Louis XVIII avait osé réduire le nombre des huissiers de Paris, sans imposer au trésor aucun sacrifice[1]. La révolution bourgeoise de juillet, loin de hâter la réforme des offices, l'a rendue plus difficile, en mettant l'influence aux mains des agents d'affaires, de la classe moyenne en général.

Toutefois il a été proposé, notamment par M. Loreau, il y a plusieurs années, des mesures qui nous paraissent très praticables et qui se résument ainsi :

A l'avenir il est interdit aux officiers ministériels de désigner au gouvernement leurs successeurs. Les offices seront donnés au concours, concours ouvert seulement entre les candidats qui rempliront certaines conditions de noviciat à déterminer par la loi.

Voici les mesures à prendre pour désintéresser les titulaires actuels qui ont acheté leurs charges, et pour les désintéresser en grevant le budget le moins possible.

Les charges actuelles sont évaluées. Le prix en est payé aux titulaires ou à leurs familles au moment de la retraite ou du décès. Voici au moyen de quels fonds cette dépense est amortie :

1° Les officiers ministériels, à l'avenir nommés par l'Etat, lui verseront une somme modique et s'estimeront heureux de la fournir aux lieu et place d'un prix d'achat exorbitant dont ils se verront dispensés.

(1) Ordonnance du 12 février 1817.

2° L'établissement d'un tarif légal pour les honoraires du notariat est réclamé de toutes parts en France. Ce tarif devrait s'établir de manière à soulager la population, mais elle ne profiterait pas immédiatement de toute la réduction. Transitoirement les notaires et autres officiers ministériels percevraient au-dessus de la taxe définitive une somme additionnelle destinée à se joindre aux versements des officiers nouvellement nommés, pour éteindre à jamais le prix des charges.

LÉGISLATION CRIMINELLE.

Relever le moral du détenu, le conduire par le dévouement et le travail à la réhabilitation complète, tel est le but que nous avons déjà indiqué à la législation pénale, à propos de la liberté individuelle ; ce but exclut absolument la peine de mort, qui ne corrige pas, qui détruit et qui familiarise les populations avec le mépris de la vie humaine.

La démocratie a toujours été le parti de l'humanité, de la générosité, de la paix. Assurément, aux époques révolutionnaires où elle a brisé ses entraves, elle s'est livrée à des accès de colère qui ont ensanglanté ses mains et compromis sa cause, mais les excès du peuple ont toujours eu un caractère temporaire et passionné ; la cruauté froide, calculée, qui se venge lentement, qui cherche moins à exterminer qu'à torturer sa victime, la cruauté qui se garde bien de simplifier le supplice, qui le raffine par des tortures, la cruauté du tourmenteur féodal et de l'inquisiteur appartient à l'aristocratie. La démocratie, dans ses aspirations finales, sinon dans les luttes sanglantes auxquelles elle a été provoquée, a toujours poursuivi l'abolition de tous les genres d'homicide, l'abolition de la guerre, du duel et de l'échafaud. Nous lisons dans le Code des délits et des peines, du 3 brumaire an IV, l'une des dernières œuvres de la Convention :

« Toutes conspirations et complots tendant à troubler « la République par une guerre civile, en armant les ci- « toyens les uns contre les autres, ou contre l'exercice de « l'autorité légitime, seront punis de mort, *tant que cette*

« *peine subsistera;* et de vingt-quatre années de fers, « *quand elle sera abolie.* »

PROCÉDURE.

Dans une société organisée pour la production, comme doit l'être la société démocratique, la république des travailleurs, le palais, la chicane, le monde parasite des légistes et des robes noires ne forme-t-il pas une anomalie?

Indépendamment du budget spécial de la justice, quel immense capital n'est pas chaque année prélevé sur les sueurs du peuple pour rétribuer, non pas seulement la magistrature officielle, mais l'avocat, l'avoué, l'agréé, l'huissier, le notaire? Que de produits absorbés en honoraires, en vacations, en droits de timbre, d'enregistrement, de greffe! Et quel objet est fourni au travailleur en échange de cet immense impôt de frais, de temps, de fatigues? Au Palais de Justice on ne crée absolument rien que des mots, on y aggrave quelques iniquités, on en répare lentement et onéreusement quelques autres; mais de ce labeur ne sort aucune valeur nouvelle. Il ne tend qu'à ramener la distribution des produits créés par l'agriculture, l'industrie, les arts à des règles d'équité qui ne seraient jamais violées dans une société bien faite.

Réduire les frais, le personnel, en un mot les institutions judiciaires, est un des vœux les plus chers de la démocratie. Sans entrer dans le détail de toutes les réformes, en voici quelques-unes qui sont aujourd'hui vivement réclamées :

Pourquoi la loi ne dispenserait-elle pas les citoyens pauvres de se présenter devant les tribunaux d'arrondissement pour régler le partage des successions? Pour les successions de peu de valeur, la justice de paix suffit en Belgique. Cette intervention de la justice de paix dans les partages et licitations est demandée en France par plusieurs conseils généraux.

Le conseil général du Pas-de-Calais, en 1849, a demandé l'abrogation de l'article 742 du Code de procédure civile qui supprime la *voie parée*, convention ayant pour objet de simplifier la procédure en cas d'expropriation immobilière.

L'impopularité des longues et coûteuses procédures est fort ancienne. Charles V en tenait compte lorsque, en 1378, il réduisit à quarante le nombre des procureurs au Châtelet, supprimant les autres sans indemnité. Charles VII, obéissant à la même impression, déclare, en 1451, que les avocats ne pourront plaider les causes agitées devant *les élus* (administrateurs et, si l'on veut, préfets de l'époque), « attendu que sans avocats et subtilités de droit se « peuvent expédier. » Le même prince, dans son édit d'avril 1453 sur la procédure, enjoint formellement aux avocats d'être courts et d'épargner les écritures, avec défense d'injurier leurs parties adverses.

François Ier écoutait la clameur publique lorsqu'il décida, dans sa grande ordonnance de 1535, sur l'administration de la justice en Provence, *que les avocats seront briefs.*

« .... En ordonnant à nostredite cour que si en jugeant « les procez ils trouvent doresnavant la prolixité telle « qu'ils ont accoutumé de faire, elle punisse ceux qui la fe- « ront de telle punition que ce soit exemple à tous autres. »

Louis XIV voulant que la contagion de la chicane, que la maladie judiciaire, chronique en France, ne gagnât pas du moins les colonies, défendit, par ordonnance de 1713, de plaider ni d'écrire pour les parties aux îles de l'Amérique.

La Convention se montra l'ennemie systématique de la procédure. Ainsi le décret du 3e jour, 2e mois, an II, conformément à la Constitution de 1793, simplifie les citations, supprime les requêtes, abolit les avoués.

C'est à la réaction consulaire que nous devons le rétablissement de cette corporation [1], supprimée pendant la Révolution française.

Révocation générale de tous les magistrats français sans exception aucune, depuis le moindre juge de paix jusqu'au premier président de la cour de cassation, tel était, avons-nous dit, le devoir de la démocratie en février, tel serait son devoir à partir du jour où la direction lui serait rendue. En attendant une organisation nouvelle de

(1) Arrêté consulaire du 13 frimaire an IX.

la justice, des magistrats provisoires seraient *élus*; ces nouveaux magistrats ne seraient que provisoires, car il faudrait arriver, par suite de la simplification de la procédure obtenue par la révision des codes, à l'application progressive du jury aux matières civiles, si bien que la magistrature officielle eût seulement à fournir, indépendamment de la justice de paix, des officiers du ministère public, des présidents pour diriger les débats, et les membres d'une cour de cassation.

Ces magistrats seraient nécessairement électifs. Au quinzième siècle, l'élection s'était introduite dans la magistrature, dans une mesure étroite à la vérité, mais déjà remarquable. Charles VII charge le parlement de Paris, quand un office vaquera dans cette cour, d'élire, *par forme de scrutin* (sic), un, deux ou trois candidats qui seront soumis à son choix définitif.

Sous Louis XI, cette règle s'était maintenue. Le parlement de Paris choisissait, par voie de scrutin, trois candidats pour chaque place vacante dans son sein et les présentait au choix du prince.

La juridiction contre laquelle se fait entendre le moins de plaintes est celle des tribunaux de commerce, juridiction élective, temporaire, prise parmi les négociants par les négociants mêmes [1].

Le jury civil verrait par degrés ses sessions peu chargées, par suite de la faveur donnée par les lois aux arbitrages, et de l'organisation, dans les différentes catégories de la société, de juridictions spéciales, comme celle des prudhommes, relevant toutes d'une élection compétente et intéressée à bien choisir.

Voici un précédent relatif à l'extension des arbitrages : la Convention décréta, le 2 octobre 1793, que tous les procès des communes avec des particuliers, à raison des propriétés communales ou prétendues telles, seraient vidés par la voie de l'arbitrage.

D'autre part, au moment où la Convention régla le nouvel ordre de succession qui établissait l'égalité des partages et dont les principes devaient être reproduits par le Code Napoléon, la difficulté de concilier la législation

(1) Voyez loi du 3 mars 1840.

nouvelle avec les anciens intérêts et avec la diversité des coutumes provinciales donna naissance à une foule de pétitions qui se résumaient en soixante questions sur l'interprétation de la nouvelle loi. La Convention répondit à toutes par un décret du 22 ventôse an II, et le lendemain elle attribua à la juridiction des arbitres toutes les contestations qui s'élèveraient entre plus de deux parties sur l'exécution de la loi du 17 nivôse relative aux successions. Le mode prescrit par la Convention pour la nomination de ces arbitres pourrait être utilement consulté.

Le développement du principe d'association, qui, nous le répétons, peut remplacer un jour la législation tout entière, organisera, pour les contestations civiles, dans toutes les sociétés librement formées, le jugement gratuit des parties par leurs pairs.

La réforme de l'organisation judiciaire et des codes ne supplée du reste en aucune façon à une transformation sociale bien plus efficace et qui, assurant à tous le bien-être par le travail, l'accord des intérêts par l'association, réduirait constamment le nombre des cas dans lesquels l'intervention d'un jugement ou d'une pénalité devient nécessaire. La réforme de la magistrature ne résout pas la question sociale, mais fait disparaître un des obstacles opposés aujourd'hui à la propagation des idées qui peuvent la résoudre.

RELATIONS EXTÉRIEURES.

RÉFORME DU CORPS DIPLOMATIQUE.

Les intérêts de la démocratie réclament impérieusement une réforme du personnel diplomatique, personnel recruté en grande partie par le favoritisme et qui nous a été légué par les monarchies, complétement imprégné de leurs traditions. Les réformes ici doivent être d'autant plus énergiques qu'elles ne s'appliquent pas aux employés secondaires dont le concours peut être utile en tout temps, mais aux chefs d'emploi qui, pour la plupart, possèdent une assez belle fortune pour être, sans cruauté, rendus à la vie privée. Les fonctions diplomatiques sont, plus encore que les états-majors et la haute magistrature, un refuge pour l'aristocratie.

La France, peuple initiateur, qui devait donner le ton aux chancelleries étrangères, a eu la faiblesse de prendre le leur, de croire qu'elle aurait à rougir si ses envoyés signaient un nom roturier, de se laisser dire et persuader que des hommes riches, titrés, décorés, et par cela seul en secrète connivence, en complicité instinctive avec l'aristocratie européenne, étaient nécessaires pour maintenir la considération de la France près des fourbes de haute naissance, des roués couverts de cordons et de crachats, qui intriguent sans cesse contre les peuples au bénéfice des monarchies absolues, contre les républiques pour les Cosaques.

La France a cru naïvement à la nécessité des titres et décorations qui déclassent ses agents et les déguisent ; elle a cru, non moins naïvement, à l'importance, en diplomatie, des traditions et surtout du *style des chancelleries*. L'étranger a conservé son influence en ces matières en nous prêchant le respect de la procédure, comme les patriciens romains qui maintinrent si longtemps leur omnipotence sur le peuple, en lui exagérant la valeur des formules juridiques dont ils avaient le secret. La France apporte au milieu de la vieille diplomatie des idées neuves, irrésistibles ; qu'elle ne se laisse pas garrotter par l'étiquette. Un principe de justice et de vérité sera toujours juste et tout puissant sur l'esprit des peuples, alors même qu'un chancelier autrichien ne le trouverait pas libellé dans la formule voulue.

L'ancienne République française fit adresser une sommation au roi de Naples, dans sa cour, par un simple grenadier, et la sommation fut valable. Rejetons loin de nous ce fétichisme pour la procédure diplomatique qui sera toujours funeste à la France. La connaissance, l'expérience approfondie des traditions et du style est le prétexte qui, même après les révolutions, maintient aux affaires les diplomates des régimes déchus, qui fait représenter la révolution de juillet par les élèves de M. de Polignac, la révolution de février par les émules de M. Guizot. Il faut à la France des diplomates attachés au fond, c'est-à-dire aux intérêts et aux droits de la démocratie européenne.

Nous nous soucions peu de ces formes que les casuistes de la diplomatie ne trouvaient pas dans le beau manifeste inspiré à M. de Lamartine par le triomphe de février.

Après la manie des décorations et des titres, considérés faussement comme nécessaires au diplomate;

Après la superstition de l'étiquette et du style de chancellerie,

La démocratie doit réagir contre un autre préjugé, celui du *secret* nécessaire, dit-on, aux négociations internationales.

Le secret n'est indispensable qu'à la fraude, et l'on ne se cache guère pour servir des intérêts avouables.

Depuis le roi Charles II d'Angleterre, qui recevait une pension de la France, jusqu'à Dubois, ministre de France, qui recevait une pension de l'Angleterre; depuis les plénipotentiaires français qui engageaient à Vérone le concours des soldats français pour détruire la liberté constitutionnelle de l'Espagne, jusqu'à M. Guizot qui pactisait, en 1847, avec dona Maria, le Sonderbund et les Autrichiens contre les alliés naturels de la France, les libéraux portugais, la diète helvétique et le pape Pie IX, jusqu'à MM. Odilon Barrot, Falloux et Drouin de Lhuys qui tournaient, en 1849, les armes de la République française contre le cœur de la république romaine, la liberté des peuples et la volonté de leurs représentants ont été tant de fois jouées, trahies à l'aide *du secret des négociations*, que la démocratie doit comprendre enfin combien cette vieille convention monarchique lui est hostile. La diplomatie de l'avenir doit avoir deux caractères qui s'entraînent mutuellement: publicité des négociations, subordination constante et absolue du pouvoir exécutif à la nation.

La Convention l'avait compris, lorsque, le 27 nivôse an III, elle subordonnait à son examen et à sa ratification tous les traités souscrits par le comité de salut public.

C'était alors dans le sein de la représentation nationale que l'on procédait à la réception officielle des ambassadeurs[1]. Le pouvoir exécutif n'eût osé soustraire aucune partie de sa diplomatie au contrôle des représentants de la

(1) Loi du 4 floréal an III.

nation. De Lessart avait été traduit devant la haute cour d'Orléans pour l'avoir tenté.

Il est évident, au surplus, que si la publicité des opérations diplomatiques est due aux nations devenues adultes, c'est aux chefs responsables de la diplomatie, aux agents principaux que cette publicité doit être demandée, et l'arrêt directorial du 26 vendémiaire an VII interdisait avec raison aux agents subalternes toute correspondance indiscrète et révélation des faits relatifs à leur service.

Forts de ces principes, reconstituons le corps diplomatique sur de nouvelles bases. Pour les missions graves, exceptionnelles, les désignations d'agents devraient être faites par l'Assemblée nationale directement. S'il est encore nécessaire pour le service ordinaire et pour les fonctions subalternes de laisser les agents au choix et sous la main du ministre des affaires étrangères, du moins faut-il restreindre la part de la faveur en instituant pour la carrière diplomatique des conditions légales d'admission, un enseignement préparatoire, des épreuves indiquant au ministre les seuls candidats entre lesquels il puisse choisir. Ce système est déjà ébauché dans la carrière des consulats[1]. Point de diplomate à titre héréditaire ; traitement suffisant dans toutes les branches de ce service, afin que le riche ne soit pas le seul à qui cette carrière demeure ouverte.

CONFÉDÉRATION EUROPÉENNE.

Il ne suffit pas de repousser les conventions que la démocratie a trop longtemps acceptées et qui sont pour elle autant de piéges ; d'exclure du personnel diplomatique le favoritisme et les tendances à la trahison. Délivrée des obstacles, quel but se proposera la diplomatie de l'avenir ?

L'idéal et le but définitif de l'activité internationale doit être l'abolition de la guerre, la rivalité industrielle, artistique et scientifique des nations, subordonnée à l'unité administrative du globe entier.

Ceux qui trouveraient utopique cette idée de l'unité politique du globe, tiendront compte sans doute de l'opi-

(1) Ordonnance du 15 décembre 1815, relative aux élèves vice-consuls.

nion de Napoléon, l'homme pratique par excellence, déclarant à Sainte-Hélène que Constantinople lui paraît être placée pour être un jour le siége de la domination universelle.

Siége de domination, au surplus, rendrait mal ici notre pensée. Nous dirions, nous, de la capitale naturelle du globe, qu'elle sera le *centre de la confédération des peuples*.

Pour arriver à cette confédération, conciliant la liberté de toutes les nationalités avec l'unité, avec la combinaison harmonieuse de toutes les forces, il faut d'abord que chaque *nation naturelle*, que chaque race devienne maîtresse de son territoire et statue en dernier ressort sur les institutions politiques qu'elle entendra se donner.

Indépendance, puis agrégation volontaire des divers éléments nationaux suivant les affinités de chacun, telle est la marche providentielle. Déjà, sur le sol européen, se sont constituées plusieurs unités puissantes : celle de la France, formée de plusieurs royaumes et duchés souverains, celle de l'Espagne, composée de *plusieurs Espagnes* ; mais ces unités, bien que le consentement des nations adultes les ratifie, se sont formées dans les âges barbares par les moyens propres à la barbarie. Le travail de concentration, d'harmonisation doit se continuer de nos jours par d'autres voies. Nous ne garantissons nullement que l'épée ne sera pas encore nécessaire, mais pour l'émancipation seulement, non plus pour la conquête.

Avant de constituer la grande association européenne, il faut d'abord que chacun soit maître chez soi et que la volonté de tous maintienne chacun dans ses limites naturelles. Le vœu de tout Français sachant comprendre que l'affranchissement de toutes les nations est le rempart nécessaire de sa propre liberté, c'est de voir l'unité de l'Allemagne réalisée, l'Autriche entrant comme État allemand dans cette confédération puissante, la Pologne reconstruite aux dépens de la Prusse, de l'Autriche, de la Russie, la Hongrie émancipée, les Slaves méridionaux indépendants, l'Italie délivrée du dernier Autrichien, l'Ecosse, et l'Irlande surtout, unies à l'Angleterre dans de plus équitables conditions.

Chaque peuple ayant reconquis son indépendance et son initiative, la Constituante européenne se rassemble. Il appartient à la France de provoquer la réunion d'un congrès européen tenant des sessions régulières, nouveau conseil des amphictyons pour les États civilisés. Une fois cette institution réalisée, la diplomatie prendrait une forme toute nouvelle; elle deviendrait la représentation patente, publique de chaque nation aux états généraux de l'Europe entière. C'est alors que l'élection pourrait et devrait y intervenir, élection compétente, éclairée, s'exerçant par catégories, donnant des représentants spéciaux à l'agriculture, à l'industrie, au commerce maritime, à l'enseignement, aux arts de chaque nation. Un pareil congrès déterminerait le territoire ouvert à la colonisation de chaque peuple, organiserait la flotte neutre qui doit assurer la sûreté générale des mers, interposerait son arbitrage entre les gouvernements en litige, faciliterait la statistique universelle de la production et de la consommation, associerait les nations pour le percement des isthmes et autres œuvres grandioses auxquelles tout le globe est intéressé, ordonnerait les levées extraordinaires d'armées industrielles, dans un intérêt commun à plusieurs nations, réunirait en faisceau les lumières des peuples pour prévenir les épidémies qui se promènent sur le globe, arrêterait un modèle unitaire de poids et mesures, de monnaies, balancerait les intérêts commerciaux des différents peuples, les unirait dans la pensée commune de substituer au régime douanier, qui est barbare, la protection directe des industries nationales dans chaque État. Le congrès européen qui anéantirait promptement la guerre commencerait par effacer du nombre des moyens de guerre légitimes, l'armement des corsaires et le bombardement des cités ; il provoquerait l'anéantissement de l'esclavage par toute la terre en popularisant des formules d'organisation du travail libre des noirs. Le congrès établirait des expositions européennes pour les produits de l'industrie et des arts, garantirait la propriété des inventions littéraires, scientifiques, industrielles sur toutes les terres où la civilisation règne. Il ferait mieux encore ; il établirait des jurys d'examen pour les découvertes, et des récompenses capables de désintéresser les auteurs qui, désormais illustrés et enrichis, abandonneraient leur invention au libre usage de tous les peuples.

ABOLITION DU DROIT DE CONQUÊTE.

Le but que nous indiquons : émancipation de tous les éléments civilisés, états-unis de l'Europe, est directement contraire au but des despotes, qui ont voulu soumettre plusieurs peuples, qui les auraient soumis tous s'ils avaient pu, au joug, à l'empreinte d'une seule nation. Le but de la démocratie, opposé à celui des tyrans, exclut absolument leur moyen d'exécution, la conquête.

Plus de conquête, c'est l'oppression, le despotisme reportés de l'intérieur à l'extérieur; tous les étrangers sont nos frères; soyons pour eux des associés, non des maîtres. Achetée par l'humiliation et la ruine de presque toutes les nations civilisées, la fausse gloire de Napoléon nous créa des ennemis dans toute l'étendue de l'Europe, et deux fois des envahisseurs. La République de 92 était à la fois grande, généreuse, habile quand elle appelait tous les peuples affranchis par ses armes à choisir librement la forme de leur gouvernement, à se prononcer sur leur nationalité future; Napoléon fut mesquin, égoïste et imprévoyant quand il découpa une moitié de l'Europe en départements français, dépeçant le reste pour en faire des royaumes à l'usage de ses frères et beaux-frères, imposant à ces rois improvisés une vassalité qui déshonorait leurs nouveaux peuples, défendant aux princes de sa famille, rois étrangers, de porter sur le territoire impérial une autre cocarde, un autre costume que le costume et la cocarde français [1].

Il y a dans la vie de Napoléon Bonaparte deux beaux moments : le commencement et la fin. Nous l'admirons général républicain de l'armée d'Italie; nous l'admirons encore captif de Sainte-Hélène, se reprochant de n'avoir pas mieux servi la liberté, prophétisant la fraternité des peuples et la République universelle. Mais sur le trône il fut enivré. Nous regrettons que le 22 avril 1815, dans le préambule de l'acte additionnel aux constitutions de l'empire, au lieu d'avouer franchement ses fautes, il les ait

(1) Décret impérial du 22 juin 1811.

déguisées par ces paroles, qui ne sont pas exemptes de charlatanisme :

« Depuis que nous avons été appelé, il y a quinze années, par le vœu de la France, au gouvernement de l'Etat, nous avons cherché à perfectionner à diverses époques les formes constitutionnelles, suivant les besoins et les désirs de la nation, et en profitant des leçons de l'expérience. Les constitutions de l'empire se sont ainsi formées d'une série d'actes qui ont été revêtus de l'acceptation du peuple ; *nous avions alors pour but d'organiser un grand système fédératif européen*, que nous avions accepté comme conforme à l'esprit du siècle et favorable aux progrès de la civilisation. Pour parvenir à le compléter et à lui donner toute l'étendue et toute la stabilité dont il était susceptible, *nous avions ajourné l'établissement de plusieurs institutions intérieures plus spécialement destinées à protéger la liberté des citoyens.* »

Ennemie systématique des conquêtes, la diplomatie démocratique ne comprend pour la France que deux guerres : celle qui aurait pour objet la défense du territoire national, celle qui serait un secours accordé à un peuple, à un membre de la République européenne luttant pour son affranchissement et réclamant notre intervention fraternelle. Ce secours, réclamé pour l'émancipation d'une race et d'un territoire, ne peut pas être refusé ; mais la France, justement suspecte aux nations par le rôle envahisseur, égoïste qu'elle a joué sous l'empire, ne doit mettre son épée dans la balance que si elle en est requise, et jamais un agrandissement de territoire, autre que la réunion volontaire, votée par des populations en affinité de race avec nous, ne doit être stipulé comme le prix de notre secours.

A ces conditions, sous ces réserves, une déclaration de guerre peut être un acte d'humanité. La liberté de l'Europe est un idéal que les peuples n'abandonneront pas, pour lequel ils ont répandu beaucoup de sang; ils en verseront jusqu'à ce que l'indépendance et la confédération volontaire de toutes les nationalités passe de la théorie et des espérances dans les faits. Abrégeons la crise et l'angoisse de cet enfantement fatal. La force morale de la

France après février laissait à la force matérielle peu de chose à faire, mais la force matérielle ne devait pas rester paralysée; la cruelle inaction de la République française a prolongé des catastrophes qui se termineront seulement par son réveil.

LIBERTÉ INTÉRIEURE DES NATIONS.

Quant à la question du gouvernement intérieur, chaque peuple est libre; la France doit désirer, mais sans l'imposer jamais, qu'il choisisse la République, le gouvernement adopté par elle, gouvernement qui consacre la dignité humaine, termine l'ère des transformations politiques, inaugure la phase des grandes améliorations sociales. La France n'a pas de pression à exercer pour multiplier les Républiques autour d'elle; son exemple suffira si elle prouve que la République, c'est la vérité, la liberté, la justice; ce que le peuple-type fait pour lui-même, il le fait pour tous. Laissons donc les peuples libres en les éclairant; il n'en faut pas davantage pour renverser de leurs trônes rois, empereurs et papes temporels; ne faisons pas naître la République comme des fruits forcés de serre chaude, mais sachons que toute République est notre amie, notre alliée, que toute assemblée sortie du suffrage universel a des droits égaux à ceux de l'Assemblée nationale française.

Le rôle naturel de la démocratie française à l'extérieur a été mis en oubli par tous les gouvernements qui se sont succédé au pouvoir depuis février. Le gouvernement provisoire commença par méconnaître la liberté des nations, par exciter leurs défiances, en organisant, en favorisant du moins, sans le vœu des Belges et des Savoisiens, les expéditions de Risquons-Tout et de Chambéry; le général Cavaignac refuse à l'Italie aux abois un secours indispensable et réclamé à hauts cris; le gouvernement du 10 décembre fait l'expédition romaine.

LES ÉTRANGERS EN FRANCE.

Les rapports du gouvernement français avec les gouvernements étrangers ne constituent pas le droit international tout entier. La loi doit s'occuper aussi des étrangers qui habitent notre territoire, accorder protection à tous, à ceux-là surtout qui se réfugient sur notre sol, martyrs des principes libéraux dont la France est la personnification glorieuse. Presque tous les gouvernements, depuis le consulat, ont méconnu ce devoir. Louis-Philippe cependant, au début de son règne et sous l'influence de juillet, accorda aux étrangers réfugiés en France pour causes politiques, non-seulement un asile, mais des subsides. 1,700,000 fr. furent votés pour eux en 1831, 4,274,525 fr. en 1832. L'hospitalité de la France se perpétua longtemps encore : au budget de 1840, les étrangers réfugiés figurent pour 5,600,000 fr. A cette époque, on récompensait encore les condamnés politiques de la Restauration, les combattants de juillet et les vainqueurs de la Bastille. Le budget de l'exercice 1848, le dernier voté par les Chambres de la monarchie, porte 1,600,000 fr. pour secours aux étrangers réfugiés en France, 225,000 fr. pour les condamnés politiques de la Restauration, 22,000 fr. pour les combattants de juillet.

Nous applaudissons à l'article du Code civil qui déclare les lois de police et de sûreté publique applicables à tous ceux qui habitent le territoire ; mais faut-il aller au delà ? pouvons-nous mettre les étrangers en dehors du droit commun, en accordant au gouvernement la faculté de les expulser arbitrairement, sans même exprimer de motifs ? Cette faculté, dont les divers gouvernements ont fait usage pour frapper d'illustres proscrits dont on redoutait l'influence politique en France, ou pour satisfaire, à charge de revanche, la basse vengeance des puissances étrangères, fut inscrite dans la loi du 21 avril 1832, dont voici les deux premiers articles :

« Le gouvernement est autorisé à réunir, dans une ou « plusieurs villes qu'il désignera, les étrangers réfugiés « qui résideront en France.

« Le gouvernement pourra les astreindre à se rendre « dans celle de ces villes qui leur sera indiquée ; il pourra « leur enjoindre de sortir du royaume s'ils ne se rendent « pas à cette destination, ou s'il juge leur présence susceptible « de troubler l'ordre et la tranquillité publique. »

Une sorte de pudeur ne permit pas à la Chambre de voter contre les alliés de la démocratie française ces mesures arbitraires comme loi permanente. La loi du 21 avril 1832 ne devait être exécutoire que pour un an, mais par des votes successifs de plus en plus hardis, à mesure qu'on s'éloignait de juillet 1830 et qu'on s'approchait de février 1848, on prorogea l'application de cette loi temporaire, comme nous avons vu proroger depuis la suspension du droit de réunion.

Le même arbitraire s'est reproduit dans la loi du 3 décembre 1849, qui va jusqu'à punir d'un emprisonnement d'un mois à six mois l'étranger qui se serait soustrait à l'ordre d'expulsion, ou qui, après avoir été expulsé de France, y serait rentré sans la permission du gouvernement.

La justice exige que cette loi soit rapportée, que l'étranger ne puisse être expulsé, ou tout au moins que cette peine ne puisse être prononcée qu'en justice et à la suite de crimes ou délits qui auraient été commis par l'étranger. Il faut que tous les pouvoirs s'habituent à respecter la dignité humaine et la fraternité des nations.

INSTRUCTION PUBLIQUE.

En matière d'enseignement, nous voulons liberté pour tous les citoyens, sans priviléges ni exclusions distinguant les clercs des laïques, les associations séculières des associations religieuses.

Pour l'État, droit de surveiller les établissements d'éducation sans aucune espèce d'exception, devoir de créer lui-même des institutions destinées, non pas à monopoliser, absorber, accaparer l'enseignement, mais à prévenir toutes les lacunes que l'enseignement libre pourrait laisser dans un service public de première nécessité, à créer des types d'ordre supérieur, à consacrer toutes les méthodes qui auront subi heureusement l'épreuve de l'initiative privée.

A cette double mission de surveiller tous les établissements d'éducation et d'en organiser lui-même, nous avons cru d'abord que l'État devait joindre la fixation des conditions de capacité à remplir, des épreuves et examens à subir, des grades à obtenir par les hommes qui veulent se livrer à l'éducation même libre.

Mais nous avons reconnu que l'obtention de ces grades, si elle était obligatoire, ouvrait la porte au monopole officiel et paralysait cette initiative privée qui doit être indépendante, originale, excentrique même parfois, pour atteindre entièrement son but. Nous avons admiré les institutions de la Belgique, pays dans lequel nous avons pu faire, en 1847, des enseignements publics et des enseignements de socialisme sans être assujetti à l'autorisation, au contrôle préalable d'un pouvoir quelconque, de la Belgique où des étrangers même, des réfugiés, peuvent ouvrir une maison d'éducation sans avoir à réclamer d'autre mandat que celui des pères de famille.

Oui, l'État doit créer des grades et diplômes, des examens, des concours, mais pour ceux-là seulement qui sollicitent une place dans l'enseignement officiel ou pour ceux qui, tout en demeurant dans l'enseignement libre, veulent se prévaloir du grade obtenu comme d'une garantie de plus offerte au public. Des brevets correspondant à la branche d'enseignement qu'ils voudraient exercer, au degré d'instruction qu'ils prétendraient transmettre, leur appartiendraient à la suite d'épreuves dont les juges seraient pris dans l'enseignement libre, dans l'Université et dans un troisième élément neutre, mixte, impartial, destiné à départager les deux autres.

Quant aux hommes qui ne demandent rien, si ce n'est à la confiance volontaire de la population et des familles; qu'ils méritent et conservent cette confiance par les moyens qui leur paraîtront les meilleurs; la concurrence des établissements de l'État, organisés sur tous les points du sol et dirigés par des hommes d'une capacité éprouvée, suffira pour maintenir le niveau des études dans les établissements complétement libres, sans compter que si nous excluons l'examen préalable des professeurs, l'examen des enfants lors des inspections officielles nous paraît fort utile, ainsi que les concours auxquels les élèves des établissements privés seraient admis avec les élèves de l'État. La surveillance des familles, celle de l'État, à qui toute maison d'éducation doit être ouverte, seront d'autre part une garantie suffisante au point de vue de la moralité. La seule obligation préalable que nous entendions imposer à l'enseignement libre, c'est une déclaration faite au pouvoir, afin que sa surveillance ne soit pas éludée.

Ce grand principe, liberté d'enseignement pour l'État, pour les individus et pour les associations privées, serait accepté par tous les esprits sans un fait, à nos yeux temporaire, et qui obscurcit la notion du droit. Ce fait, c'est l'influence du clergé catholique, la tendance persévérante de ce clergé, et spécialement des jésuites et autres ordres auxiliaires, à envahir tout l'enseignement. Ceux qui redoutent le monopole clérical veulent l'enseignement par l'État seul ; ceux qui désirent et appellent ce monopole sous le nom mensonger de liberté d'enseignement, voudraient interdire la faculté d'enseigner à l'État, seule concurrence qui leur paraisse redoutable.

Nous ne craignons nullement, pour notre part, l'absorption de tout l'enseignement par le clergé, si la loi est égale pour tous et si le républicain, le démocrate, le socialiste, proclamant bien haut son opinion, jouit en cette matière de la liberté assurée au prêtre. Il ne manque pas aujourd'hui de doctrines pleines de vie, d'avenir, inspirant de nobles dévouements, capables de réduire l'enseignement clérical à des proportions, à des conditions qui lui enlèveraient tout danger et le rendraient même utile.

La manifestation de tout élément de l'opinion publique est précieuse quand la loi ne lui donne pas une vie factice par des priviléges. La vitalité d'une opinion, en dehors de ces procédés artificiels, prouve qu'elle répond, soit à un besoin, soit à une vérité ; dès lors elle est respectable.

Quel est l'ensemble d'institutions qui serait enfanté par la liberté, telle que nous l'avons comprise et définie ?

Il est un premier degré d'enseignement que l'État donnerait gratuitement, sans empêcher les pères de famille de le donner eux-mêmes à leurs enfants, sans empêcher les associations privées de lutter avec lui si elles le peuvent : c'est l'instruction primaire. Tout Français, nous ajouterons toute Française, car on néglige trop l'éducation des filles, doit savoir lire, écrire et compter. Des examens doivent constater l'acquisition de ces connaissances élémentaires par tous les enfants, sans s'enquérir des modes par lesquels ils seraient parvenus à les obtenir.

Tout en laissant à cet égard liberté pleine et entière, la République est intéressée à multiplier les moyens d'enseignement républicain, à garantir l'indépendance des instituteurs primaires et la liberté de leurs opinions. Elle doit améliorer leur sort matériel, leur ouvrir une perspective d'avancement, protéger les écoles normales primaires, signalées à la reconnaissance et à la sympathie des démocrates par la haine qu'ont vouée à tous ces établissements les adorateurs du passé, les conservateurs volontaires ou involontaires de l'ignorance et de la misère.

Au-dessus de l'école primaire doivent se constituer des établissements de différents ordres, se donnant pour mission de préparer les enfants à la vie active, faisant prédominer, par conséquent, sur les langues mortes et la contemplation du passé, les connaissances agricoles surtout, puis industrielles, commerciales, sans pourtant sacrifier les lettres ni les arts. Ces établissements doivent être consacrés à l'éducation professionnelle, joindre en toutes choses la pratique à la théorie, préférer souvent pour leur emplacement matériel la campagne salubre avec ses leçons vivantes d'agronomie, d'histoire naturelle, de botanique, à l'enceinte des villes où le collége muré, grillé, diffère si peu de la prison. Cette grande variété d'établissements secondaires s'obtiendrait par la concurrence de l'État et de l'initiative privée. L'enseignement universitaire est tellement arriéré, gothique, engravé dans une routine séculaire, que jamais l'Université n'accomplira dans l'enseignement la transformation exigée par les besoins de notre époque, si elle n'y est contrainte par une concurrence active, ouvrant toutes les voies, frayant tous les sentiers, expérimentant toutes les méthodes.

L'immobilisme est un vice flagrant dans l'organisation universitaire. Malgré des concessions récentes faites à l'opinion, l'enseignement de l'Université n'est pas l'apprentissage de la vie moderne, c'est encore, pour une part beaucoup trop large, la contemplation des Grecs et des Romains, l'étude de leur histoire, de leurs mœurs et de leurs langues. L'éducation agricole, commerciale, industrielle, artistique, scientifique doit évidemment se développer largement aux dépens de cette éducation rétrospective et littéraire.

Quant aux tendances politiques et générales, l'enseignement public a conservé jusqu'à nos jours un cachet exclusif et despotique dû à l'influence de Napoléon, père de cette Université qui, même après l'empire, est demeurée impériale. L'Université a gardé l'empreinte de cette époque tyrannique, non-seulement en ce qu'elle prétend imposer son moule à tous les esprits et voit avec jalousie les établisements libres, mais encore en ce qu'elle a conservé, sous une forme nouvelle, la haine des *idéologues*, c'est-à-dire l'aversion pour les progrès de la science sociale, de la philosophie appliquée à la transformation des rapports économiques et sociaux. Jusqu'à ces derniers temps, l'Université a tenu le milieu entre le jésuitisme et le socialisme, ayant horreur du retour au passé, refusant de marcher vers l'avenir, fidèle à cette aversion pour les travaux hardis et vraiment féconds de la pensée qui dictait à l'empereur le programme des prix décennaux[1]. Ces prix s'accordaient aux sciences physiques, à l'histoire, à l'agriculture et à l'industrie pratique, aux tragédies même et aux traductions de manuscrits orientaux ; pas un n'était réservé à la science économique, politique ou sociale.

De l'Université comme de l'Église catholique, Napoléon avait attendu la consolidation de sa dynastie et de sa politique personnelle. Voici quelques articles du décret impérial du 17 mars 1808, portant organisation de l'Université.

Nous empruntons ces citations au titre V : *Des bases de l'enseignement dans les écoles de l'Université.*

« Toutes les écoles de l'Université impériale prendront « pour base de leur enseignement :

« 1° Les préceptes de la religion catholique;

« 2° La fidélité à l'empereur, à la monarchie impériale,

(1) Décrets impériaux du 24 fructidor an XII et du 28 novembre 1809.

« dépositaire du bonheur des peuples, et à la dynastie « napoléonienne, conservatrice de l'unité de la France et « de toutes les idées libérales proclamées par les consti- « tutions.

« 3° L'obéissance aux statuts du corps enseignant qui « ont pour objet l'uniformité de l'instruction, et qui ten- « dent à former pour l'État des citoyens attachés à leur « religion, *à leur prince,* à leur patrie et à leur famille. »

Louis XVIII eut parfaitement raison de dire, dans son ordonnance du 17 février 1815, portant règlement sur l'instruction publique :

« Nous étant fait rendre compte de l'état de l'instruc- « tion publique dans notre royaume, nous avons reconnu « qu'elle reposait sur des institutions destinées à servir les « vues politiques du gouvernement dont elles furent l'ou- « vrage, plutôt qu'à répandre sur nos sujets les bienfaits « d'une éducation morale et conforme aux besoins du « siècle. »

C'est parler d'or, mais la Restauration devait tomber et tomba dans le même vice, attendu qu'une monarchie possédant le monopole de l'enseignement ne résistera pas à la tentation de s'en servir pour mouler les jeunes générations suivant ses convenances politiques, leur inoculer ce qu'elle juge et appelle de *bonnes* idées, de *bonnes* mœurs, de *bonnes* doctrines, de *bonnes* opinions. L'empire voulait une jeunesse en uniforme et marchant au son du tambour ; la Restauration eut pour idéal la soutane et la cloche ; aucun de ces gouvernements ne sut respecter l'initiative de la nation.

L'enseignement supérieur doit être libre comme l'enseignement primaire et secondaire. Quels services ne rendraient pas à l'enseignement du droit, par exemple, des facultés libres, faisant entrer la philosophie, l'histoire, la science sociale, la vie et le progrès enfin dans ces matières que les facultés officielles pétrifient !

Au-dessus des établissements de l'État, doit se placer un grand maître de l'Université, chef de l'enseignement officiel. Le ministre de l'instruction publique, posé dans une sphère plus élevée encore, représente et protége à la fois l'enseignement libre et les établissements de l'État.

Cette organisation une fois réalisée, tout enfant acquiert l'instruction primaire ; il est tenu de l'acquérir sous la responsabilité de ses parents ; il s'élève ensuite dans les degrés de l'instruction, en prenant la branche conforme à ses aptitudes spéciales ; toutes les branches d'enseignement aboutissent à des professions utiles ou à des services publics ; des inspecteurs sont chargés par l'Etat de visiter tous les établissements d'éducation, d'interroger les élèves, de noter ceux qui présentent des dispositions exceptionnelles, afin que l'Etat les soutienne et leur donne les moyens de terminer leur éducation, en cas d'indigence des familles. Aptitude constatée de l'enfant, pauvreté de la famille, telles doivent être les conditions de ce genre de subside qui s'est accordé longtemps, sous le nom de bourse, à des parents riches pour des enfants presque idiots.

Pour faciliter les frais nécessités sous un régime démocratique par l'éducation des enfants, nous proposerions, si l'on ne devait entrer dans la voie plus large et plus féconde encore de l'impôt unique, un mode d'impôt progressif pesant spécialement sur toutes les personnes fortunées et affranchies des charges de la famille, si écrasantes pour l'ouvrier.

Comme couronnement de toutes les institutions relatives à l'instruction publique, parlerons-nous de l'Institut et des différentes académies ? Il est évident que ce sujet offre avec les matières de l'enseignement des corrélations nombreuses. Il est encore évident que l'organisation de l'Institut est aujourd'hui aristocratique, arriérée, et que si l'on juge l'arbre par ses fruits, il est impossible de considérer comme rationnelle une institution qui assure des honneurs à des nullités, en laissant le mérite et même la gloire attendre indéfiniment à la porte. Il est utile qu'il y ait en France une représentation suprême de la littérature, des beaux-arts, des sciences physiques, des sciences, non pas *morales et politiques*, mais économiques et sociales. Ces académies, pour être une représentation véritable de la pensée française, doivent se recruter par l'élection exercée par tous les écrivains, tous les artistes, tous les savants, tous les socialistes. Nous devons aussi faire cesser la prohibition ridicule qui fait de ces honneurs le privilége d'un sexe et qui exclut les femmes d'une assemblée artistique ou scientifique, lorsque la Providence ne leur interdit ni la culture des lettres, ni celle des arts. Messieurs tels et tels sont de l'Académie, George Sand n'en peut pas être.

CULTES.

En matière religieuse notre devise est *tolérance absolue*, maxime peu pratiquée aujourd'hui par l'administration de la France. Un pouvoir vraiment tolérant respecte la liberté de conscience et de culte chez toutes les religions que l'avenir pourra faire naître ; il ne se borne pas à tolérer, à protéger même le catholicisme, le protestantisme, le judaïsme et le mahométisme en Algérie. Ces vieilles religions, toutes proscrites à leur naissance, ont toutes conquis leur place depuis des siècles et au prix du sang. C'est ne rien accorder que reconnaître leur existence. Comment avez-vous traité les saint-simoniens et l'abbé Châtel ? Voilà le critérium de la tolérance véritable. Qu'on ne l'oublie pas : le plus abominable monument d'intolérance que notre siècle ait produit, cette loi du sacrilége [1], qui prodigue la *peine de mort* à chaque ligne, partage sa protection sanguinaire entre la *religion de l'Etat* et les cultes légalement établis en France, protestantisme et judaïsme. Le jésuite aujourd'hui tolère ces cultes dont il ne craint plus le développement ; il l'a prouvé en introduisant leurs représentants à côté de l'évêque dans les conseils organisés par la dernière loi sur l'enseignement, qu'il a surprise à l'Assemblée nationale. Proposez-lui de tolérer la propagation des idées neuves et vivantes, la propagation des théories socialistes, vous aurez la mesure de son amour pour la liberté.

Nous, tolérants sans aucune réserve, nous voulons que chacun puisse choisir sa pensée religieuse, l'enseigner, la pratiquer ; que chacun soit libre de croire ou de ne pas croire et d'exprimer, par la voie de la presse, s'il est croyant ou s'il ne l'est pas, de chômer ou de ne pas chômer les fêtes de tel ou tel culte, d'en observer ou d'en rompre les abstinences. Nous ne voulons pas que la qualité de fi-

(1) Loi du 20 avril 1825.

dèle ou de ministre d'une église, quelle qu'elle soit, puisse diminuer, devant la loi civile, les droits et prérogatives d'un citoyen, ni les accroître; nous ne marchandons la liberté de la presse, la liberté d'enseignement, le droit de réunion, le droit d'association à personne au monde, pas même aux capucins, pas même aux jésuites.

Accorder à toutes les communions liberté absolue dans le domaine spirituel, c'est leur interdire à toutes également l'intervention dans le domaine temporel, les subsides du budget, les attributions administratives, les prérogatives politiques ou civiles à l'aide desquelles l'une de ces religions dominerait les autres par d'autres moyens que ceux de la persuasion. A ce point de vue, les tendances, sinon du clergé, du moins du parti catholique, imposent à la démocratie des précautions.

La démocratie moderne, toute chrétienne par son origine, ne peut éprouver, pour le christianisme primitif, que de la reconnaissance et du respect ; elle ne peut oublier que l'Évangile prit sans cesse la défense des pauvres et des opprimés contre des riches impitoyables. Le christianisme conserva, aux premiers temps de l'Eglise, le caractère démocratique de l'Evangile; les apôtres stimulèrent les riches à se défaire de leurs biens, à organiser la communauté. L'Eglise proscrivit sévèrement, non-seulement l'usure, mais tout intérêt tiré du prêt d'un capital, doctrine trop absolue à nos yeux, mais essentiellement démocratique d'intention et formulée trop souvent par les pères et par les conciles pour que le parti catholique puisse la dissimuler aujourd'hui.

Démocratique par ses enseignements, par sa doctrine, le clergé primitif l'était par son organisation ; l'élection allait choisir les évêques; le pape ne possédait aucune souveraineté temporelle ; simple apôtre, il était plus puissant qu'aujourd'hui sur les âmes.

La démocratie aime le christianisme et respecte pleinement chez le catholique la liberté de conscience, mais elle doit se mettre en garde contre l'invasion, dans le domaine temporel, de l'Eglise catholique, dépassée par ses auxiliaires laïques, poussée, engagée, compromise par ces enfants perdus qui prennent le nom de *parti catholique*.

Le clergé catholique est le seul qui puisse jouer un rôle actif, influent, dangereux dans la politique de la France, le seul qui ait été dominateur et qui puisse penser à le redevenir. Les ministres des autres religions reconnues sur le territoire français, telles que le protestantisme, le mosaïsme, l'islamisme sont bien loin de réserver les mêmes périls à l'indépendance de la pensée. Bien au contraire, les amis de la liberté, les adversaires de l'intolérance et de l'inquisition se sont toujours attachés à développer l'influence de ces cultes, à leur accorder des garanties pour en faire un contre-poids aux prétentions envahissantes de l'Eglise romaine. Les défiances de la démocratie n'ont rien d'exagéré ni de puéril ; un triste passé les justifie. Citons des faits :

PERSÉCUTIONS RELIGIEUSES.

Si les tendances de l'Église catholique sont tenues en suspicion depuis des siècles par le parti du progrès et de la liberté, la faute en est, il faut bien le reconnaître, aux antécédents de l'Église. Combien de fois, afin de régner seule, n'a-t-elle pas essayé d'anéantir les plus nobles productions de la pensée humaine, sans en excepter la métaphysique d'Aristote condamnée au feu par un capricieux concile ! Souvent on affirme que l'odieuse inquisition ne s'est jamais établie en France ; dites qu'elle ne s'y est pas développée, enracinée, acclimatée comme en Italie et surtout en Espagne ; mais c'est en France que l'inquisition naquit. Un concile *de Toulouse* l'institua contre les Albigeois, en 1229 ; elle eut les Dominicains pour ministres ; les hérétiques sur le sol français furent torturés, mis à mort et par ordre de l'inquisition, et par ordre des évêques ordinaires, et par ordre de la magistrature civile, complaisante ou fanatisée. Nous lisons dans les *Etablissements de saint Louis*, que l'hérétique doit être livré à l'évêque par la justice laïque ; s'il est convaincu « l'en le doit « ardoir et tuit li mueble sont au prince ou au baron. » Après le bûcher, la confiscation, la ruine pour la famille.

L'inquisition du Languedoc désolait encore ce pays

sous Philippe-le-Bel; mais ce prince, jaloux de ses priviléges comme justicier, peu ami du clergé d'ailleurs, enjoignit en 1287 au sénéchal de Carcassonne de mettre obstacle aux scandaleuses arrestations que se permettaient les inquisiteurs, *inquisitores Carcassonnæ*, auteurs de raffinements de torture, *quædam tormenta de novo inquisita*, qui révoltaient déjà les consciences du moyen âge.

Il est vrai que le même Philippe IV, peu d'années après, en 1298, cédant aux influences cléricales, refusait toute espèce d'appel aux hérétiques condamnés par les évêques ou les *inquisiteurs;* mais ensuite, en 1302, il défendait aux *inquisiteurs de la foi* d'excéder leur compétence en s'attribuant la connaissance des usures, sortiléges et autres délits des Juifs, interdisant aux sénéchaux, baillis et autres d'arrêter ces Juifs sur le mandat des inquisiteurs.

Indépendamment de sa haine contre la liberté de penser, de son mépris pour les garanties judiciaires, de sa cruauté raffinée, l'Église catholique du moyen âge déployait une effrayante ambition. Le pape Boniface VIII osa défendre aux corps ecclésiastiques, aux prélats de payer aucun subside aux puissances laïques, sans la permission du saint siége; ce pape allait plus loin en 1301; il convoquait à Rome un concile du clergé de France *pour juger les désordres du gouvernement du roi.*

Pendant le XIVe siècle, Carcassonne demeura le chef-lieu de l'inquisition en France; il existe un mandement de Philippe VI, en date de novembre 1329, savoir faisant :

« Que religieux homme et honneste frère Henri de « Chamay, de l'ordre des prescheurs (les Dominicains), « inquisiteur sur le crime de hérésie, député en nostre « royaume, à Carcassonne résident, nous a montré et « présenté aucunes lettres de nos prédécesseurs jadis « roys de France, contenant certaines clauses et mande- « ments en faveur de la foy catholique et de l'office de « l'inquisition, ottroiés par nosdits encesseurs, lesquelles « clauses et mandements ledit frère Henry nous a baillez « par escript contenant la fourme que s'ensuit...... »

D'après le droit inquisitorial confirmé en cette occasion par Philippe VI, les maisons des hérétiques doivent être rasées et l'emplacement couvert de fumier.

Les fils, petits-fils des hérétiques, les *suspects* d'hérésie ne rempliront aucunes fonctions publiques.

La prison du saint-office à Carcassonne sera entretenue aux dépens du trésor royal.

Toutes les autorités royales et féodales doivent prêter main-forte à l'exécution des sentences du saint-office.

Carcassonne et Toulouse, tels étaient les deux siéges de l'inquisition jusqu'au jour où la hideuse institution entreprit d'exploiter aussi le Dauphiné. C'était sous Charles V; l'inquisiteur, *inquisitor heretica pravitatis*, auquel le pape avait dévolu cette contrée, voulut, comme en Languedoc, démolir les maisons des hérétiques, en prenant bonne part de leurs biens pour sa subsistance, celle de *ses familiers*, l'entretien de ses prisons et de ses instruments de torture. Il y eut, en 1378, grands débats avec l'autorité royale et féodale; finalement, l'inquisiteur obtint part des dépouilles; mais le roi lui défendit de démolir les maisons, à moins que le cas d'hérésie ne fût énorme, *nisi casus ità esset detestabilis quod ejus enormitas sic exigeret faciendum.* On voit que le fanatisme inquisitorial donna l'exemple de la démolitión des édifices au fanatisme révolutionnaire.

En 1409, il est question, sous Charles VI, d'un procès fait *en présence de l'inquisiteur* aux partisans de Pierre Martin de Lune qui se prétendait pape, sous le nom de Benoît XIII.

Indépendamment des établissements locaux de l'inquisition, il y avait en France un inquisiteur général : frère Jean Magistri, vicaire de Jean Graverent, *inquisiteur de la foi au royaume de France*, siégeait en 1431 parmi les juges de Jeanne d'Arc.

Le serment de Louis XI, resté traditionnel et consacré pour le sacre de tous les rois jusqu'à Charles X exclusivement, contenait en latin cette formule :

« De la terre et de la juridiction qui me sont soumises, « je m'efforcerai d'*exterminer* de bonne foi et de toutes « mes forces tous les hérétiques signalés par l'Église.»

Louis XI pourtant voulait dans cette extermination se

réserver le choix des moyens, et il s'opposa plus énergiquement encore que Charles V aux rapines des inquisiteurs du Dauphiné, religieux mendiants qui voulaient, d'après les expressions mêmes du roi, persuader à la population qu'elle était hérétique, afin de trouver un prétexte pour lui confisquer ses biens. Le roi leur enleva toute juridiction en 1478.

Cependant l'autorité pontificale perdait du terrain à mesure que la science humaine en gagnait et dépassait les horizons étroits dans lesquels on avait maladroitement emprisonné l'orthodoxie. Les théologiens se firent un tort immense en condamnant l'idée de chercher une nouvelle partie du monde et en niant l'existence des antipodes. Le pape Alexandre VI ne les réhabilita pas, lorsque « *proprio motu, de nostrâ merâ liberalitate et ex certâ* « *scientiâ,* » il partagea entre les rois de Castille et de Portugal ce monde que Colomb avait découvert malgré les anathèmes.

L'éclat des vertus ou la pureté de la foi ne rachetait pas les monstruosités scientifiques, et le monde chrétien vit avec horreur Alexandre VI, asservi à l'ambition du Turc Bajazet, mettre à mort, pour la somme de trois cent mille ducats, Zizim, frère du sultan, un proscrit, un réfugié.

Cette décomposition morale devait amener le luthéranisme dont l'apparition allait ranimer l'intolérance religieuse. Vainement, en 1415, le concile de Constance, en condamnant la doctrine de Wiclef, avait-il ordonné, par un procédé habituel à l'inquisition, l'exhumation de ses os; Wiclef était la protestation de l'esprit moderne contre le monopole spirituel du pape, et cette protestation devait s'incarner plus d'une fois.

En 1525, Louise de Savoie, mère de François Ier, donna le signal de la persécution contre la religion réformée. La papauté, le pouvoir royal étaient cette fois d'accord, l'une craignant un schisme, l'autre un parti politique. Le parlement seconda les inquisiteurs commis par le pape et acceptés par le roi. L'un d'eux, de l'*ordre des Frères Prêcheurs*, reçut, le 10 avril 1540, la permission royale; clercs et gens de loi, le pape et le roi, lancèrent chacun sa meute noire; la torture fonctionna, les bûchers flambèrent. François I$_{er}$, qui, dans ses actes royaux, n'épargnait pas au protestantisme les épithètes depuis renouvelées pour le socialisme, d'*infection, contagion et poison des peuples*, put éprouver que la force matérielle ne peut rien contre une idée.

« Lesquels prélats, s'écrie-t-il dans un édit de 1540, et « délégués dudit sainct siége apostolique, et pareillement « nos dites cours, juges et commissaires de par nous, y au- « roient tellement et si vertueusement procédé, que plu- « sieurs grandes et diverses exécutions, punitions et cor- « rections exemplaires auroient esté faites, tant de plusieurs « dogmatisant et introduisant lesdites erreurs que de plu- « sieurs desdits sectateurs et observateurs d'icelle, en ma- « nière que pensions nostre dit royaume en estre purgé du « tout et nettoyé. Toutefois, ainsi que puis naguères avons « esté advertis, iceux erreurs seroient à nostre très grand « regret et desplaisir recommencez en divers endroits de « nostre dit royaume, etc. »

Tout en pendant et brûlant les protestants, on prétendait les réfuter et argumenter contre eux. Le roi publiait, en 1543, comme règlements exécutoires, certains articles de foi arrêtés par la faculté de théologie de Paris. Contradiction puérile! hypocrisie détestable! Si vous prétendez condamner une doctrine au nom de la science, et la convaincre d'erreur, donnez-lui toute liberté pour répondre; choisissez avec elle le parti de la discussion parfaitement libre ou celui de la persécution muette et brutale; mais argumenter contre des gens qu'on bâillonne, les faire condamner par le sophiste en même temps qu'on les fait garrotter par le bourreau, c'est déshonorer l'emploi de la discussion, sans justifier celui de la force.

Sous Henri II surtout, la persécution devint sanglante. Le colportage seul des livres de Genève était alors puni de mort. De tels excès devaient amener cette guerre implacable de part et d'autre, que les cruautés et représailles envenimèrent, que la Saint-Barthélemy exaspéra, et qui fut désarmée seulement par un acte de tolérance et de concessions, l'*édit de Nantes.*

La royauté n'y fut pas longtemps fidèle; les succès rapides et l'organisation du protestantisme l'avaient effrayée plus que toute autre hérésie et rapprochée du saint siége. Dans le protestantisme religieux, elle entrevoyait confusément le protestantisme politique et le protestantisme social, en un mot, cette indépendance de la raison, funeste à tous les prestiges.

Voulez-vous savoir jusqu'où peut être poussée la violation permanente et par interprétation frauduleuse d'un texte en apparence respecté? parcourez la série des ordonnances de Louis XIV, relatives aux protestants et antérieures même à la révocation de l'édit de Nantes. Encore gênée par la lettre du contrat, l'intolérance en outrage ouvertement l'esprit. Le roi gourmande, à la vérité, les catholiques lorsque, au mépris des édits, ils frappent les ministres ou mettent le feu aux temples; mais ce fanatisme brutal est moins odieux que la persécution raffinée de la loi. Famille, propriété, liberté de l'industrie, rien n'est respecté par elle quand il s'agit des *religionnaires*. Leurs enfants auront le droit de les quitter pour se faire catholiques; et, dès l'âge *de sept ans*, cette abjuration est valable. Les pères et mères seraient traités en criminels s'ils envoyaient leurs enfants à l'étranger Les protestants ne seront ni juges, ni avocats, ni médecins, ni pharmaciens, ni libraires. Leur culte est libre, mais ils n'auront pas le droit de se cotiser, de s'imposer entre eux pour en faire les frais. C'est ainsi que, dans la seconde moitié de 1848, l'autorité permettait les clubs en y interdisant toute collecte et contribution, même volontaire, pour payer les frais de la salle.

Enfin, l'édit de Nantes, bien que déclaré *perpétuel* par le gouvernement de Louis XIV lui-même, fut révoqué en 1685. Aussitôt la persécution redouble. On avait défendu aux protestants d'avoir des domestiques catholiques dont ils auraient pu altérer la foi; on leur défendit ensuite d'avoir des domestiques protestants dont ils empêchaient la conversion. Les femmes des religionnaires convertis, lorsqu'elles persistaient dans la religion réformée, voyaient leurs biens et leurs avantages matrimoniaux passer à leurs enfants catholiques. Les malheureux convertis par la crainte, mais qui revenaient au protestantisme au lit de mort, étaient condamnés, en cas de guérison, aux *galères perpétuelles;* s'ils mouraient, le procès était fait à leurs cadavres, traînés sur la claie, puis jetés à la voirie.

Avec un enthousiasme digne du christianisme primitif, les protestants persécutés se réunissent dans les Cévennes pour entendre la parole de leurs pasteurs, et le marquis de la Trousse, commandant pour le roi en Languedoc, adresse les instructions suivantes à ses dragons :

« Quel que soin qu'on ait pris jusqu'à présent de dissi-« per les assemblées que les religionnaires fugitifs, ou « quelques nouveaux convertis, ont faites dans cette pro-« vince, il n'est pas impossible qu'il ne s'en fasse encore « quelques-unes ; et, comme il est de conséquence au ser-« vice du roi de les détruire entièrement, chaque officier « doit mettre tout en usage pour y parvenir : il peut même « promettre jusqu'à cinquante pistoles à celui ou ceux qui « avertiront de quelque assemblée assez à temps *pour que « l'on puisse tomber dessus avec des troupes*. Il y a une « chose essentielle à remarquer, c'est que les gens qui « composent ces assemblées ont soin de poser des senti-« nelles une lieue à l'avance de l'endroit où ils les font : « aussi il y a de la prudence à prendre les précautions né-« cessaires pour se saisir de ces sentinelles ; et, lorsque « l'on aura tant fait que de parvenir au lieu de l'assem-« blée, il ne sera pas mal à propos *d'en écharper une par-« tie* et d'en faire arrêter le plus que l'on pourra, du nom-« bre desquels *on fera pendre* sur-le-champ quelques-uns « de ceux qui se trouveront armés, et conduire le reste en « prison, soit homme ou femme, et principalement le pré-« dicant : il faut observer de ne point tirer, *à moins qu'on « ne tombe sur l'assemblée.* »

Ces derniers mots veulent dire qu'il ne faut point tirer à distance des coups de feu capables d'alarmer et d'avertir la réunion protestante, et que les mousquets doivent être employés à bout portant.

LIBERTÉS DE L'ÉGLISE GALLICANE.

Bien que la monarchie française ait toujours été catholique, l'esprit de la nation personnifié par les rois a opposé de bonne heure une barrière aux prétentions pontificales. Moins énergiquement, moins radicalement que les gouvernements de l'Angleterre et de l'Allemagne, mais avec une initiative, une indépendance inconnues à ceux de l'Espagne et de l'Italie, les rois capétiens, qui ne se disaient point papes eux-mêmes, mais seulement abbés de Saint-Martin-de-Tours, coupèrent court aux empiétements du souverain pontife :

1° En lui refusant toute autorité civile et temporelle sur leurs Etats, en limitant le budget qu'il voulait en tirer.

2° En plaçant, dans les matières spirituelles, l'autorité du concile au-dessus de son infaillibilité individuelle.

3° En lui contestant la nomination aux bénéfices et dignités religieuses qui eut lieu par élection jusqu'à Léon X, et sur la présentation royale ensuite.

Saint Louis, excellent chrétien sans doute, sut résister à l'exploitation de son royaume par les gens du pape, réduire leurs exactions et maintenir le principe de l'élection dans l'église de France.

En 1330, le roi Philippe VI notifie énergiquement au pape Jean XXII la décision des théologiens de Paris, condamnant comme hérétique une opinion émise par le pape en matière de dogme. Il s'agissait de la vision de Dieu, que les élus, au dire du pape, ne posséderaient qu'après le jugement dernier.

L'exagération des prétentions pontificales auxquelles la monarchie se vit obligée de résister est caractérisée par le sujet seul d'un mandement de Charles VI, qui défend d'évoquer aucune *cause temporelle* en cour de Rome. Les prétentions du pape au gouvernement et à la magistrature universelles étaient d'autant plus vulnérables que la papauté trahissait à chaque instant sa nature humaine et terrestre, notamment par la concurrence des pontifes qui se disputaient la tiare. Incertain entre deux infaillibilités qui s'excommuniaient de part et d'autre et cherchaient à se constituer un budget aux dépens du monde chrétien, Charles VI crut devoir, en 1398, soustraire son royaume à l'obédience de toute espèce de pape, jusqu'au dénouement du litige : c'était pour le bien de l'Eglise, assurait-il.

Un concile national tenu à cette occasion à Paris, en mai 1399, parle déjà de l'église *gallicane* et de ses libertés comme d'institutions consacrées par le temps. Ainsi en parla plus tard Charles VI dans l'ordonnance du 8 février 1422 spéciale à cette matière. Charles VI enfin, ou plutôt son gouvernement, se décida pour le pape d'Avignon contre celui de Rome. Tous les Français reçurent défense d'aller en pèlerinage à la vie éternelle. Le roi voulut couper les vivres au pape romain en lui refusant les *annates*. Mais le pape d'Avignon n'était pas moins cher à nourrir. En 1406, le roi et le parlement se plaignent de ses exactions « *pro* « *magnitudine gravium exactionum et onerum eisdem* « *ecclesiis tam per Benedictum Papam XIII*, *quàm* « *suos antecessores contrà communis dispositionem ju-* « *ris impositarum.* » Des lettres royales de la même année accusent aussi, dans le latin de l'époque, les usurpations pontificales : « *Ut reducerentur dictæ ecclesiæ et* « *personæ ecclesiasticæ ad suam pristinam et canoni-* « *cam libertatem, provideretur que contrà graves usur-* « *pationes et interprisias quas contra hoc fecerunt* « *romani pontifices ab aliquibus annis.* »

Le pape de Rome et celui d'Avignon ne valaient pas mieux l'un que l'autre, aucun d'eux ne donnait le gouvernement spirituel à bon marché. Le 12 janvier 1407, Charles VI décide que, si le jour de l'Ascension prochain il n'y a pas un pape reconnu unanimement par toute l'Eglise, le roi prendra le parti de la neutralité. Les mois s'écoulent; chaque antipape reste en possession d'une moitié de l'Eglise et de ses finances, peu pressé de se retirer de part ni d'autre. Le roi se déclare neutre; Benoît XIII, le pape d'Avignon, l'excommunie; le roi répond que les bulles d'excommunication seront déchirées et leurs porteurs *échaudés* en place publique. Les registres du parlement certifient que les agents du pape furent en effet échaudés le 23 août 1408.

Le roi Charles VII, aussi peu soumis que son père, ne permit pas aux prélats français d'aller à Ferrare, où le pape entendait transporter le concile de Bâle.

Le mot d'*exaction* que nous avons déjà vu employer par le parlement sous Charles VI se retrouve souvent dans les édits royaux pour caractériser les tributs que les gens du pape cherchaient à prélever sous une foule de prétextes, notamment pour vacations de bénéfices et collations de bénéfices nouveaux. La France eût été en proie aux Italiens si Charles VII, en 1431, n'avait interdit les bénéfices français aux étrangers.

Dès le moyen âge les rois, usant du droit renouvelé, non créé par le Concordat de l'an X, considéraient comme entièrement soumise à leur autorisation la publication en France de toute espèce de bulles et autres actes émanant du pontificat. Charles VII déclara même que les actes des *conciles généraux* ne font loi en France qu'à partir de leur réception par l'autorité royale.

Des lettres de 1457 portent que le consentement du roi à la levée d'une dîme sur le clergé de France, à la réquisition du pape, ne doit porter aucun préjudice aux *libertés de l'Eglise gallicane.*

Un des documents qui caractérisent et résument le mieux les *libertés de l'Eglise gallicane*, ainsi dénommées dans cette pièce, ce sont les remontrances adressées par le parlement à Louis XI, en 1461, au moment où ce prince venait d'exprimer la volonté passagère de les détruire, en abolissant la Pragmatique Sanction qui les confirmait. Le parlement énumère les rois qui ont consacré ces libertés par des ordonnances, et revendique spécialement le droit d'élection épiscopale pour les Chapitres.

« *Episcopus est sponsus ecclesiæ;* aussi en terme de « raison faut que *consensus sponsæ*, qui est *ecclesia*, « *per electionem accedat.* »

Suit un grand et juste éloge de la forme élective :

« .... Et de tant que l'évesque est approuvé par les élec- « teurs et confermé par le métropolitain, après les édicts « et informations faites, le peuple l'a en plus grande esti- « mation et révérence; sa doctrine, sa vie peut estre deplus « grande édification et exemple et plus grande union et « amour. »

Le parlement cite les textes les plus anciens qui ont établi l'élection des évêques; il les emprunte à Pie Ier, pape en 194, à Léon Ier, au concile d'Antioche, au concile de Carthage, qui fait participer à l'élection le peuple et le clergé, *clerus et populus.*

Depuis saint Louis le pape avait combattu sans relâche ce principe électif qui succomba enfin lors du concordat de François Ier et de Léon X. Le pape voulait conférer les évêchés et bénéfices, parce qu'il pouvait récompenser ainsi les hommes dévoués à sa politique, ses familiers, ou vendre fort cher les bulles de collation.

« Aux prélatures ne seront pourveuz, dit le parlement, « sinon ceux qui auront de l'argent. »

Le pape vendait encore aux aspirants, du vivant même des titulaires, des promesses appelées *grâces expectatives.*

« Et véritablement, » dit le parlement de Louis XI en ses remontrances, « avant les décrets (qui avaient consacré « les libertés gallicanes) y avoit si grand'confusion qu'au « diocèse d'Angers furent trouvez en un an, comme l'on « dit, six cents grâces expectatives et en plusieurs autres « diocèses pareillement.

« Et toutesfois, au temps d'icelles, se le pape fust décédé, « eussent esté inutiles, parce que le pape, à sa nouvelle « assomption, peut révoquer toutes grâces expectatives, « et par ainsi, d'un diocèse seulement estoit levé à vingt « escus chacune bulle en comptant les frais d'impétrer et « eust eu perte de douze cents escus et encore pourroit le « cas advenir.

« ... Et se lesdits decrets n'avoient lieu encore, s'en iroit « par an plus d'un million. »

Depuis l'abolition de la Pragmatique, « la banque (ro-« maine) a tiré et sucé des bourses des subjets l'or telle-« ment, qu'il n'est demouré que monnoye. Pour ce est-ce « que l'on ne va comme point au change demander la « monnoye pour de l'or et ès-lieux sur ledit pont (le pont « au Change), ou souloient les changeurs habiter, ne ha-« bite que chapeliers et faiseurs de poupées. »

Le parlement évalue à 2 millions 800 mille écus les sommes tirées de France par la cour papale depuis l'abolition de la Pragmatique.

Louis XI, au surplus, revint à l'indépendance traditionnelle de ses prédécesseurs. Par des lettres datées de Plessis-lès-Tours, 8 janvier 1475, il nomme des commissaires pour rechercher les bulles du pape contraires aux droits du prince et aux libertés gallicanes, qui n'avaient pas été vérifiées par le roi et enregistrées au parlement. Louis XI, suivant un usage ancien déjà de son temps et que le Concordat de l'an X a rajeuni, ne publiait les bulles autorisées qu'en désavouant expressément ce qu'elles pouvaient contenir de contraire aux droits de son gouvernement et aux libertés de l'Église gallicane.

Dans une lettre de Charles VIII, invitant le pape à retirer les excommunications et interdits lancés sur les villes flamandes alliées de la France, nous trouvons cette fine et voltairienne ironie :

« Car nous ne pourrions croire que lesdites bulles et « briefs ayent procédé de l'intelligence et certaine science « de vostre Sainteté. »

Le même roi, donnant ses instructions à des ambassadeurs chargés de conclure un concordat avec la papauté, leur rappelle qu'il « a esté permis à l'Église gallicane user « de singuliers priviléges dont elle est en bonne posses« sion et jouissance. »

La déclaration du concile national convoqué par Louis XII à Tours, en 1510, est un monument précieux pour l'histoire de ces libertés.

Au surplus le roi, la magistrature, en maintenant les franchises de l'Église gallicane, cherchaient à protéger leur pouvoir contre les envahissements de la papauté, bien plus qu'à fonder la véritable liberté de conscience. Héritier des bonnes traditions inquisitoriales, le parlement de Toulouse, sous Louis XIII, fit brûler vif le philosophe Vanini, qui eut la langue coupée avant l'exécution. Plus d'une fois on avait employé, dans les supplices de protestants, ce barbare préliminaire.

Sous Louis XIV le parlement de Paris renouvela contre les blasphémateurs les peines atroces des lèvres coupées, de la langue percée « *et de la vie s'il y echeoit.* »

Plus nous approchons des temps modernes, plus la royauté fait alliance avec les catholiques ultramontains et la papauté. Toutefois les deux puissances ne se confondent jamais. Les réserves gallicanes sont toujours maintenues, et le gouvernement de Louis XIV donne à ces libertés leur formule dernière, officielle encore aujourd'hui, en publiant la pièce rédigée par Bossuet, datée de mars 1682, acceptée par la grande majorité du clergé de France, et intitulée : *Cleri gallicani de ecclesiastica potestate declaratio*. C'est la négation de toute suprématie temporelle du pape sur les gouvernements de la chrétienté et la subordination, en matière de foi, du jugement du pape à celui des conciles : « *Nec tamen irre-* « *formabile esse judicium nisi ecclesiæ consensus ac-* « *cesserit.* »

Le parquet, sous Louis XIV, ne craignit pas d'interjeter l'appel comme d'abus contre une bulle d'Innocent XI contraire aux franchises de l'ambassadeur français à Rome.

Toutefois il est évident que, depuis l'apparition du protestantisme, les réserves gallicanes de la royauté cessent d'être hostiles. On s'est réconcilié sur les cadavres des huguenots brûlés, pendus, égorgés à la Saint-Barthélemy ou durant les dragonnades, et le gouvernement de Louis XV, en prêtant l'appui de sa police à la constitution *Unigenitus*, prend le parti des ultramontains et de la papauté contre les disciples de Jansénius.

LA RÉVOLUTION ET LE CLERGÉ.

Pénétrée du caractère providentiel et progressif de l'Évangile, la Révolution française, à son aurore, s'immisça dans les affaires du clergé, dépositaire de ce livre. Elle crut le transformer, l'attacher à sa cause :

1° Par l'élection des curés et des évêques ;

2° Par un salaire payé par l'État, sous condition d'un serment à la constitution civile du clergé. La seconde de ces idées gâta la première.

La première était bonne et conforme aux traditions. Longtemps le principe démocratique de l'élection épiscopale et curiale se maintint dans l'Église. C'est le pape et le roi qui le minèrent de part et d'autre, en attendant qu'ils osassent, au seizième siècle, le supprimer d'un commun accord. Sous les Mérovingiens, un édit de Clotaire II (novembre 614) dispose qu'à la mort de l'évêque le successeur doit être élu par le clergé et le peuple (*a clero et populo eligatur*); puis, sur l'ordre du prince, consacré par le métropolitain. Telle était encore la règle sous Charlemagne. Un capitulaire sur l'élection des évêques (Aix-la-Chapelle, 803) consacre à l'élection épiscopale tout un chapitre intitulé ainsi : *Ut episcopi, per electionem cleri et populi, vitæ merito et sapientiæ, eligantur.*

Même principe dans le capitulaire décrété par Louis-le-Débonnaire à Aix-la-Chapelle en 816. Le chapitre II traite de l'élection des évêques *de episcopis eligendis;* le cinquième, de l'élection des abbés.

Les évêques étaient encore élus sous Charles VII dans les cathédrales, mais par le clergé seulement; le clergé séculier représenté par les chanoines, le clergé régulier représenté par les chapitres. Les électeurs juraient avant l'élection qu'ils n'avaient pas engagé leur vote. Ce mode était conservé, comme il appert des contestations soulevées entre le pape et le roi au sujet de Louis d'Aubusson, évêque de Tuelle. Cette élection restreinte et par délégation fut abolie expressément par le concordat de François Ier et de Léon X, établissant qu'à l'avenir, pour les nominations aux évêchés et abbayes, le roi présentera le candidat, auquel le pape donnera l'investiture. Le mode électif, réservé seulement par privilége à quelques abbayes, est accablé de critiques par le pape et par le roi d'un commun accord. C'était, disent-ils, une source de scandales, d'intrigues, de conventions simoniaques, et l'honnête Léon X, fulminant ainsi contre la simonie, ne remarque pas que, par le concordat même, il vend au roi la présentation aux évêchés, qui était la nomination réelle, en retour de la perception des annates, avantage pécuniaire disputé à la papauté depuis plusieurs siècles.

Tels sont les précédents que les constituants de 91 avaient sous les yeux quand ils voulurent combiner le principe électif, source de vérité, de liberté, de justice, avec le salaire fourni par l'Etat, conciliation malheureuse entre la démocratie et le privilége.

Le 3 ventôse an III, la Convention allait plus loin que la Constituante dans la voie de la liberté. Elle décidait à la fois que « l'exercice d'aucun culte ne peut être troublé;

« Que la République n'en salarie aucun;

« Qu'elle ne fournit aucun local ni pour l'exercice du « culte ni pour le logement des ministres. »

Cette dernière disposition, rapportée au surplus le 11 prairial de la même année, manquait de générosité peut-être, et faisait aux cultes une position trop dure; l'Etat assurément ne doit pas de logement aux ministres d'un culte spécial, mais la République, dont la vie est tout entière dans le droit d'association, doit montrer à l'exercice de ce droit assez de sympathie pour le protéger, en prêtant à tour de rôle et à des conditions égales les locaux dont elle dispose et spécialement les vastes églises, les imposantes cathédrales qui lui appartiennent, aux offices protestants, catholiques, israélites, aux réunions politiques, aux enseignements de la science sociale. De pareils rapprochements entre les manifestations différentes de la pensée humaine détruiraient bien des préventions et aboliraient graduellement l'importance exclusive attachée aux formes extérieures, aux rites divergents, par des esprits superficiels. Dans cette pensée fut rédigé l'article suivant de la loi du 11 prairial an III.

« Lorsque des citoyens de la même commune ou section « de commune exerceront des cultes différents ou prétendus tels, et qu'ils réclameront concurremment l'usage « du même local, il leur sera commun, et les municipalités, sous la surveillance des corps administratifs, fixeront pour chaque culte les jours et heures les plus convenables, ainsi que les moyens de maintenir la décence « et d'entretenir la paix et la concorde[1]. »

Les maximes véritablement libérales de la Convention venaient trop tard. On avait irrité le clergé catholique et ses adhérents en retournant contre lui le principe de l'intolérance; on l'avait grandi par la persécution; elle lui avait rendu un prestige dont le danger se manifesta dans la Vendée. Toutefois les vrais principes ayant été posés, l'Etat respectant et protégeant tous les cultes sans en salarier aucun, les plaies de la patrie auraient pu se guérir, la France se serait faite au régime de la liberté religieuse, si l'avénement de Napoléon Bonaparte n'avait donné, en cette matière comme en beaucoup d'autres, le signal de la rétrogradation.

Napoléon rétablit les priviléges de l'Eglise romaine ; il en salaria les fonctionnaires, en fit célébrer les princi-

(1) Voyez la loi du 7 vendémiaire an IV, sur l'exercice et la police extérieure des cultes, loi conforme aux vrais principes, mais un peu étroite, policière et intolérante dans les détails.

pales fêtes par l'Etat, mais cette résurrection de l'influence catholique n'était pas due à la foi. Napoléon, restaurant graduellement et déloyalement la monarchie sur les ruines de cette république à laquelle il avait juré fidélité, appela le catholicisme à son aide comme un moyen de paralyser l'indépendance des opinions, d'éteindre le zèle démocratique et de courber les âmes sous le joug de la conscription. Voici dans quels termes les consuls s'adressent aux ministres du culte par une proclamation du 27 germinal an X :

« Déployez pour la patrie tout ce que votre ministère « vous donne de force et d'ascendant sur les esprits; que « vos leçons et vos exemples forment les jeunes citoyens à « *l'amour de nos institutions*, au respect et à l'attache- « ment pour *les autorités tutélaires qui ont été créées « pour les protéger;* qu'ils apprennent de vous que le « dieu de la paix est aussi *le dieu des armées* et qu'il com- « bat avec ceux qui défendent l'indépendance et la liberté « de la France. »

L'exposé de la situation de la République, publié par ordre du premier consul, le 1er ventôse an XI, fait comprendre encore plus nettement quels résultats politiques Napoléon s'était promis en restaurant le catholicisme officiel :

« L'exécution du Concordat, sur laquelle les ennemis « de l'ordre public avaient encore fondé de coupables es- « pérances, a donné presque partout les résultats les plus « heureux. Les principes d'une religion éclairée, la voix « du souverain pontife, la constance du gouvernement, « ont triomphé de tous les obstacles ; des sacrifices mutuels « ont réuni les ministres du culte. L'Eglise gallicane re- « naît par les lumières et par la concorde, et déjà un « changement heureux se fait sentir dans les mœurs pu- « bliques : les opinions et les cœurs se rapprochent, l'en- « fance redevient plus docile à la voix de ses parents, *la « jeunesse plus soumise à l'autorité des magistrats; la* « CONSCRIPTION S'EXÉCUTE *aux lieux où le nom seul de « la conscription soulevait les esprits;* et servir la patrie « y est une partie de la religion. »

Pendant toute la durée de l'Empire, le gouvernement

ne cessa de manifester l'impudente pensée d'utiliser l'enseignement catholique comme une muselière, un frein, de l'employer à tuer les idées démocratiques. Voici quelques dispositions d'un décret impérial daté du 19 février 1806 :

« La fête de l'anniversaire de notre couronnement et « celle de la bataille d'Austerlitz seront célébrées le pre« mier dimanche du mois de décembre dans toute l'éten« due de l'Empire.

» Les autorités civiles et judiciaires y assisteront.

« Il sera prononcé dans les églises, dans les temples et « par les ministres du culte un discours sur la gloire des « armées françaises et *sur l'étendue du devoir imposé à « chaque citoyen de consacrer sa vie à son prince* (le « prince d'abord !) *et à la patrie.*

« Après ce discours, un *Te Deum* sera chanté en ac« tions de grâces. »

En échange du concours politique demandé au clergé catholique, Napoléon ne reconnaissait pas explicitement une *religion d'Etat*, mais il accordait à ce clergé l'usage exclusif des principaux monuments français, des traitements élevés, puisés par le percepteur et par voie de contrainte dans la bourse de tous les citoyens, enfin des honneurs militaires qui attribuaient à l'Église catholique un caractère dominant et officiel[1]. La première entrée d'un cardinal, archevêque ou évêque dans la ville de sa résidence mettait en mouvement la cavalerie, l'infanterie, faisait retentir non-seulement les cloches, mais les canons.

Sous l'Empire, sous la Restauration et même durant les dernières années du gouvernement de Louis-Philippe, l'alliance de l'Etat et du clergé catholique a fait de ce clergé une force dangereuse pour la liberté.

Pour que la pensée indépendante soit rassurée de ce côté, pour que l'Eglise elle-même ait chances de redevenir une influence populaire, il faut qu'elle retourne à sa première doctrine, à sa première organisation. Dans ces conditions, l'alliance de la démocratie avec elle peut être

(1) Décret impérial du 24 messidor an XII, relatif aux cérémonies publiques, préséances, honneurs civils et militaires.

encore sincère et puissante. Mais actuellement les dispositions progressives d'un grand nombre de membres du clergé inférieur sont paralysées par une aristocratie épiscopale armée contre le clergé inférieur du pouvoir le plus irresponsable et le plus absolu qui existe encore en France. Il faut rendre à ce clergé inférieur la liberté de penser, le droit de garder son pain, même en se montrant républicain démocrate, c'est-à-dire chrétien logique et sincère.

Inamovibilité des curés et desservants;

Election du curé par la commune;

Election de l'évêque par le diocèse;

Constitution dans chaque clergé diocésain d'un jury chargé de prononcer sur les délits ecclésiastiques entraînant suppression d'emploi ou suspension prolongée; jury assignant le prêtre inculpé, lui assurant la liberté de la défense et la publicité des débats, au moins pour les ecclésiastiques. Ces réformes suffiraient pour mettre le clergé en harmonie avec l'esprit de la nation.

L'expérience de la première Révolution doit nous être utile. Ne demandons pas au clergé de prêter serment à une constitution politique; n'intervenons pas dans son organisation intérieure, pas même pour lui dicter les réformes les plus libérales et les plus progressives. Les constituants de 91 voulurent transformer le clergé sans tenir compte de sa hiérarchie naturelle, sans la participation de son chef spirituel, sans pape et sans concile. Ils violèrent ainsi le principe de la liberté religieuse. Nous savons quelles réformes nous désirons dans l'organisation du clergé; qu'il les accomplisse si bon lui semble; le rôle de l'Etat républicain se borne à le laisser libre, à ne le comprimer sous aucun rapport, mais aussi à lui refuser les moyens artificiels de primer, par les subventions du budget, les autres manifestations de la pensée religieuse.

Supprimer le budget de tous les clergés, c'est reconnaître et consacrer pour les membres des différentes communions le droit de s'associer afin de pourvoir à leurs dépenses religieuses. Nous avons hésité en présence de cette question : Un clergé pourra t-il devenir propriétaire d'immeubles?

Pour la négative on peut faire valoir qu'il ne faut pas

donner au clergé catholique le moyen de rétablir les biens de main-morte et cette féodalité religieuse dont la Révolution française a délivré les campagnes;

Qu'il faut enlever une prime à cette captation des testaments, à cette expropriation des héritiers légitimes, si facile au prêtre quand il assiste un malade influencé par les approches de la mort.

Mais en réfléchissant sur cette question, nous avons compris que la liberté d'association devait exister pour tous ou pour personne, et que, si nous voulons reconnaître à des sociétés icariennes, proudhoniennes, phalanstériennes le droit d'acquérir des terres ou d'en recevoir en don, nous n'avons pas qualité pour refuser la même faculté à des jésuites. Nous dira-t-on que les jésuites sont dans le faux et les socialistes dans le vrai? Faire, au nom de la justesse ou de la fausseté d'une opinion, des lois d'exclusion ou de prohibition contre ceux qui la professent, c'est renouveler le despotisme de tous les papes et de tous les rois qui ont persécuté des idées. Jamais la confiance que vous avez dans votre opinion ne doit se traduire en mesures de contrainte ou d'exclusion contre ceux qui ne la partagent pas; que le flambeau de la foi s'embrase d'une flamme plus pure! La foi digne de notre temps et de nos mœurs est celle qui se croit asses fondée en vérité, en raison, en science pour ne pas craindre la critique ni la concurrence de l'erreur. Dans la sphère des idées, luttons par des enseignements et par des œuvres, mais luttons toujours à armes égales. C'est un socialiste peu convaincu, que celui qui croit avoir besoin d'interdire au jésuite le droit commun pour triompher du jésuite!

Oui, nous reconnaissons à toutes les communions le droit d'acquérir des immeubles pour assurer le service religieux ; nous le reconnaissons *à la seule condition* d'un égal droit pour le socialisme, et nous ne disputerions pas au clergé catholique la conservation des biens immobiliers attachés soit aux cures[1], soit aux menses épiscopales ou capitulaires, soit aux séminaires, biens acquis par le clergé depuis le Concordat et conformément aux lois modernes.

(1) Voyez le décret impérial du 6 novembre 1813, sur la conservation et l'administration des biens que possède le clergé dans plusieurs parties de l'empire.

Fidèles à ce principe que, devant la loi civile moderne, la qualité de membre ou de ministre d'une religion ne peut enlever ni conférer aucun droit, nous ajouterons à ce programme que l'Eglise est maîtresse d'imposer le célibat à tous les prêtres qui voudront demeurer dans le giron de l'orthodoxie, mais que dès à présent, et sans qu'il soit besoin d'innovation législative, nous ne comprenons pas la conduite des officiers de l'état civil qui voudraient s'immiscer dans les questions de discipline et refuser le mariage à un citoyen remplissant les conditions exigées par le Code civil, sous prétexte que ce citoyen serait prêtre, derviche, bonze, mufti, talapoint, ministre enfin d'une religion quelle qu'elle puisse être.

La séparation nécessaire du temporel et du spirituel ne sera bien comprise et définitivement installée dans le monde entier, que du jour où le pape, type supérieur du clergé catholique, cessera de joindre au titre céleste de chef de l'Eglise, titre légitime tant qu'il est accepté par les âmes, le titre terrestre de monarque des Etats pontificaux. Mais sur l'émancipation temporelle de ces états le législateur français n'a rien à statuer. Dénouons en France le lien qui unit le clergé catholique au budget, et sachons respecter, pour le surplus, la décision souveraine de l'Italie.

INTÉRIEUR.

Les questions les plus importantes que l'on puisse classer sous ce titre *Intérieur* sont l'organisation de la commune,

L'organisation départementale,

Et, d'une manière générale, l'organisation des services administratifs.

ORGANISATION COMMUNALE.

Là est le pivot, la base, le point de départ de toutes les réformes intérieures. La Commune, c'est la molécule organique, l'élément essentiel de la France. Donnez à la Commune une Constitution satisfaisante, conciliant heureusement l'ordre et la liberté, vous aurez résolu tous les problèmes intérieurs qui préoccupent aujourd'hui la nation. Appliquée sur une échelle réduite, la solution se généralisera bientôt pour tout l'ensemble. Au surplus, les esprits seront facilement d'accord sur cette position de la question politique et sociale. L'importance de la Commune, comme point de départ de la régénération du pays, est proclamée par les deux extrêmes de l'opinion, les socialistes d'un côté, les légitimistes de l'autre.

PLACEMENT ET STATISTIQUE DES OUVRIERS.

Le droit au travail, en d'autres termes le droit de vivre en travaillant, est un de ceux que garantirait une société bien constituée.

Le droit au travail, irréalisable dans l'état actuel de l'industrie, avec sa concurrence anarchique, ses engorgements, ses banqueroutes, ses chômages, nécessite, comme condition préalable, une *organisation du travail*.

Quand on ne sait pas résoudre ces problèmes, on les qualifie de séditieux, on défend à la presse d'en parler ; mais de pareils procédés sont puérils, impuissants et nécessairement éphémères. Comment proscrire l'examen de ces questions posées pour toujours dans la conscience populaire!

On reconnaîtrait, en les étudiant, que pour assurer du travail à tous, il faut placer le problème dans la circonscription de la commune, et débuter en cette matière, comme dans celle du crédit et des impôts, par la statistique.

Jusqu'à ce jour, la solution de la question a été cherchée dans une fausse voie.

Le droit au travail, qui est devenu aujourd'hui le mot de ralliement des hommes de progrès, existe au moins à l'état de vague aspiration dans la législation de presque toutes les époques et de presque tous les peuples. Tous ont senti que la société, vaste assurance mutuelle, devait, dans la mesure de ses ressources, pourvoir aux besoins des pauvres, et que la manière la plus honorable pour eux, la moins onéreuse pour la société de leur garantir l'existence, consistait à leur donner du travail. Garantir à tous les malheureux un travail suffisamment rétribué, voilà ce qui fut essayé imparfaitement et confusément encore dans les *ateliers nationaux*, tentatives qui ne datent pas de la révolution de 1848. Elles apparaissent au lendemain de la révolution de 89, comme au lendemain de la révolution de 1830. Les révolutions produisent le double effet de mettre sur le pavé un grand nombre de travailleurs et de leur donner le sentiment vif, exigeant de leurs besoins et de leurs droits. A ces difficultés, la société a paré jusqu'à ce jour avec sa routine des ateliers nationaux.

La Convention essaya d'organiser dans le même but une institution permanente dont on trouve le plan dans le décret du 24e jour, 1er mois de l'an II, contenant des mesures pour l'extinction de la mendicité. On y trouve la description d'*ateliers de secours* ouverts dans chaque district aux indigents valides. Afin que les travaux un peu artificiels de ces ateliers n'enlevassent pas d'ouvriers aux travaux plus urgents dont la nécessité avait été reconnue par l'industrie ordinaire, le salaire des indigents employés aux ateliers de secours était fixé aux trois quarts du prix moyen de la journée de travail déterminée pour le canton. La Convention croyait par ces mesures garantir le travail à tous les pauvres, de manière à ne laisser à la mendicité aucune excuse et à justifier contre elle des mesures très rigoureuses, telles que les maisons de répression et, dans certains cas, la transportation *à Madagascar* [1].

D'après ce décret, le *domicile de secours* s'acquérait par un an de séjour dans une commune. On serait allé plus directement au but par la statistique des offres et demandes de travail dans la commune d'abord, puis dans la France entière.

La loi du 10 vendémiaire an IV prit une heureuse initiative par la disposition que voici :

« Il sera fait et dressé dans chaque commune de la Ré-
« publique un *tableau* contenant les noms, âges, état ou
« profession de tous ses habitants au-dessus de l'âge de
« 12 ans, le lieu de leur habitation et l'époque de leur
« entrée dans la commune. »

(1) Voyez, sur cette désignation, le décret du deuxième jour, deuxième mois, an II.

Ce tableau général ne suffirait pas pour organiser le placement et soustraire les travailleurs de toutes les classes à l'exploitation des bureaux actuels, spéculations qui ne leurs présentent aucune garantie. La municipalité doit intervenir. Chaque commune doit ouvrir dans ses bureaux des registres à tous les hommes, femmes, enfants qui demandent du travail, comme aux entrepreneurs et associations qui réclament des travailleurs. La réalisation de cette idée serait facile et devient urgente. Elle a déjà suggéré au gouvernement provisoire le décret du 8 mars 1848. Ce décret trop étroit, puisqu'il ne créait les bureaux de placement que dans les mairies *de Paris*, est demeuré sans exécution, faute de surveillance et de persévérance de la part du pouvoir. Le besoin de cette innovation se reproduira nécessairement sous mille formes. Dans la session de 1849, le conseil général du Morbihan s'est exprimé ainsi :

« Le conseil désire qu'il soit créé dans chaque mairie « un bureau de renseignements pour les travailleurs afin « de faciliter le placement de ceux qui seraient sans ou- « vrage, et de faire secourir par des établissements de « charité ceux que leur mauvaise santé ou leurs infirmités « empêcheraient temporairement de s'occuper[1]. »

La correspondance des bureaux entre eux, le relevé général de leurs opérations publié, à époques régulières, dans le journal du département, pour le mouvement du travail départemental, dans le *Moniteur universel*, ou, ce qui vaudrait mieux, dans un *Moniteur spécial de l'agriculture et de l'industrie* pour le mouvement du travail dans la France entière, amèneraient une intelligente répartition des ouvriers sur les points divers de notre sol.

On ne verrait plus certaines localités, certaines industries manquer de bras, tandis qu'ailleurs le salaire décroît par suite de la concurrence au rabais que se font les ouvriers trop nombreux. Les chefs d'industrie ne seraient pas moins intéressés que les ouvriers à connaître cette statistique permanente du travail, afin de ne pas créer ou

(1) Voyez la brochure intitulée : *De l'organisation des bureaux de placement et de la statistique du travail*, par M. Amédée Hennequin.

développer des établissements rendus inutiles par une concurrence préétablie.

La fondation d'un *Moniteur officiel de l'agriculture et de l'industrie*, résumant la statistique industrielle de la France entière, est un devoir pour le gouvernement qui est un phare et dont la mission n'est pas de contraindre, mais d'éclairer. Déjà, d'une manière très étroite à la vérité, le pouvoir s'est engagé dans la voie de la publicité donnée au travail, par l'ordonnance du 27 juillet 1845, qui prescrit la publication d'un *Annuaire des sociétés scientifiques et littéraires du royaume*, sous les auspices du ministre de l'instruction publique.

Placement et statistique, ce premier devoir accompli, restent, pour assurer l'exercice du droit au travail, plusieurs mesures à prendre :

Organisation du crédit, mettant l'instrument de travail à la portée de tous;

Armées industrielles qui utiliseraient puissamment les travailleurs sans autre destination.

Les esprits logiques reconnaîtront, en achevant les pages que nous consacrons à l'organisation communale, que ces divers procédés n'aboutiraient pas à la solution complète et définitive, sans une constitution nouvelle de la commune, d'après le principe de l'association.

DU COMPTOIR COMMUNAL.

Nous avons parlé du rôle nécessaire de la commune dans le placement des ouvriers. Elle doit remplir une mission plus importante encore dans la rénovation commerciale.

Le comptoir communal est le résultat d'une association volontaire formée par actions entre les cultivateurs et surveillée par eux-mêmes, société pour laquelle le patronage de la municipalité serait fort désirable sans être une condition absolue. Voici les fonctions de ce comptoir :

C'est d'abord un entrepôt destiné dans chaque commune à la conservation des denrées agricoles qui n'ont pas encore trouvé d'acheteurs et qui, dans les caves et greniers du paysan, sont sujettes à des causes de dépérissement nombreuses. Le comptoir communal conserve ces denrées. De plus, il se charge de les placer, de les vendre, au compte du propriétaire, sans démarches, sans voyages onéreux, sans journées perdues pour lui.

Si le comptoir peut vendre, ses relations commerciales le mettent en situation d'acheter. Il va devenir une agence d'approvisionnement, fournissant la commune de tous les objets réclamés par les consommateurs des campagnes; ces fournitures seront économiques, parce que le comptoir se passant de tous les agents commerciaux intermédiaires, acheteurs et revendeurs parasites, s'adressera directement aux fabriques et pour des assortiments nombreux.

Ces fournitures offriront pleine garantie de bonne qualité, parce que l'origine en sera parfaitement connue, que le fabricant en sera responsable et qu'un approvisionnement fait en grand peut être soumis à une vérification éclairée, à un contrôle scientifique usité dans la plupart des administrations, impossible au cultivateur qui s'adresse isolément au marchand forain, au colporteur.

Nanti de denrées agricoles d'un placement certain, d'autant plus certain que ses relations commerciales sont plus étendues, le comptoir communal pourrait prêter au paysan à des conditions favorables et le délivrer de l'usurier, sa plaie.

Entrepôt pour conserver les denrées de la commune, —*Bazar* d'exposition et de vente pour les marchandises et tout au moins pour les échantillons fournis par les correspondants du comptoir,—enfin *Comptoir* de prêt se reliant à un système de banque plus général, comptoir prêtant à 3 p. 100 d'intérêt sur meubles et sur immeubles, acceptant comme gages les récépissés des dépôts de denrées ou de produits industriels qui ont été faits à l'entrepôt, gages bien autrement sûrs que la lettre de change actuelle; telle est la triple face sous laquelle se présente le COMPTOIR COMMUNAL, institution consciencieusement étudiée sous le titre *d'agence communale* par M. Coignet de Lyon dans sa *Réforme du crédit et du commerce*. M. Coignet montre au lecteur l'agence communale applicable non-seulement aux communes rurales, mais aux villes, non-seulement aux produits agricoles, mais à la conservation, à l'exposition et à la vente des produits industriels.

Chaque agence entretient une correspondance active

avec les autres agences, non-seulement de la France, mais de l'étranger ; elle multiplie les échanges de produits en nature, réglant toujours la différence au comptant.

Les *magasins généraux* et les *comptoirs nationaux* créés sur le papier plutôt que réalisés sérieusement par le gouvernement provisoire de février[1] fussent devenus le germe d'un progrès immense si l'institution du magasin ou entrepôt avait été reliée à celle du comptoir de banque ; si l'un et l'autre étaient entrés comme éléments dans une agence ne se bornant pas à entreposer les produits pour en faire des gages, mais s'occupant activement de les placer, de leur assurer des débouchés.

Après février, il ne s'agissait, suivant M. Coignet, que d'utiliser les entrepôts déjà créés dans la plupart des villes manufacturières ; ils avaient un personnel tout prêt à fonctionner. Il suffisait d'ouvrir les salles d'exposition et de vente et de mettre en correspondance entre eux les divers entrepôts de France.

Le gouvernement du 10 décembre, dans le projet de loi organique des banques coloniales, déposé le 29 novembre 1850 sur le bureau de l'Assemblée législative, indique, à l'appui de la thèse que nous soutenons, un fait pratique bien concluant. Citons le rapport :

« L'une des conséquences du régime économique des « colonies, c'est d'y maintenir une rareté presque con« stante de numéraire. Les colons demandent donc avec « instance que les institutions de crédit qu'il s'agit de leur « accorder mettent à leur disposition un instrument de « circulation, de valeur assez réduite pour leur permettre de « faire face à leur besoin le plus considérable. Un fait pra« tique d'une grande portée paraît justifier leur insistance « sur ce point. Au plus fort de la crise qu'ont fait naître « aux colonies les événements de février, des caisses de « prêts sur dépôts de denrées ont été créées aux Antilles. « Celle de la Guadeloupe a surtout reçu un développe« ment assez considérable, et a rendu de véritables ser« vices au commerce local. Or, pendant que les plus fortes « coupures du papier émis par la caisse, quoique peu

(1) Décret du 21 mars 1848, sur les *magasins généraux*.

« nombreuses, se maintenaient avec peine dans la circu-« lation, les plus faibles, qui étaient beaucoup plus mul-« tipliées, ont toujours été recherchées avec tant de fa-« veur, qu'elles ont été parfois l'objet d'une prime[1]. Ce « papier, parfaitement accueilli par la population noire, « est tout à fait entré dans ses habitudes, et il n'y a pas « d'éducation à faire sur ce point. »

M. Coignet, dans l'ouvrage déjà cité, a formulé en vingt-cinq articles l'organisation de l'agence communale formée d'un entrepôt, d'un bazar et d'un comptoir qui peut se relier comme succursale à la banque nationale. Le mouvement des agences communales entrerait comme un document statistique des plus précieux dans le *Moniteur* agricole, industriel et commercial dont nous avons réclamé l'établissement.

N'oublions pas que les *agences communales* ne doivent avoir aucun monopole, mais fonctionner en face de l'ancien régime commercial à titre de concurrence libre.

BOULANGERIES SOCIÉTAIRES.

Les industries qui se rattachent aux subsistances exercent, par leur bonne ou mauvaise organisation, une influence trop directe sur le sort des pauvres, c'est-à-dire de l'immense majorité des Français, pour que la régénération de ces industries, celle de la boulangerie surtout, n'attire pas l'attention spéciale des hommes d'État et des publicistes.

L'organisation actuelle de la boulangerie, à Paris spécialement, repose sur deux atteintes à la liberté : la taxe du pain combinée avec la limitation du nombre des boulangers.

Nous voulons que la panification trouve ses conditions de vie dans la libre association des consommateurs, unis pour organiser l'approvisionnement de la commune et la fabrication du pain au plus bas prix.

Les moyens de réaliser cette idée ont été exposés avec une grande précision dans une brochure intitulée : *Des*

(1) Les coupures de la Guadeloupe sont de 1000, 500, 100, 50, 10, 5 fr.

boulangeries sociétaires[1]. C'est le compte rendu des opérations d'une boulangerie par association qui a réellement fonctionné dans une ville de 8,975 âmes, en y comprenant la population flottante.

Voici un point de vue que nous empruntons à ce manuel :

« Dans les années calamiteuses, où tant de localités, « inspirées par un louable sentiment de charité et quel- « quefois aussi par la crainte du désordre, s'imposent de « grands sacrifices pour maintenir à un taux inférieur à « la taxe le prix du pain destiné aux classes laborieuses, « la *boulangerie sociétaire* allégerait heureusement ces « sacrifices. Nous ferons remarquer à cette occasion qu'en « se multipliant, les boulangeries sociétaires pourraient « facilement former par arrondissement ou par fractions « d'arrondissement des associations d'un degré supérieur. « Ces associations auraient pour objet la création et l'en- « tretien d'approvisionnements de grains ou farines qui, « faits en commun, et partant sur une grande échelle, « leur assureraient nécessairement d'importantes écono- « mies, incompatibles avec les opérations morcelées des « boulangeries isolées. »

La boulangerie sociétaire est, en effet, la véritable base du *grenier de réserve* effectuant ses approvisionnements à propos, sans saccades, sans spéculations iniques et avec l'exacte connaissance des besoins locaux.

Le peuple se plaint depuis longtemps de la cherté du pain, de la cherté de la viande, de la cherté des boissons et surtout des falsifications homicides qui les dénaturent.

Un seul et même principe peut régénérer toutes ces industries.

Nulle fixation du nombre des boulangers, bouchers ni marchands de vins ;

Nulle fixation officielle du prix de leurs denrées; liberté complète.

Mais pour que cette liberté ne dégénère pas en anarchie, pour lui donner le ton, pour obtenir indirectement mais sûrement le bon marché, la bonne qualité de la den-

(1) A la librairie du quai Voltaire, 29.

rée, que chaque municipalité protége une association qui prendrait le titre de boulangerie communale, boucherie communale ou commerce de vins communal. Que cette association n'ait droit à la protection municipale, et par exemple au local fourni par la mairie, qu'à la condition de s'approvisionner directement aux lieux de production sans enrichir les intermédiaires parasites, de vendre à bon marché, de soumettre à une inspection régulière la qualité de la denrée. Déjà de pareilles institutions se sont produites sur quelques points de notre sol. Sous la tutelle des municipalités, beaucoup d'autres innovations peuvent éclore.

Le conseil général de Saône-et-Loire, en 1849, a demandé qu'il fût créé une infirmerie dans chaque commune; la tendance à créer dans la commune un échantillon réduit de toutes les institutions qui se trouvent en plus grande échelle dans les villes commence à se manifester sous toutes formes. On demande des crèches, des salles d'asile, des bibliothèques publiques pour toutes les communes. Quant à ce dernier point, l'initiative de quelques habitants éclairés faisant à la commune des offrandes de livres suffirait pour donner un exemple imité sur tous les points du sol où se font déjà sentir des besoins intellectuels.

Une loi récente promet des subventions aux communes qui voudraient créer des bains et lavoirs publics en s'engageant à payer une partie de la dépense.

Cédant aux vœux de plusieurs conseils généraux, le législateur a interdit l'usage des logements insalubres. Les amis de la classe ouvrière applaudiront au sentiment qui inspira cette loi, tout en la trouvant mesquine, incapable d'atteindre son but à moins d'une surveillance vexatoire. On pouvait remplir cet objet par une voie plus large et plus sûre en créant des habitations modèles, des *cités ouvrières* que les propriétaires se seraient vus obligés d'imiter dans la mesure de leurs ressources, pour retenir chez eux la population laborieuse.

Enfin plusieurs départements ont formé des vœux pour la mise en valeur des biens communaux, qui pourraient devenir des échantillons de culture sociétaire.

Voilà donc une foule d'institutions progressives dont la commune peut offrir l'échantillon, dont la commune est engagée par tous les partis politiques à prendre l'initiative :

Statistique de la population habitant la commune;

Immatriculation des actes judiciaires, authentiques, officiels, qui ont modifié la condition de tous les natifs de la commune,

Bureau de placement municipal,

Statistique de la propriété foncière qui s'établira d'abord par cantons, mais qui deviendra plus exacte et plus utile quand elle se distribuera par communes;

Agence communale, réunissant un entrepôt pour emmagasiner les denrées, un bazar de vente et un comptoir de banque se reliant à la banque nationale;

Boulangerie, boucherie, commerce de vins communaux;

Grenier de réserve,

Crèche,

Salle d'asile,

École professionnelle,

Cité ouvrière ou modèle d'habitation pour les travailleurs,

Chauffoirs ou plutôt ateliers chauffés, bains et lavoirs publics,

Mise en culture des biens communaux par association.

Comprendra-t-on maintenant qu'au lieu de créer chacune de ces institutions séparément avec beaucoup de temps perdu, de faux frais. de tâtonnements, en se préparant pour l'avenir la tâche de les relier d'après un plan unitaire, il vaudrait beaucoup mieux les combiner immédiatement d'après ce plan général que le génie a déjà conçu?

Comprendra-t-on qu'au lieu d'installer un lavoir modèle, puis une crèche modèle, un grenier modèle, il serait plus expéditif et plus fructueux de créer un type de *commune modèle* réunissant toutes ces améliorations dans un harmonieux ensemble?

Que le lecteur veuille bien nous permettre ici d'être phalanstérien, disciple de Fourier, pendant quelques pages. Il sera parfaitement le maître de retrancher ces pages des parties de notre programme qu'il lui conviendra d'accepter.

Fourier, père du comptoir communal et de la commune sociétaire, est-il à nos yeux un révélateur surnaturel, toute science est-elle pour nous comprise dans les œuvres de Fourier? Tous les travaux de l'esprit humain antérieurs ou postérieurs à ses découvertes doivent-ils être considérés comme non avenus, livrés à ces flammes auxquelles un calife condamnait tout livre qui n'était pas le Coran? Toutes les vérités utiles à l'espèce humaine sont-elles dans Fourier? N'y-a-t-il dans Fourier que des vérités? Nos adversaires savent très bien que nous n'avons jamais fait cette profession de foi fanatique. Fourier, pour nous, est le plus grand, le plus fécond et, malgré le caractère utopique qu'on lui attribue, le plus pratique des socialistes. Son œuvre est la synthèse de la science sociale, mais dans les traditions de l'humanité elle eut des antécédents, une préparation; elle peut et doit recevoir des compléments dans l'avenir.

Fourier n'est pas un Dieu ni un Messie, mais il a posé, par la science, les bases de l'économie sociale. Ses conceptions seront nécessairement le pivot de l'évolution sociale que notre époque a mission d'accomplir.

Cet éloge ne signifie pas que toutes les idées de Fourier soient susceptibles d'une application immédiate, que toutes soient mathématiquement démontrées, quand beaucoup d'entre elles sont présentées comme hypothétiques par leur auteur même.

L'école de Fourier s'est constituée depuis longues années pour faire un triage indispensable, pour produire, devant le monde, les parties de la théorie phalanstérienne qui sont démontrées, incontestables et capables d'être appliquées sans léser les droits, les intérêts, les principes, les croyances de qui que ce soit. Nos adversaires systématiques se condamnent eux-mêmes, ils mettent au jour une mauvaise foi née de leur impuissance, en refusant de tenir compte de notre labeur consciencieux, en nous opposant constamment les parties hypothétiques ou excentriques de la théorie de Fourier, parties dont nous ne faisons pas un objet d'enseignement, se dispensant ainsi d'examiner sérieusement les fécondes vérités extraites par nous de la théorie phalanstérienne et capables de régénérer, dès à présent, l'organisation industrielle.

Ces vérités salutaires n'en resteront pas moins salutaires et vraies, alors même que Fourier n'aurait émis que des divagations folles ou scandaleuses sur des sujets aussi peu pratiques, aussi éloignés de la société actuelle et de ses intérêts pressants, que la vie des astres, que des peintures de mœurs dont Fourier plaçait la réalisation dans les générations à venir ou dans la planète d'Herschell.

Laissant donc une critique déloyale s'évertuer sur des sujets étrangers à notre mission, nous répétons à tous les hommes sérieux et de bonne foi que l'école phalanstérienne est constituée uniquement pour faire l'expérience du travail organisé par association dans la commune.

Voici les affirmations auxquelles tous les phalanstériens sont ralliés et qu'il faudrait détruire ou tout au moins entamer, avant d'entonner le chant de mort de l'école phalanstérienne :

La France. l'Europe, le monde entier ont besoin de se régénérer. La misère des classes laborieuses, la banqueroute qui bouleverse à chaque instant le commerce et qui est suspendue sur le budget des Etats ; la servitude du pauvre, maintenu fatalement dans l'ignorance, poussé à la mendicité, au vagabondage, à la prostitution ; les famines, les guerres, les explosions insurrectionnelles, qui, loin de se calmer ou de devenir plus rares, suivent dans le monde moderne une effrayante progression, tous ces symptômes n'indiquent pas une situation tolérable, digne de l'humanité, digne de Dieu. A ceux qui croient à la prolongation indéfinie de l'état où se trouve aujourd'hui l'Europe, nous n'avons plus rien à dire.

A ceux qui croient à l'efficacité de la compression, de la persécution, des cachots, des baïonnettes et des bombes, pour maintenir une apparence d'ordre et d'immobilité dans ce monde de misère et d'esclavage, nous n'avons rien à dire non plus.

Le monde se transformera.

Mais sur quelle base ?

Toute révolution qui s'accomplit sans sortir de la sphère gouvernementale ou de la sphère religieuse peut conquérir des principes utiles, préparer des progrès réels, lancer des germes que l'avenir fécondera ; mais une pareille révolution reste sans effet immédiat et direct sur le sort des masses laborieuses.

Le pays est composé de communes. C'est dans la commune que l'agriculture s'exerce, que l'industrie ouvre son atelier, le commerce sa boutique ; c'est là que le culte et l'enseignement sont en contact immédiat avec les populations ; c'est là que l'impôt est perçu ; c'est là que nous trouvons des professions variées, des catégories industrielles, des familles, des gradations de sexe, d'âge, de fortune. La commune contient, sur une échelle réduite, tous les éléments de la France entière.

Les changements religieux ou politiques, en apparence les plus radicaux, restent sans effet puissant sur la manière d'être de cette France en miniature.

Prenez une commune pour type, pour modèle de toutes les autres ; qu'elle soit organisée directement d'après un plan régulier, logique. Cette épreuve, plus facile, plus courte, moins coûteuse que la transformation du pays par voie politique et administrative, transformation qui durerait des siècles, vous donnera des résultats infiniment plus décisifs.

Quel est le vice fondamental de la commune actuelle ? C'est *l'incohérence* qui se révèle dans le morcellement indéfini des cultures, dans l'antagonisme et la déperdition de toutes les forces, la multiplication stérile des instruments aratoires, la concurrence anarchique des boutiques et des ateliers, l'absence de solidarité dans le travail, de publicité dans le commerce, d'économie unitaire dans les approvisionnements et les travaux domestiques. Chacun pour soi ; nulle combinaison, nulle convergence dans les efforts ; à chacun son champ, sa charrue, sa maison, ses bœufs, son négoce, ennemi de l'industrie voisine. Cet état de lutte et de chaos qui se reproduit dans la haute industrie, le haut commerce, la banque, les corps politiques eux-mêmes, est partout une cause évidente, insurmontable d'impuissance et de misère.

Organisez une commune modèle, en prenant pour base le principe d'association.

Chacun rend hommage à ce principe, mais des associations ouvrières, industrielles, dont se trouve exclue l'agriculture, travail principal de l'humanité, ne peuvent renfermer en germe la transformation du monde. Ces associations ne contiennent pas dans leur sein, comme la commune, tous les éléments sociaux. Il n'est pas d'atelier sociétaire, de banque d'échange, d'idée socialiste, si bien conçue qu'elle soit d'ailleurs, qui puisse dispenser l'humanité de régénérer la commune rurale, œuvre sans laquelle toutes les autres sont évidemment incomplètes, superficielles, provisoires.

Nous n'avons pas l'espoir de réaliser la commune sociétaire, en prêchant les avantages de l'association aux habitants du village actuel et en les convertissant par des paroles. Nous ne pouvons attendre qu'un succès fort lent des mesures générales et successives qui seraient prises par l'administration pour rapprocher toutes les communes de notre type. Notre ambition serait de déterminer la transformation en construisant une commune modèle de toutes pièces. La vue seule de ce type détruirait bien des objections. Si par le fait l'association communale apparaissait compatible avec la liberté, la propriété, la famille, augmentait le bien-être de tous les habitants, créait la richesse des pauvres sans amener la pauvreté des riches, introduisait dans le travail de l'homme cet attrait qui passionne le travail libre de tous les êtres vivants, l'impulsion serait donnée, le tableau de la commune organisée serait le plus décisif des enseignements, et chacune des communes du globe rivaliserait d'ardeur avec ses voisines, pour approcher du modèle dans la proportion de ses ressources.

La commune modèle occupe un peu plus d'une lieue carrée de terrain ; elle est habitée par 3 ou 400 familles associées, c'est-à-dire par 15 ou 1800 personnes de tout âge, de tout sexe, de toute condition. Cette réunion d'associés s'appelle *phalange ;* ceux de nos lecteurs qui n'aimeraient pas les mots nouveaux ont assurément le droit de chercher une expression meilleure. Nous espérons, en tout cas, que jamais la répugnance plus ou moins fondée pour une expression ne leur fera condamner une idée juste. Phalange, pour nous, signifie population associée d'une commune. Cette phalange habite un *phalanstère*, édifice collectif, où les habitations, aujourd'hui éparpillées, se trouvent réunies avec une immense économie de construction, d'entretien, d'éclairage, de chauffage. Le phalanstère a son grenier, sa cave, sa cuisine, sa bibliothèque, ses salles de bal et de concert, ses grands ateliers, ses usines, ses étables, ses remises pour les machines agricoles. Tout y est préparé pour que la vie collective y soit puissante et qu'en même temps la liberté personnelle y demeure entière. On y trouve, il est vrai, des locaux destinés à des services publics, à des réunions de travail, mais chacun y possède aussi son logement individuel. Il peut, à son choix et par intervalle, prendre part à la vie de la masse, se retirer dans le cercle de la famille ou, si tel était son goût, dans l'isolement absolu qui aura peu de partisans. La fondation de la commune sociétaire n'entraîne à aucun degré la spoliation pour qui que ce soit. Il est tenu compte à chaque sociétaire de son apport en capital, en travail et en talent. Le capital apporté est représenté par des actions, comme dans toutes les sociétés en commandite ; le travail est rémunéré suivant le nombre des heures fournies ; le talent est encouragé par l'espoir de parvenir à des grades conférés par l'élection, dans chaque catégorie professionnelle.

Association *du capital*, DU TRAVAIL *et du talent*, telle est la formule de répartition. Le travail intelligent, expérimenté, dirige l'activité sociale ; le capital devient un instrument passif dont la société paie l'usage, suivant le besoin qu'elle éprouve de ses services. Tous les travailleurs se groupent d'après leur vocation, leur industrie. La réunion de tous les chefs industriels promus par l'élection constitue le gouvernement de la commune, et cette concentration de lumières se reproduit à tous les degrés de la classification territoriale, au chef-lieu du département, de la province, de l'État, jusqu'à la réalisation absolue de l'unité sur le globe et de l'association universelle.

L'organisation phalanstérienne résout toutes les questions qui divisent aujourd'hui les hommes : augmentation de la richesse publique, éducation gratuite et proportionnelle aux vocations, minimum assuré à tous, liberté industrielle de la femme, retraite aux vieillards, assistance fraternelle aux faibles, abolition de la guerre, travail attrayant. Sans entrer dans tous les développements de cette théorie et en renvoyant nos lecteurs aux ouvrages spéciaux où elle se trouve exposée, nous déclarons que notre foi dans la théorie phalanstérienne est pleine et entière, que nulle critique n'a pu l'affaiblir en nous, que les révolutions politiques, au lieu de l'ébranler, la confirment, et que nul parti politique ou social n'est venu apporter au monde un système, une recette, une panacée qui puissent le dispenser d'organiser la commune, conformément aux principes fondamentaux de la théorie phalanstérienne.

L'avenir du monde est là.

Pour réaliser la commune sociétaire, le phalanstère d'essai, en diminuant les chances de tâtonnement et d'erreur, Fourier voulait qu'on introduisît la phalange en plusieurs essaims successifs dans la nouvelle colonie. *Le Nouveau Monde industriel*, ouvrage publié en 1828, énumère les règles de prudence qu'il prescrivait pour cette œuvre capitale. Les disciples de Fourier, suivant une voie que lui-même, avant de mourir, avait ouverte, ont augmenté le nombre des degrés préparatoires et simplifié les débuts de l'essai, en déclarant qu'ils entendaient introduire d'abord dans le phalanstère une population, en grande majorité enfantine, deux cents enfants de chaque sexe, cent grandes personnes, en tout cinq cents habitants. Nous n'insisterons pas sur les avantages nombreux d'un pareil début, sur les compléments de population qui seraient apportés rapidement à la phalange, à mesure que les premières difficultés seraient surmontées. Pour commencer l'épreuve trois conditions sont nécessaires :

Plan de réalisation complétement étudié ;

Bienveillance, ou tout au moins tolérance très sincère de la part du gouvernement ;

Capitaux suffisants pour que l'essai ne puisse pas être arrêté faute de ressources et pour que les erreurs inséparables d'une première expérience soient réparées.

Ces conditions ne sont pas encore réunies. Nous possédons des plans, aussi complétement étudiés qu'ils peuveut l'être avant le choix définitif du terrain sur lequel nous devrons agir, mais peut-on compter de la part du gouvernement sur une tolérance telle que nulle entrave à l'exécution de nos projets ne soit à redouter de sa part? Voilà ce que nous ne croyons pas aujourd'hui. La coalition des partis, qui ne se donnent une apparence de vie qu'en affichant pour toutes les nuances du socialisme une haine aveugle, une intolérance bruyante, doit être remplacée par une autre influence avant que nous trouvions en France la liberté nécessaire pour une réalisation de nos idées.

Reste une troisième condition, celle du capital. Si ardent que soit le désir de l'école phalanstérienne d'arriver enfin sur le terrain de la pratique, elle ne doit pas se mettre à l'œuvre sans posséder les éléments matériels du succès. Il ne s'agit pas de démontrer, par l'épreuve du phalanstère, que l'association produit des économies considérables, qu'un vaste grenier bien tenu est préférable à trois cents greniers de villageois livrés à l'humidité et aux charançons, qu'un vaste cellier est préférable à trois cents mauvaises caves, qu'un immense atelier culinaire réalise des économies de combustible impossibles à trois ou quatre cents petits ménages, que des approvisionnements faits en bloc aux centres de production seraient beaucoup moins dispendieux que ces milliers d'achats individuels faits au commerce de détail et sur lesquels une myriade d'intermédiaires prélève sa dîme; que l'association communale seule peut utiliser complétement les machines agricoles, industrielles, domestiques, et centupler ainsi les forces de l'humanité. Ces vérités mathématiques ne peuvent pas être mises en discussion, et déjà le couvent, le collége, la caserne, l'hôpital, qui substituent à beaucoup d'égards le régime collectif au morcellement, ont confirmé pratiquement les indications du calcul.

L'essai du phalanstère aura surtout pour objet de mettre en relief les puissances morales de l'association libre, attrayante, dont le spécimen serait inutilement cherché dans la prison, le couvent, la caserne et le collége. Il s'agit de montrer l'humanité rentrant dans les conditions générales de la Création, qui unit le plaisir au travail, le charme à l'industrie pour tous les êtres accomplissant leur destinée providentielle. Attrayant pour l'abeille, la fourmi, le castor, le travail doit produire pour l'homme, créature privilégiée et d'un échelon bien supérieur, des plaisirs transcendants qui naîtront de l'organisation des fonctions d'après la loi naturelle de LA SÉRIE: loi dont nos lecteurs pourront étudier la théorie dans un grand nombre d'ouvrages spéciaux et dont ils trouveront la manifestation pratique dans le groupement des astres, la classification naturelle des animaux, des végétaux, les différentes phases croissantes et décroissantes de la vie chez l'individu, dans la nation, dans l'humanité.

Pour que l'industrie devienne attrayante, poétique, une des conditions à remplir est l'emploi du luxe, qui doit être versé, non pas comme aujourd'hui, sur des plaisirs stériles et réservés aux classes privilégiées, mais sur les ateliers, les instruments de travail, sur tout l'appareil de l'industrie. Le luxe employé comme stimulant et comme semaille industrielle est un fait nouveau qui doit se produire en face du monde avec hardiesse et grandeur. Il faut que l'expérience du phalanstère puisse entraîner par l'éclat et la splendeur.

Pour réunir les capitaux nécessaires, Fourier n'a cessé de faire des appels *aux candidats*, c'est-à-dire aux hommes capables par leur fortune, leur position ou leur influence, soit de fournir des ressources matérielles suffisantes, soit de donner par leur exemple une impulsion décisive aux souscripteurs.

Les disciples de Fourier ont suivi sa race. Quelles que soient les vicissitudes de la politique, notre tâche principale est de propager l'idée de l'association organisée dans la commune, de multiplier le nombre des hommes dévoués à cette idée, afin qu'un appel de réalisation puisse être entendu.

Nous venons d'esquisser l'idée qui renferme à nos yeux le salut du monde. Si les démocrates eux-mêmes la repoussaient encore, d'après la vieille et curieuse objection *que c'est trop beau*, nous n'en resterons pas moins unis à eux pour solliciter l'accomplissement de toutes les mesures transitoires à l'égard desquelles la démocratie est d'accord. Nous les prévenons, toutefois, que ces mesures transitoires les conduiront providentiellement, inévitablement à la commune sociétaire dont elles sont les différentes avenues, et que le programme général des démocrates socialistes n'est que la théorie phalanstérienne étendue d'eau.

Nous prions nos lecteurs de vouloir bien s'en convaincre eux-mêmes en étudiant Fourier dans ses propres œuvres, après avoir lu préalablement quelque ouvrage élémentaire émané de son école, comme on prend un fil avant de s'engager dans un labyrinthe [1].

ORGANISATION DÉPARTEMENTALE.

Les circonscriptions administratives sont aujourd'hui, en commençant par l'échelon inférieur : la commune, le canton, l'arrondissement, le département, et enfin la France.

Plusieurs de ces degrés nous offrent en germe la distinction des pouvoirs législatif et exécutif, ou tout au moins du corps délibérant et du fonctionnaire chargé de l'action.

La commune possède un conseil municipal et un maire;

L'arrondissement un conseil d'arrondisement et un sous-préfet;

Le département un conseil général du département et un préfet secondé par son conseil de préfecture composé de fonctionnaires, et n'offrant pas, comme le conseil général, le caractère d'une représentation élective.

Le gouvernement songe actuellement à compléter cette hiérarchie en créant les conseils cantonaux, représentation temporaire, mais périodique, des communes d'un même canton. Nous applaudissons à cette idée accueillie favorablement par la plupart des conseils généraux auxquels elle a été soumise; ajoutons qu'un autre intervalle reste à combler : trop de distance sépare la circonscription départementale de la circonscription nationale. Il est des villes, telles que Lyon, Bordeaux, Lille, Strasbourg, représentant un ensemble d'intérêts plus considérable que les intérêts d'un département ordinaire, et classées par la force

(1) Ouvrages élémentaires : *Solidarité*, par Hippolyte Renaud ; *Destinée sociale*, par Victor Considerant ; *Notions de science sociale*, par Henri Gorse ; *Exposition faite à Besançon*, par Victor Hennequin, etc., etc.
Ouvrages de Fourier : *Théorie de l'Unité universelle* ; *Nouveau monde industriel* ; *Théorie des quatre mouvements*.

des choses plus haut que d'autres chefs-lieux de département, tels qu'Epinal ou Lons-le-Saulnier.

Les traditions et les priviléges des anciennes provinces sont maintenant assez effacés pour qu'on puisse bientôt songer à créer, entre le département ordinaire et la capitale, des divisions régionales correspondant, par exemple, aux bassins des fleuves français.

Cette organisation, bien qu'elle puisse développer activement sur tous les points du sol les sciences, les arts, le luxe matériel et intellectuel trop complétement absorbés par Paris, aurait de nombreux inconvénients si elle devait former de nouveaux degrés de juridiction administrative et soumettre les mêmes affaires à une filière plus longue. Elle doit se concilier avec l'introduction graduelle de ce principe nouveau dans le monde administratif : indépendance absolue de la commune, du canton, de l'arrondissement, du département, de la région pour toutes les questions d'un intérêt purement communal, cantonal, d'arrondissement, départemental ou régional.

Il importe que des décisions d'un intérêt restreint n'aient pas à subir de nombreux contrôles de la part des autorités supérieures, et que l'unité, l'accord de la nation pour les intérêts nationaux, soient conciliés avec la liberté de chaque localité dans tout ce qui ne dépasse point sa sphère.

Une publicité, trop étrangère encore à nos mœurs, doit environner les délibérations des conseils qui éclairent l'administration à ses différents degrés. Cette publicité trouve des résistances dans les personnes, et même de graves obstacles dans les faits; mais nous voyons avec plaisir que déjà la nécessité en est reconnue par les conseils généraux et par l'Assemblée nationale, du moins en ce qui touche les conseils de préfecture statuant en matière contentieuse comme tribunal administratif. Toute justice doit être publique en France.

CONSEILS GÉNÉRAUX.

Les conseils généraux sont une institution précieuse et qui rendra de grands services quand le suffrage universel, éclairé par l'expérience, l'aura composée d'éléments plus démocratiques [1].

Dès aujourd'hui, les vœux annuels émis par ces assemblées forment une collection qui devrait être méditée plus soigneusement par le législateur. Les conseils manifestent fréquemment une grande intelligence des besoins locaux, tout en se plaignant d'être consultés à l'improviste sur des sujets graves que la méditation eût élucidés.

La puissance réelle des conseils généraux ne saurait être employée avec succès pour *décentraliser* la France, en prenant ce mot dans l'acception royaliste, c'est-à-dire pour soustraire les départements à ce rayonnement démocratique dont Paris est le foyer. Il a été proposé à l'Assemblée législative, en 1851, de conférer une dictature temporaire aux conseils généraux toutes les fois qu'une révolution paralyserait à Paris l'action du pouvoir central.

Cette mesure est jugée par un souvenir. Le 11 mars 1815, Louis XVIII, menacé par la marche de Napoléon sur Paris, déclara les conseils généraux en permanence, et leur confia des pouvoirs extraordinaires pour le salut de la monarchie.

Neuf jours après, la monarchie se sauvait prestement des Tuileries, et les conseillers généraux se voyaient dispersés par un décret dédaigneux de l'*usurpation* triomphante.

C'est que le conseil général a mission pour représenter avec plus d'indépendance qu'il ne l'a fait jusqu'à ce jour des intérêts locaux, ceux du département; mais il est impossible de lui reconnaître compétence, mandat, qualité pour délibérer, encore moins pour agir en ce qui touche les intérêts politiques et généraux du pays. Nous voulons que l'opinion règne en France, que le suffrage universel soit constamment obéi; mais quand il s'agit des intérêts communs de la nation, la délégation, la représentation d'un département, la population même de ce département tout entière ne sont pas l'opinion, mais un élément de l'opinion française; elles ne sont pas le suffrage universel, mais un chiffre de voix qui influera pour sa part sur la résultante

(1) Voyez loi du 10 mai 1838, sur les attributions des conseils généraux et des conseils d'arrondissement.

des suffrages départementaux. Le département est tout puissant quant aux intérêts du département ; la France seule est maîtresse des destinées de la France.

Si la commune est le lien naturel d'un grand nombre d'établissements d'utilité publique, chaque département éprouve le besoin de fonder quelques institutions unitaires d'un échelon plus élevé.

Nous entendons réclamer sur plusieurs points de la France des colonies agricoles destinées aux enfants trouvés dans la proportion d'une par département.

Les dépôts de mendicité doivent être, autant que possible, placés à la campagne et devenir des établissements de travail agricole. Pour entrer pratiquement dans cette voie, il serait utile d'étudier impartialement les résultats obtenus par l'établissement d'Ostwald, qui eut pour germe le dépôt de mendicité de Strasbourg.

ORGANISATION GÉNÉRALE DES SERVICES PUBLICS.

Veut on soustraire l'admission, l'avancement dans les services publics au favoritisme, au népotisme, à la corruption, aux intrigues de parti? Concevons d'abord l'idéal de la justice absolue : nous chercherons ensuite comment on peut s'en rapprocher dans les conditions actuelles.

En fait de promotion à des fonctions, à des grades, les règles de la justice absolue se réduisent à deux :

Élection par tous les intéressés.

Élection après des preuves de capacité faites par le candidat.

Ces règles seront appliquées dans toutes les branches de service quand l'association, prenant la Commune pour point de départ, aura transformé le monde entier. Alors chaque catégorie de travailleurs élira ses chefs; elle pourra les élire avec pleine compétence et parfaite lumière après les avoir jugés au travail. Toutes les catégories se réuniront pour élire les fonctionnaires dont la mission présente un caractère général.

Aujourd'hui le principe de l'élection des chefs et des fonctionnaires par les masses tend à se développer dans les esprits et dans les faits, mais il est contraire à la pratique de la vieille société, qui ne plaçait pas le pouvoir dans le peuple, mais dans une autorité centrale artificiellement formée. Sauf rares exceptions, cette autorité choisissait les fonctionnaires, et nous devons prévoir une époque de transition pendant laquelle le principe électif et la désignation par l'autorité centrale se partageront les promotions dans les services publics.

Il est des fonctions d'un intérêt politique pour lesquelles l'application immédiate du principe électif est de nécessité absolue. Ce sont, indépendamment des assemblées nationales, la magistrature et l'armée. Nous en dirions autant du clergé, si l'État devait se mêler de ses affaires.

L'élection, tous les partis l'admettent, est nécessairement la source de la hiérarchie municipale. Nous croyons urgent de reconnaître à la volonté de l'arrondissement et du département une influence dans le choix des fonctionnaires qui président à l'administration arrondissementale et départementale, aujourd'hui sous-préfets et préfets.

La première Assemblée constituante avait compris que la source légitime du pouvoir est l'élection, que l'élection seule établit entre les administrateurs et les administrés une harmonie complète, que seule elle tranche le despotisme à sa base ; la première Constituante rendit électives les fonctions de juge ;

Les fonctions de curé et d'évêque.

Il y a plus, elle donna l'élection pour principe à l'administration départementale. La législation fondée par elle n'admettait point de préfets et de sous-préfets nommés par le pouvoir exécutif ; les électeurs de la commune élisaient le corps municipal ; les électeurs du *district*, qui est aujourd'hui l'arrondissement, élisaient l'administration du district ; les électeurs du département constituaient de la même manière le corps administratif chargé de veiller aux intérêts du département tout entier.

Le même système fut appliqué aux finances. L'année 1790 fit disparaître les anciens receveurs généraux et particuliers. Il fut créé en leur place des *receveurs de district* nommés par les électeurs du district.

Ces mesures avaient l'excellent effet de constituer partout la vie politique aux dépens de cet être monstrueux qui, sous le titre de gouvernement central, pousse ses ramifications dans tout le pays, fait soutenir à tout prix par ses agents ses intérêts souvent opposés à ceux des masses, et vit encore en parasite au sein de presque toutes les nations.

Les principes posés par l'Assemblée constituante lui survivront. Ses institutions furent emportées par les convulsions, les crises où nous précipitèrent l'émigration, l'invasion, la Vendée, le fédéralisme ; mais la vérité, la liberté, la justice auront le dernier mot dans ce monde.

Si nous ne pouvons immédiatement enlever au pouvoir exécutif, pour les restituer à l'élection, la collation de tous les grades, il faut du moins organiser, à l'entrée de toutes les carrières publiques, des épreuves de capacité que les candidats aient à subir.

Le premier principe en fait d'organisation des services publics, c'est que tous les citoyens doivent y être admissibles, non-seulement sans distinction de naissance et de rang, mais encore sans distinction de fortune. Ce principe ne triomphera que du jour où les écoles spéciales seront gratuites et où des preuves de capacité suffiront pour en ouvrir les portes, que du jour où ces écoles, au lieu de permettre à certains privilégiés de passer dans les services publics par-dessus les grades inférieurs, seront considérées comme un moyen de perfectionnement à l'usage des enfants du peuple entrés dans un service par l'échelon inférieur et qui se seront montrés dignes d'arriver à des grades plus élevés.

L'École polytechnique, destinée en France à préparer des fonctionnaires pour les mines, les ponts et chaussées, le génie militaire, l'artillerie, a déjà produit quelques-uns des bons résultats que nous attendons des épreuves et garanties de capacité organisées à l'entrée de toutes les carrières. Elle a soustrait certaines catégories de promotions à l'arbitraire du pouvoir, et les places auxquelles nul ne peut atteindre sans passer par les examens et les cours de cette école ont cessé d'être une monnaie politique.

L'École polytechnique cependant n'est pas encore une institution démocratique.

Pour s'en convaincre, il suffit de calculer ce que l'admission et l'entretien d'un élève dans cette école coûtent aux familles ; il suffit d'observer que l'enfant du peuple, s'il n'a pu, dans un délai déterminé, satisfaire à ces conditions onéreuses, végétera dans l'administration des mines ou dans celle des ponts et chaussées, avec l'humble titre de conducteur, piqueur, garde-mine, séparé de la haute position d'ingénieur par une barrière trop difficile à franchir encore, malgré les récents progrès de la législation qui régit cette matière.

Plusieurs conseils généraux de département ont demandé que les employés des préfectures et sous-préfectures ne fussent admis qu'après des preuves de capacité; qu'une hiérarchie régulière s'établît entre eux; qu'il y eût pour cette classe d'employés des règles d'avancement, des fonds de retraite.

Nous applaudissons à tous ces vœux et nous les appliquons à tous les fonctionnaires dont la situation n'est pas encore réglée[1].

Conditions légales et égales pour tous d'admission et d'avancement dans les services publics;

Gratuité des écoles spéciales,

Indépendance politique du fonctionnaire en dehors de sa fonction;

Impossibilité de le destituer sans lui avoir fait connaître les plaintes portées contre lui, sans l'avoir admis à se défendre devant un jury composé de fonctionnaires du même ordre;

Retraites organisées sur un plan uniforme dans tous les services publics;

Telles sont les garanties que nous réclamons pour les fonctionnaires.

Une école d'administration destinée au recrutement des diverses branches administratives dépourvues jusqu'à présent d'écoles préparatoires avait été fondée par le gouvernement provisoire le 8 mars 1848; la réaction du 10 décembre, personnifiée en M. de Falloux, détruisit cette institution progressive, malgré les espérances données à de nombreux jeunes gens et les examens qu'ils avaient subis.

Nous avons parlé de faire entrer le principe électif dans

(1) Voyez ordonnance du 12 janvier 1825, portant règlement général sur les pensions de retraite des fonctionnaires et employés du département des finances. — Ordonnance du 20 juin 1827 sur les retraites de l'administration des haras et des écoles vétérinaires.

le choix des préfets et des sous-préfets ; nous n'examinerons pas la question de savoir quelle part sera faite immédiatement à ce principe. Ces fonctionnaires seront-ils nommés directement, ou les électeurs ne présenteront-ils au pouvoir central qu'une liste de candidats? L'élection sera-t-elle faite par la population tout entière, ou seulement par les conseils d'arrondissement, de département issus du suffrage universel comme l'Assemblée nationale, et comme elle confiant l'exécution de leurs ordres à un mandataire de leur choix? Ce système, tout à fait analogue à celui de 91, aurait l'avantage de prévenir les conflits d'autorité. Nous ne le discuterons pas, nous contentant de réclamer une part d'influence pour la volonté du département dans le choix de ses administrateurs. La justice le demande, la politique saine et désintéressée le réclame, surtout aux époques de révolutions et de crises.

Voulez-vous, au lendemain d'une commotion survenue dans Paris et qui aura ébranlé toute la France, constituer un gouvernement nouveau? N'imposez pas aux départements des hommes envoyés de Paris, ne soumettez pas les départements à des commissaires arbitrairement choisis; multipliez, sous le coup des révolutions, l'usage immédiat du droit de vote ; renouvelez tout, mais par l'élection. Jamais l'invitation de voter, adressée à tous les citoyens, ne sera taxée d'oppression et d'arbitraire. Les départements suivront d'autant plus volontiers les idées et les sentiments de la capitale que le personnel de la capitale ne leur sera pas expédié. Jusqu'à ce jour aucun nouveau gouvernement n'est sorti de cette routine : ateliers nationaux, centimes additionnels, gardes nationales mobiles, envoi de commissaires omnipotents. De pareils commissaires ont été envoyés dans toute la France avec de pleins pouvoirs le 22 avril 1814 par le comte d'Artois, lieutenant général du royaume, et en 1848 par M. Ledru-Rollin. Dans les deux cas, on a voulu forcer les convictions du pays. Au bout de dix mois, le comte d'Artois et sa famille quittaient la France en fugitifs et faisaient place à Napoléon Bonaparte ; au bout de dix mois, un autre Bonaparte venait supplanter la politique inaugurée par M. Ledru-Rollin, et lui ouvrir le chemin de l'exil.

Au surplus, les instructions données aux commissaires

de M. le comte d'Artois, depuis Charles X, et à ceux de M. Ledru-Rollin sont exactement les mêmes; les uns comme les autres ont sur tous les fonctionnaires publics droit de suspension et de remplacement provisoire.

La Restauration eut de nouveaux commissaires extraordinaires en 1815. Nous le rappelons pour modérer les légitimistes qui ont beaucoup trop reproché au gouvernement de février la reproduction affaiblie de leurs propres actes.

AGRICULTURE.

Cette branche de l'activité sociale est celle qui occupe le plus grand nombre de citoyens; c'est elle qui fournit les denrées indispensables à la vie; elle ne peut chômer ou languir sans que la population périsse; elle fournit la matière première à toutes les industries, qui sans elle ne sauraient exister. Là est véritablement la base de la richesse publique.

Tous les gouvernements le reconnaissent, on est prodigue de déclarations et de démonstrations en faveur du travail de la terre, mais dans le fait l'agriculture manque de capitaux et de bras. Le séjour de la ville attire les hommes, l'agiotage attire les capitaux.

Toutes les réformes que l'agriculture nécessite sont contenues dans une formule : *liberté d'association* efficacement protégée, et si l'on veut que cette association produise tous ses effets, création de types d'association agricole, dont le plus efficace, le plus complet serait la Commune sociétaire combinant l'agriculture avec l'industrie, le commerce, l'enseignement, les sciences et les arts.

Nous dira-t-on que nous proposons toujours le même plan pour réorganiser toutes les branches de l'activité nationale? Nous répondrons que le caractère de la vérité, c'est d'être une ; que le caractère de la science sociale, comme de toutes les sciences, est de ramener toutes les solutions particulières à un principe commun.

Si l'on nous reproche encore d'offrir la solution propre à une école spéciale de socialistes, nous répondrons que chacun est parfaitement libre de rester à moitié chemin de la vérité, mais que toutes les mesures transitoires qui n'arriveront pas à l'association agricole sont frappées d'illogisme et de stérilité.

Voici un exemple de réforme commandée impérieusement par la justice, de réforme que nous sommes prêts à revendiquer immédiatement comme la reconnaissance d'un droit rigoureux et qui cependant se trouve dans son exécution hérissée d'obstacles; qui, dans ses résultats, est notoirement insuffisante, si l'on se place en dehors de l'association agricole complète ; nous voulons parler de la loi qui attribuerait au fermier la propriété de la plus-value donnée au sol par son travail.

Comment l'agriculture est-elle organisée aujourd'hui ?

Partout où le sol n'est pas fractionné entre une foule de petits propriétaires cultivant eux-mêmes, morcellement qui amène des déperditions nombreuses auxquelles l'association territoriale remédierait seule, l'agriculture repose principalement sur le contrat appelé bail à ferme. Le grand propriétaire livre sa terre à un cultivateur qui se charge de l'exploiter et qui en perçoit les fruits à la charge de payer au propriétaire un revenu annuel convenu entre eux. Les baux sont ordinairement, par suite de ces conventions, de 3, 6 ou 9 ans ; le terme expiré, le propriétaire peut bailler sa terre à un fermier nouveau sous des conditions différentes.

De ce contrat naissent de graves injustices pour les individus, de graves lésions pour l'agriculture.

Le terme des baux d'abord est trop court pour que le fermier puisse faire des avances considérables et spéculer sur l'avenir. Comment risquerait-il des fonds et une grande somme de travail ? Les années de son bail peuvent être marquées par des sinistres sans aucune assurance de compensation postérieure.

Il faut aviser aux moyens de prolonger les baux ; cette question se lie à cette autre : Qui sera propriétaire de la plus-value donnée au sol par le labeur du fermier ?

Aujourd'hui le propriétaire éloigné des champs ne se contente pas de prélever sur les sueurs et les impenses du cultivateur le fermage convenu entre eux et qui représente la part du capital dans le produit obtenu, dans la récolte,

Il s'attribue encore la plus-value donnée au sol par le travail du fermier.

Si, grâce aux efforts de celui-ci, grâce aux nouveaux éléments de richesse qu'il a jetés dans le sol, le revenu brut augmente, le propriétaire ne manque pas de dire à la fin du bail : « Je ne veux pas contracter avec vous aux an-
« ciennes conditions. Tandis qu'un titre seul m'attachait
« au sol, vos sueurs ont été fécondes ; la terre que je vous
« ai baillée vaut plus qu'il y a neuf ans, la moisson s'est
« épaissie, je prétends jouir de cette nouvelle richesse.
« Réduisez-vous au nécessaire, c'est votre lot naturel ;
« quant à moi, j'augmente le prix du fermage pour l'ave-
« nir, et si vous n'acceptez pas ces conditions nouvelles,
« partez, quittez cette terre dont vous avez accru la fer-
« tilité. Je ne manquerai point de fermiers pour vous rem-
« placer. Déjà les concurrents viennent enchérir à l'envi
« sur vos brisées. »

Souscrire à des conditions onéreuses quand il a su augmenter le revenu de la terre confiée à ses soins, ou faire place à d'autres, perdre le pain de ses enfants, telle est l'alternative habituellement posée au fermier intelligent et laborieux. Aussi son intérêt direct est-il de cultiver la terre sans l'améliorer jamais, de la dégrader même vers la fin du bail, de la dépouiller de ses engrais si elle devient trop féconde. Les faits nous montrent souvent cet intérêt privé du fermier l'emportant sur celui de l'agriculture, et l'antagonisme des situations donnant aux deux parties de tristes conseils.

Nous n'avons pas besoin de faire ressortir tout ce que cette situation présente de funeste pour l'agriculture. Ajoutons qu'elle repose sur une flagrante violation du principe de la propriété.

Quelle est la source de la propriété? C'est le travail ; toute valeur nouvelle créée appartient à celui qui l'a produite. Quel autre peut légitimement la revendiquer?

Conservez au propriétaire qui ne cultive pas lui-même sa rente, son fermage, sa part convenue dans les récoltes qui pouvaient être attendues au moment du contrat ; laissez au fermier le reste des produits; attribuez-lui l'augmentation de valeur donnée au sol par son travail.

A l'ouverture du bail, faites estimer la terre; constatez-en régulièrement la valeur et le revenu naturel.

Faites encore estimer la terre à la fin du bail; que la différence en plus entre ces deux estimations appartienne au fermier; que le propriétaire soit tenu de la lui fournir, soit en argent, soit en terre, ou, ce qui simplifierait la question, de le laisser en jouissance pour un nouveau bail, aux conditions primitives, ne payant que la rente originairement convenue entre eux, et profitant par conséquent de l'augmentation survenue dans le produit brut.

Une fois cette innovation introduite dans nos lois, comme elle a été introduite dans quelques baux par des propriétaires aussi équitables qu'intelligents, le fermier, sûr de l'avenir, sûr de travailler pour lui-même et pour sa famille, se livrerait avec ardeur à l'amélioration du sol français. Il serait directement intéressé au progrès agricole, et le propriétaire, conservant sa rente, ne serait privé que d'un bénéfice acquis avec les bras d'autrui.

Voilà ce que dit évidemment l'équité. En justice, en droit, la question ne peut faire aucun doute; le travailleur est incontestablement propriétaire légitime de la plus-value donnée au sol par ses efforts. Reste une question de détail et d'application à résoudre: comment évaluer, sûrement et à peu de frais, la terre au commencement du bail et à la fin?

Nos lois ont déjà mis en pratique plusieurs modes d'évaluation de la propriété foncière; la loi du 14 novembre 1808, relative à la saisie immobilière, contient cette disposition :

« La saisie immobilière des biens d'un débiteur situés « dans plusieurs arrondissements pourra être faite simul- « tanément toutes les fois que la valeur totale desdits biens « sera inférieure au montant réuni des sommes dues tant « au saisissant qu'aux autres créanciers inscrits.

« La valeur des biens sera établie d'après les derniers « baux authentiques sur le pied du denier *vingt-cinq*.

« A défaut de baux authentiques, elle sera calculée d'a- « près le rôle des contributions foncières sur le pied du « denier *trente*. »

Voici un autre mode d'évaluation des propriétés foncières; nous le puisons dans la loi du 16 décembre 1807, relative au desséchement des marais : il s'agit de déterminer quelle plus-value est donnée par le desséchement d'un marais aux propriétés voisines.

Deux estimations sont donc nécessaires ; l'une avant le desséchement, et l'autre après. Ces estimations sont faites par trois experts que nomment les parties intéressées, c'est-à-dire le syndicat des propriétaires de terrain, les concessionnaires du travail de desséchement, et enfin l'Etat représenté par le préfet.

Dans la deuxième délibération du projet de réforme hypothécaire présenté par M. de Vatimesnil, délibération qui eut lieu à la fin de 1850, un amendement de M. Rouher, ministre de la justice, amendement adopté par l'Assemblée, décida que dans le cas où un vendeur non payé userait contre l'acheteur de l'action résolutoire, il devrait tenir compte de la plus-value donnée à la terre par les travaux et les impenses de ce possesseur temporaire. L'Assemblée a donc admis que la plus-value d'une propriété foncière pouvait être évaluée rigoureusement.

Mais, nous dit-on, vous ne pouvez obliger le propriétaire à payer des travaux que le fermier s'est plu à faire sans mandat. — Nous ne demandons point que l'on tienne compte au fermier de toute espèce de travaux, mais de ceux qui ont augmenté *le revenu* du sol.

Voulez vous, au surplus, diminuer les difficultés d'exécution? organisez, comme nous l'avons demandé au début de ce travail, un service administratif permanent de statistique et d'évaluation pour la propriété foncière.

On le voit, le principe qui attribuerait au fermier la plus-value du sol à la fin de chaque bail est incontestable. et les difficultés pratiques peuvent être surmontées. Cependant ne sentez-vous pas que toutes ces difficultés disparaîtraient, que nous n'aurions pas à les résoudre si vous aviez, à la place d'un propriétaire d'une part, et d'un fermier de l'autre, une Association faisant l'acquisition de la terre et répartissant les produits du sol entre tous ses membres proportionnellement à leur concours?

Non-seulement une pareille organisation ferait disparaître les abus dont se plaint le fermier dans ses rapports avec le propriétaire du sol, mais elle ferait disparaître aussi les injustices reprochées au fermier dans ses rapports avec les travailleurs qu'il emploie, journaliers, valets et filles de ferme, qui reçoivent de lui un salaire fixe et minime au lieu d'une part dans la récolte, proportionnelle à leur concours.

Dans l'association agricole complète, le travail de chaque membre, en améliorant la terre, augmente cette richesse sociétaire qui est le gage de tous les travailleurs et qui doit se répartir entre tous proportionnellement à leur apport, à leur labeur, à leur expérience, à leur concours, en un mot dans l'œuvre collective.

Ainsi toute spéculation illicite est anéantie ; la population rurale obtient la justice définitive, absolue, sans experts, sans enregistrement, sans juge de paix et sans cadastre.

En dehors de l'association agricole volontairement acceptée dans son intégralité, nous pouvons indiquer certaines améliorations qui sont au fond des déductions du même principe.

Pour protéger l'agriculture, ce ne serait pas trop d'un ministère spécial dont les attributions et le budget seraient largement étendus. Ce vœu est formulé déjà par les conseils généraux d'un grand nombre de départements.

Le comptoir communal et la banque nationale que nous avons sommairement décrits rendraient un service immense à l'agriculture en lui assurant ce qu'elle réclame le plus vivement, le crédit. Un vœu de plus en plus général en France sollicite des banques agricoles, multipliées autant que possible sur tous les points du pays. Ces banques sont nos comptoirs ; fondés au moyen de ressources particulières et départementales, ils peuvent être patronés par l'Etat, prendre ainsi un caractère national, mais ils doivent rester indépendants de l'action ministérielle.

Le comptoir communal donnerait au cultivateur les moyens d'obtenir des avances sur sa terre, sur ses denrées et même sur ses récoltes encore sur pied, surtout après l'organisation de l'assurance nationale que nous aurons à décrire.

Le budget que nous désirons pour l'agriculture serait consacré :

A multiplier les concours pour les bestiaux, les fruits

de la terre ; à récompenser les nouvelles productions ou importations de bétail, de céréales, de fruits, de légumes;

A développer l'enseignement agricole pratique de plusieurs degrés, ouvrant les carrières nouvelles d'ingénieur agronome et d'inspecteur de l'agriculture.

La question de l'enseignement agronomique a fait récemment de grands pas ; un progrès notable au moins dans les tendances du gouvernement est constaté par le décret du 8 octobre 1848, organisant l'enseignement professionnel de l'agriculture et le divisant en trois degrés : fermes-écoles, écoles régionales, enfin institut national agronomique, qui est l'école normale supérieure d'agriculture.

Les écoles régionales doivent approprier leur enseignement aux zones diverses du sol français.

Le ministère de l'agriculture doit encore affranchir, encourager les sociétés agricoles formées par communes, cantons, départements, régions ou bassins de la France, associations destinées à centraliser les lumières, à créer des bibliothèques agronomiques, acquérir et populariser des machines. Il faut refondre la législation, qui assure une représentation à l'industrie dans les conseils de manufactures, au commerce dans les chambres de commerce [1], et qui entrave plutôt qu'elle ne favorise la représentation de l'agriculture. Cette représentation doit être locale, tout en se reliant par degrés hiérarchiques à un centre unitaire et national.

En dehors de ce plan quelques améliorations de détail nous sont signalées par les conseils généraux ; ils ont demandé, dans plusieurs départements, que l'échardonnage fût assimilé à l'échenillage par les règlements administratifs.

Il y a des travaux qui dépassent évidemment les forces de l'agriculture morcelée : ce sont les travaux de reboisement, irrigation et régularisation des cours d'eau, desséchement des marais, culture première des landes. Il est inutile de s'appesantir sur l'importance de ces œuvres et sur l'énorme accroissement de valeur qu'elles pourraient ajouter au sol français. Nous ne demandons pas que le gou-

(1) Voyez l'arrêt du 19 juin 1848, qui réorganise les chambres consultatives des manufactures en élargissant les bases de l'élection.

vernement les entreprenne toutes, mais il est parfaitement en mesure de donner au public la statistique de ces travaux. Consultez le corps des ponts et chaussées, dont les cartons sont remplis de projets précieux ; consultez les préfets, qui feront appel aux maires, aux agronomes, aux propriétaires et fermiers éclairés de leur circonscription administrative, et vous pourrez dresser un tableau de la France idéale, de la France agricole telle qu'elle devrait être, de la même manière qu'on a tracé, et que l'on conserve dans plusieurs hôtels de ville, le plan des cités améliorées, assainies. Les grands travaux dont nous venons de parler ne doivent pas être interdits à l'activité privée, aux associations libres; bien au contraire, les associations libres, en tout et partout, sont le germe de la société future; mais l'Etat, qui constitue aujourd hui l'unité provisoire, doit concourir à la tâche en y employant les lumières de ses ingénieurs et les corps de travailleurs mobiles, les bataillons agricoles et industriels qui viendront avec leurs escadrons et leurs charrois se substituer progressivement aux brigades et aux divisions de l'armée purement compressive et destructive.

Cette armée de la paix, en cas d activité de service, doit recevoir une haute paie proportionnée à ses travaux ; mais il est évident que les propriétaires, communes ou associations dont les biens recevraient une plus-value par suite de cette dépense, doivent contribuer aux frais, comme les propriétaires dont les maisons gagnent de valeur dans les villes, par suite de percements de rues ou autres travaux d'utilité publique.

COMMERCE.

Le commerce, dans son état actuel, domine la société, la dévore, en est la plaie. Nous ne contestons pas l'utilité de la fonction commerciale, mais ceux qui l'exercent ont pour mission d'être les serviteurs et non les tyrans des industries productives.

Le commerçant, dans une organisation logique, n'est point propriétaire des denrées ; il est un commis qui se charge de les placer et de mettre le producteur en rapport avec le consommateur. Ce rôle intermédiaire n'exige pas un personnel nombreux, quand on abouche des associations qui produisent avec des associations qui consomment. Ce rôle ne permet ni l'accaparement, ni la spéculation, ni le jeu de la hausse et de la baisse, ni la banqueroute, résultat fréquent de ces manœuvres. La spéculation, l'agiotage ne sont possibles au marchand que s'il achète lui-même les denrées pour les revendre plus cher, métier de parasite, pernicieux au corps social et qui ruine le producteur et le consommateur dans le seul intérêt d'inutiles sangsues.

L'agence communale que nous avons esquissée fait disparaître ces abus, en organisant sur une très grande échelle le commerce de commission. En attendant même la création des bazars, comptoirs et entrepôts, les fabricants dont les intérêts sont directement opposés à ceux des parasites commerciaux trouveraient un grand avantage dans l'entretien à frais commun, sur certains points importants, de représentants à poste fixe, recevant des échantillons et négociant des échanges entre toutes les variétés de l'industrie.

Il appartient aux agriculteurs, aux industriels, à tous les producteurs en un mot, de tuer le parasitisme commercial, en organisant le commerce eux-mêmes et pour leur compte, en formant une vaste solidarité présentant au public et aux commanditaires infiniment plus de garanties que des maisons isolées en état de concurrence anarchique et sans cesse exposées à la banqueroute.

L'ancien régime assez remarquable dans ses vues économiques, et dont le principal tort fut d'imposer, de par la loi, une organisation industrielle qui avait ses bons côtés, était hostile aux intermédiaires parasites, et s'efforçait de mettre le producteur en relation directe avec le consommateur. Un édit de François Ier (1531) défend de vendre du blé autre part qu'aux marchés publics.

« Lesquels blez estant esdits marchez, voulons estre vendus en la manière que s'ensuit, c'est à sçavoir, premièrement et avant toute œuvre, au populaire qui l'achète pour vivre au jour la journée, et nul ne sera à eux préféré; et après, ceux qui en veulent faire provision à temps, soit pour la nécessité de leurs maisons ou pour vendre,

« et ce, deux heures après que ledit blé aura demeuré au-
« dit marché, et non par avant. »

Les mêmes ordres furent renouvelés par le même roi en 1544. Son but, il le déclare, était de prévenir les spéculations, agiotages et accaparements sur les grains. François Ier n'est pas le seul prince qui ait rendu des ordonnances dans cet esprit.

MARQUE DE FABRIQUE.

Cette marque, devenue obligatoire, attestant l'origine de tous les produits et rendant le fabricant responsable de la mauvaise qualité comme des fraudes, serait une garantie donnée au consommateur contre les falsifications; elle développerait dans l'industrie et le commerce le sentiment de l'honneur.

Est-il possible, est-il praticable de généraliser un pareil système et d'imposer la marque d'origine à toute espèce de produits industriels? L'ancienne monarchie a répondu par des faits :

La marque de fabrique obligatoire s'établit complétement sous l'ancien régime. Pour le prouver, les textes abondent ; nous ne les citerons pas tous. Les rois commencèrent par interdire l'usurpation des marques librement adoptées par un fabricant ou par une ville; ils déterminèrent, en cas de prétentions contradictoires, la marque d'origine qui devait appartenir à telle localité, à telle manufacture. De pareilles décisions abondent surtout dans l'histoire de la draperie. Philippe VI défendit, en avril 1339, de contrefaire la marque des draps de Châlons, draps célèbres, qui s'étaient vendus pendant longtemps à un prix exceptionnel.

« Depuis peu de temps ença plusieurs de nostre royaume
« et dehors estoient entrepris de contrefaire leurs draps
« et les vendoient pour draps fais de Chaalons, de laquelle
« fraude et malice le peuple et les bonnes gens qui les
« achetoient pour leur usage, et cuidoient avoir vrais draps
« de Chaalons, avoient esté griefvement domagiez... et que
« pour ce, ladite draperie estoit moult avalée et diffamée. »

Des règlements analogues protégèrent, sous Charles V,

a marque des draps de Harfleur, de Troyes et même une marque étrangère, celle des draps de Bruxelles.

Charles VI garantit, comme ses prédécesseurs, la propriété des marques volontairement choisies. Charles VII défendit de mettre la lisière de Rouen aux draps fabriqués hors de cette ville. Ce n'était encore là que la consécration de la marque facultative, mais l'obligation de marquer devint, avec le temps, universelle. La difficulté pratique se trouva donc résolue. L'apposition des marques fut confiée d'abord aux jurés de chaque métier, puis l'Etat leur adjoignit ses fonctionnaires, et prit, en cette matière, le contrôle supérieur. L'histoire de cette organisation exigerait des volumes. Disons seulement que Louis XIV, pour distinguer les produits nationaux de la contrebande, fit marquer à l'encre et par des plombs les toiles, camelots, draps, serges et autres étoffes de manufacture nationale, dans le voisinage des frontières. C'était la marque d'origine dans une large extension du mot. Louis XV voulut que les fabricants d'étoffes marquassent, à la tête et à la queue de chaque pièce, le nombre d'aunes dont elles étaient composées, pour simplifier les opérations de mesurage. Louis XVI établit fort exactement la constatation d'origine pour les étoffes destinées aux troupes. Au surplus, il n'y avait point d'incertitude quant au drap, qui devait toujours être tiré de Lodève, de la première main, pour les fournitures militaires. Jusqu'en 1850, l'administration de la guerre a trouvé moyen de conserver cette vieille tradition du privilége de Lodève, même sous le régime nominal des adjudications au rabais avec libre concurrence.

Louis XVI organisa, par ses lettres patentes du 5 mai 1779, le contrôle des bureaux de visite pour la marque des étoffes.

Ces marques, ainsi qu'on va le voir, constataient et l'*origine* et la *qualité*, en ce sens que les étoffes confectionnées conformément aux anciens statuts des corporations étaient distinguées par l'épithète de *réglées* des étoffes que le fabricant pouvait confectionner arbitrairement, en endossant toute la responsabilité de la qualité, devant le public.

« Art. 3. Les étoffes de draperie, sergeterie et toute « étoffe de laine indistinctement qui seront fabriquées d'a- « près les règles prescrites, continueront de porter les li

« sières indiquées par les anciens règlements, et porteront
« en outre, aux deux chefs, la lettre R tissée sur le métier,
« ainsi que la dénomination de l'étoffe, le nom du fabri-
« cant et celui du lieu de fabrique ; lesdites étoffes seront
« portées en toile, et au sortir du métier, au bureau de
« fabrique pour y recevoir, si elles sont reconnues de bonne
« fabrication, une marque provisoire en huile et en noir
« de fumée, à laquelle sera substitué, après les aprêts s'ils
« ont été donnés suivant les règles prescrites, un plomb
« portant d'un côté le mot *réglée* et le millésime, et de l'au-
« tre le nom du bureau de visite ; et à l'égard des étoffes
« de même nature qui seront fabriquées d'après des com-
« binaisons arbitraires, leurs lisières seront rayées à mille
« raies, dans telles couleurs que les fabricants jugeront
« convenable d'adopter, pourvu néanmoins qu'il y ait al-
« ternativement un fil noir ou bleu plus gros, et plusieurs
« fils de telle couleur que ce soit plus fins, dans l'intervalle.
« Lesdites étoffes libres ne seront présentées au bureau de
« visite qu'après les apprêts pour y recevoir, vérification
« faite de leurs lisières, un plomb d'une forme différente
« que celui destiné aux étoffes réglées, et qui portera, d'un
« côté, l'indication du bureau de visite, et de l'autre seu-
« lement le millésime.

« Art. 4. Les toiles blanches, unies ou ouvrées, qui se-
« ront fabriquées selon les règlements, auront aux deux
« chefs deux barres transversales de plusieurs fils rouges
« ou bleus, bon teint ; lesdites toiles seront présentées au
« bureau de visite au sortir du métier pour, vérification
« faite de leur fabrication, y être apposée par les gardes-
« jurés, ou autres préposés à la visite une empreinte por-
« tant les marques ci-dessus indiquées ; et pour que les-
« dites marques soient toujours subsistantes, défendons
« expressément, tant aux fabricants qu'aux marchands,
« d'entamer lesdites toiles par les deux bouts ; quant aux
« toiles fabriquées d'après des combinaisons arbitraires,
« elles ne pourront porter lesdites barres, même dans des
« couleurs différentes de celles ci-dessus indiquées, et se-
« ront lesdites toiles revêtues par lesdits gardes-jurés ou
« autres préposés à l'apposition des marques, d'une em-
« preinte pareille au plomb désigné pour les étoffes libres.

« Art. 5. Les toiles rayées, brochées ou mélangées

« porteront des lisières rayées si elles sont fabriquées sui-« vant les règles ; et quant à celles qui seront fabriquées « d'après des dimensions arbitraires, elles ne pourront « porter que des lisières unies ; lesdites toiles seront pré-« sentées au bureau de visite, au sortir du métier, pour y « recevoir le plomb ou l'empreinte de règlement ou de « liberté.

« Art. 6. Les pièces de bonneterie fabriquées confor-« mément au règlement porteront à l'une de leurs extré-« mités deux barres transversales de fil bleu ou rouge « bon teint, et à l'égard de celles qui seront fabriquées « d'une manière arbitraire, elles ne pourront porter au-« cune barre, même dans des couleurs différentes de celles « ci-dessus prescrites, et lesdites pièces de bonneterie se-« ront revêtues, suivant la manière dont elles auront été « fabriquées, des plombs indiqués par l'article 3. »

Ces lettres patentes du 5 mai 1779 déterminent ensuite la manière de distinguer les étoffes de soie réglées ou non réglées; elles créent, en outre, l'obligation pour les fabricants, d'indiquer sur toutes les étoffes teintes la *qualité de la teinture* et le *nom du teinturier* : « Le plomb de « bon teint ne sera apposé que sur celles teintes en bon « teint, et à l'égard de celles teintes en petit teint ou en « couleurs mélangées, il ne pourra y être mis que le « plomb de petit teint. »

Indépendamment de la marque de fabrique, le règlement du 2 février 1780 impose aux marchands forains qui voudront apporter des toiles à la halle aux toiles de Paris l'obligation de marquer de leur nom, en tête et en queue, les toiles qu'ils apporteront, ainsi que les ballots contenant ces toiles.

Nous citerons le premier article des lettres-patentes du 1er juin 1780, pour faire comprendre l'organisation des bureaux de visite et de marque à la fin de la monarchie.

« Il sera incessamment établi, si fait n'a pas été, des « bureaux de visite et de marque dans les villes où il y a « des communautés de marchands ou fabricants, dans les « principaux lieux de fabrique et de commerce, ainsi que « dans ceux où se tiennent les foires ; lesdits bureaux se-« ront ouverts à des jours et heures fixes et invariables, et

« seront desservis par des gardes-jurés, soit marchands, « soit fabricants, ou par des préposés que nous nous ré- « servons de nommer. Seront tenus, tant lesdits gardes « que lesdits préposés, de prêter serment entre les mains « des juges des manufactures de se conformer, dans l'exer- « cice de leurs fonctions, aux dispositions des règlements.»

Les lettres patentes des 4 juin et 22 juillet 1780 pour la laine, celles du 28 juin pour la toile, indiquent les conditions de la fabrication réglementaire et entrent, sur l'application de la marque elle-même, dans des détails pratiques que le législateur pourrait consulter avec fruit.

« Tous fabricants ou marchands faisant travailler à fa- « çon, auront chacun un coin ou marque sur laquelle seront « gravés la première lettre de leur nom, et sans abrévia- « tion, leur surnom, ainsi que le lieu de leur demeure. « Leur enjoignons d'apposer, à la tête et à la queue de « chacune des pièces de toile qu'ils fabriqueront et feront « fabriquer, suivant les règles prescrites par les tableaux « de fabrication, une empreinte de ladite marque avec de « l'huile et du noir de fumée, ainsi qu'une marque indi- « cative de la longueur desdites toiles, et ce, avant que de « les présenter à la visite; leur enjoignons pareillement « de déposer une empreinte de leur coin ou marque dans « les bureaux où ils seront dans l'usage de faire marquer « leurs toiles. »

Les lettres patentes du 30 septembre 1780, pour la fabrication des toiles dans la généralité de Picardie, sont remarquables en ce qu'elles entrent dans des détails spéciaux sur la marque des toiles à voile, batistes et linons unis qui ne peuvent être fabriqués que d'après les procédés réglementaires, tandis que la liberté dans le mode de fabrication est admise pour les linons rayés, mouchetés, brochés, gazes, marlis, mignonettes et autres toiles de mode ainsi que pour les mouchoirs rayés, brochés et mouchetés.

Un arrêt de la cour des aides, du 27 février 1781, statua sur la marque des fers.

Un arrêt du conseil de 1781 pose le principe général que toute étoffe de fabrique nationale sera marquée, à l'exception toutefois des coupons d'étoffes et toiles de six aunes et au-dessous dont la circulation sans marque est admise.

Le choix des marques individuelles, laissé aux commerçants par les ordonnances de Louis XVI, souleva un conflit entre les villes de Louviers et d'Elbeuf, chacune d'elles revendiquant, comme son patrimoine, le droit de coiffer ses draps d'une lisière rouge. Le roi, par arrêt du Conseil du 5 décembre 1789, attribua la lisière rouge aux fabricants d'Elbeuf, la lisière jaune aux fabricants de Louviers.

Indépendamment du droit de dresser des procès-verbaux de contravention dans leurs bureaux de visite, les gardes-jurés et préposés reçurent, en 1784, celui de faire des visites dans les boutiques et magasins des négociants pour vérifier la marque des toiles.

L'arrêt du Conseil du 1er avril 1787 décide quelle sera pour les mousselines la nature de la marque de nationalité et de la marque de fabrique ; la légèreté, la fragilité de ces tissus ne pouvaient se prêter aux procédés de marque adoptés pour la toile.

En fait de mesures législatives sur la marque, le règne de Louis XVI est très fécond. Les diverses fraudes que ses ordonnances durent déjouer et qui avaient pour objet d'éluder les dispositions les plus sages prouvèrent combien la marque de fabrique obligatoire est gênante pour le commerce de mauvaise foi.

Si les décisions de l'ancien régime en cette matière sont utiles à consulter, ce n'est pas que nous proposions à la société moderne de les copier, pas plus que nous ne lui proposons de restaurer les corporations des arts et métiers. L'ancien régime possédait une organisation qui tenait trop peu de compte de la liberté. La marque de fabrique était obtenue par des procédés vexatoires qui ont rendu pendant longtemps cette institution odieuse.

Cependant le principe lui-même était utile, sa disparition laissait une lacune que les consommateurs ont sentie, une garantie leur était enlevée ; mais depuis les révolutions de 89 et de 1830, qui ont fondé le règne de la bourgeoisie, les gouvernements asservis à la classe marchande se sont montrés hostiles à la marque de fabrique obligatoire ; la discussion intervenue sur ce sujet à la Chambre des pairs, sous le ministère de M. Cunin-Gridaine, est curieuse.

Les lois actuelles se bornent à punir l'usurpation des marques de fabrique adoptées volontairement par certains commerçants comme la signature de leur maison. On est même allé plus loin, à la vérité, et la loi punit non-seulement l'usurpation de la marque d'autrui, mais toute fausse indication dans les marques, tout mensonge dans le nom du fabricant, la raison commerciale, le lieu d'origine[1]. Cette loi, fort mal exécutée, au surplus, est insuffisante. Empêcher tout fabricant ou commerçant de prendre ou d'imiter une marque qui n'est pas la sienne, c'est évidemment un des objets de la législation que nous réclamons. Pas de fausse signature, c'est très bien ; nous ajouterons, nous : il faut que chacun signe son œuvre. Aucun produit ne peut rester anonyme.

Laisser la marque de la fabrique facultative, et se contenter d'en interdire l'usurpation, c'est purement et simplement légiférer dans l'intérêt des grandes et riches maisons, avantageusement connues par suite des dépenses qu'elles ont pu faire en frais de publicité, c'est protéger les armoiries de la féodalité industrielle.

On peut cependant citer, dès aujourd'hui, quelques exemples exceptionnels de la marque de fabrique obligatoire. Elle existe pour les savons[2].

Elle existe aussi pour les étoffes pleines ou mélangées, en laine ou en coton, et pour tous les tissus *dont l'analogue serait prohibé s'il venait de l'étranger*. La marque de fabrique et d'origine a pour but, en ce cas, de prouver que la douane n'a pas été fraudée. La *bonneterie* en laine ou en coton est soumise aux mêmes règles[3].

Une double raison motive la marque obligatoire pour les fils et tissus de pur coton. Il a bien fallu que ces fils et tissus constatassent leur origine française à la douane pour obtenir la prime d'exportation que plusieurs ordonnances leur ont allouée[4].

(1) Loi du 28 juillet 1824, relative aux altérations ou suppositions de noms sur les produits fabriqués.

(2) Décret impérial du 18 septembre 1811.

(3) Ordonnances du 8 août 1816 et du 23 septembre 1818.

(4) Ordonnance du 23 septembre 1818.

Dans les étoffes que nous venons d'énumérer le drap n'est pas compris. La marque est facultative dans ce commerce. Le gouvernement n'y est intervenu que pour statuer sur la propriété des lisières qui devenaient un objet de litige entre plusieurs manufactures.

Après les savons, les étoffes de laine ou coton, soit pleines, soit mélangées, la bonneterie, voici encore une industrie pour laquelle la marque d'origine est devenue obligatoire. L'ordonnance du 14 août 1816, portant règlement sur la pêche du hareng et du maquereau, statue, art. 25, que tous les marchands saleurs feront apposer à feu et sur le fond de tous les barils contenant du hareng d'une nuit seulement, une marque portant : 1° le nom de la ville et du port de leur résidence; 2° leur propre nom. Cette marque, réservée aux harengs d'une seule nuit, c'est à-dire aux plus frais, constate ainsi avec l'origine la bonne qualité de la denrée.

Voulez-vous généraliser la marque de fabrique, sans contrainte, sans visite à domicile et sans vexation d'aucune sorte? constituez le comptoir communal, créez dans chaque commune, en prenant d'abord pour type un petit nombre de localités, un établissement de commission recevant les denrées de la main des producteurs et les expédiant sans intermédiaires parasites aux centres de consommation, sous la condition du paiement au comptant.

Que ces établissements, protégés par l'autorité municipale, refusent d'acheter, d'entreposer, de vendre tout produit dont l'origine et la qualité ne seront pas constatées; l'administration publique n'aura pas de recherches à faire; elle n'aura besoin de contrôler que des produits qui viendront s'offrir eux-mêmes. Le commerce par agence communale offrant au producteur et au consommateur des avantages qui le rendront maître de tous les marchés, les fabricants s'empresseront de marquer leurs produits, non parce qu'ils craindront une surveillance gênante, mais parce qu'ils seront directement et vivement intéressés à remplir cette formalité.

En tout et partout voulez-vous réaliser à moitié le bien social? organisez l'*agence communale*, tuant le commerce parasite, abouchant directement les producteurs avec les consommateurs. Voulez-vous le bien absolu? créez le type complet de la *commune associée*.

BREVETS D'INVENTION.

Aux questions industrielles et commerciales se rattachent les *brevets d'invention*, objet d'une législation fort arriérée encore aujourd'hui. Lisez la loi en vigueur sur cette matière, celle du 5 juillet 1844, et, comme le fait très bien observer M. Jobard, publiciste belge, zélé défenseur de la propriété intellectuelle, vous y verrez l'inventeur *mis à l'amende*. La loi lui garantit à la vérité le droit exclusif d'exploiter à son profit sa découverte pendant un temps limité, mais à la condition de prendre un brevet fort cher, coûtant cinq cents francs pour un privilége de cinq années, mille francs pour dix ans, quinze cents francs pour quinze ans de jouissance, taxe payable par annuités de cent francs, sous peine pour l'inventeur de voir tomber sa découverte et sa propriété dans le domaine public. Ainsi les inventions sont frappées d'un impôt fort lourd au moment de leur naissance, lorsqu'elles ont besoin d'être encouragées, et donnent rarement des bénéfices à leurs auteurs; la taxe, au lieu de se mesurer sur le caractère plus ou moins lucratif de l'invention, se règle avec un matérialisme grossier sur la durée du privilége réclamé; l'invention, en germe encore est prématurément atteinte par le fisc, et si l'inventeur la développe ou la perfectionne, il lui faudra, pour jouir seul du perfectionnement, prendre un certificat d'addition, du prix de vingt francs.

Ces mesures peu intelligentes, nous ne craignons pas de le dire, imposent chaque année des sacrifices inutiles à un grand nombre d'inventeurs promptement déchus de leur brevet, parce que les bénéfices espérés ne se sont pas réalisés assez largement et assez vite pour leur permettre de payer les annuités.

Pour concilier en cette matière le droit individuel avec l'intérêt général, nous demandons :

1° Que la propriété industrielle soit considérée purement et simplement comme une propriété, c'est-à-dire que l'inventeur jouisse à toujours de son invention, qu'il puisse la transmettre sans que ce droit de propriété soit subordonné au versement d'une taxe;

2° Que les inventions soient soumises à une part contributive dans les charges publiques, à partir seulement du jour où elles procurent des bénéfices à leurs auteurs et dans la juste proportion de ces bénéfices : elles rentreraient ainsi dans la règle générale de l'impôt proportionnel au revenu;

3° Que les gouvernements organisent des commissions d'examen et d'expérimentation pour les découvertes industrielles, afin d'offrir aux inventeurs des découvertes qui seraient jugées utiles à un peuple, à l'Europe, à l'humanité, des récompenses capables de les désintéresser et d'acquérir leur découverte au domaine public.

TRAVAUX PUBLICS.

La régénération du travail, en France, naîtra de l'association. L'association est un fait essentiellement libre. Respectez le droit de réunion, faites tomber toutes les entraves légales qui s'opposent encore à la constitution vigoureuse des sociétés ouvrières, créez la banque nationale qui généralise et démocratise le crédit, vous aurez peu à faire pour transformer le sort des travailleurs.

Il y a toutefois certains travaux qui ont besoin d'être exercés sur une immense échelle et dont le caractère essentiel est l'unité. A l'Etat revient la mission de construire, exploiter les routes, canaux, chemins de fer qui deviennent, comme nous l'avons tous vu, des éléments de corruption politique et sociale, une fois qu'on les abandonne aux compagnies. Construisant en grande partie les chemins de fer, prêtant aux compagnies obérées, accomplissant de nombreux sacrifices dont il ne recueille aucun profit, l'Etat joue, en France, un rôle de dupe, dont la Belgique a su s'affranchir. Cette petite monarchie, faisant exploiter les chemins de fer par l'Etat, donne à notre grande République un exemple qu'il serait temps d'imiter.

Routes, canaux, chemins de fer, roulage, voilà des attributs nécessaires de l'Etat. En les revendiquant il préparerait les voies à la statistique industrielle et commerciale dont il aurait tous les éléments entre les mains.

Les mines et salines doivent aussi être exploitées par l'Etat. Par leur importance, par la nécessité de les exploiter sur une grande échelle, avec des capitaux puissants, par le désaccord qui existe entre les filons minéraux et les démarcations de la propriété morcelée, le législateur a été conduit depuis longtemps à distinguer ces richesses du domaine de la superficie abandonné aux particuliers.

La loi du 28 juillet 1791 déclarait, dans son art. 1er, que les mines, minières, etc., *sont à la disposition de la nation.* La loi du 21 avril 1810, actuellement en vigueur, décide que « les mines ne peuvent être exploitées « qu'en vertu d'un acte de concession délibéré en conseil « d'Etat. »

L'État se déclare propriétaire des mines, mais, au lieu de les exploiter, il les donne. Il y a là sacrifice inutile de sa part, aliment pour la féodalité industrielle et pour l'agiotage, source de corruption politique et de faveurs illicites, comme plusieurs affaires célèbres de mines et de salines, tant en France qu'en Algérie, l'ont si bien prouvé. L'abandon que l'État fait de ses mines est d'autant plus illogique, qu'il entretient à grands frais, indépendamment de l'École polytechnique, une école spéciale d'ingénieurs des mines, et que ces ingénieurs de l'État, chargés d'une surveillance très superficielle, occupés faute de mieux au contrôle des machines à vapeur, n'ont aucune exploitation minérale à diriger.

L'État ne doit plus faire de concessions ; il doit rentrer, moyennant indemnité, dans la possession de celles qu'il a déjà faites, indemnité pour l'estimation de laquelle on n'oubliera pas que les concessions ont été faites à titre gratuit.

Si le comptoir communal est destiné à transfigurer les campagnes, il est des travaux qui peuvent changer la face des villes et les rapprocher aussi du type de l'association intégrale. Nous ne proposons pas à l'État de reconstruire les villes de fond en comble, mais seulement de concevoir une idée nette de la grande ville telle qu'elle devrait être, et de diriger vers cet idéal les efforts des constructeurs. Dès aujourd'hui l'édilité parisienne, par exemple, possède le plan fort détaillé d'un Paris qui n'existe pas encore, dont les rues sont droites et larges. La réalisation de ce Paris perfectionné entraîne la destruction de parties de maisons qui rétrécissent les rues ou qui les rendent tortueuses. On n'abat point cependant ces constructions condamnées, on attend leur belle mort, mais en empêchant le propriétaire de les réparer. En même temps on prescrit à tout propriétaire qui veut construire, des conditions d'alignement, d'élévation pour son édifice, élévation proportionnelle à la largeur de la rue, d'inclinaison pour l'angle du toit. De minutieux règlements fixent la dimension des auvents, corniches, enseignes faisant saillie sur la voie publique [1].

Nous invitons l'administration à persévérer dans cette ligne, mais en se traçant un idéal supérieur. Il ne suffit pas de régler les conditions extérieures de l'édifice, conditions importantes pour les passants ; il est plus utile encore pour les habitants de régler les conditions intérieures qui touchent de fort près à la santé des populations. L'administration doit condamner les habitations insalubres, en interdire l'usage jusqu'à ce qu'elles aient été assainies ; imposer au constructeur, non pas seulement un alignement et des conditions relatives au toit, à la façade, mais un minimum d'élévation pour chaque étage, de largeur pour les corridors, d'ouverture pour les fenêtres, afin de prévenir les spéculations assassines qui entassent la population ouvrière dans les greniers ou dans les ves des grands centres industriels.

Nous ne citerons pas ici le texte de Fourier, mais nous engageons tous les hommes qui veulent se faire une idée nette de l'édilité progressive à étudier la description de la *ville garantiste*, consignée dans la *Théorie de l'unité universelle*. Ils y trouveront le plan d'une grande cité donnant largement passage à l'air, à la lumière, intro-

(1) Ordonnance du 24 décembre 1823. — Arrêté du 15 juillet 1848, relatif à la hauteur des façades des bâtiments à Paris.

duisant les cours et jardins au milieu de toutes les constructions. Ils y verront la description de grands édifices, donnant naissance, par leur dimension même, à tous les genres d'association pratique : calorifère, éclairage collectif, eau chaude et froide amenée par des conduits, combinaisons sociétaires de toute espèce. L'administration doit, suivant les localités, concevoir pour les grandes villes un plan analogue, diriger les travaux des particuliers vers sa réalisation, y contribuer elle-même, soit par la création de places, squares et jardins, soit par le percement des rues, soit par l'établissement de quelques maisons sociétaires, destinées surtout à la population laborieuse et devant servir de type, si l'association privée ne suffisait pas pour réaliser de tels modèles. L'entraînement par l'exemple sera plus efficace que la contrainte. Nous avons déjà réclamé la construction de la cité ouvrière dans la commune, mais c'est dans les grandes villes, au milieu des encombrements de population, que cette institution transitoire trouverait le plus utilement sa place.

Nous venons de passer en revue, d'une manière générale, la question des travaux publics ; entrons dans quelques détails sur les sujets les plus importants.

CHEMINS DE FER.

Les grandes voies de communication sont le domaine inaliénable de l'État. Sous la pression des banquiers, financiers, des ministres au moins suspects, des pairs et députés actionnaires, le gouvernement de Louis-Philippe a livré ce domaine à des compagnies aux conditions les plus onéreuses. Ainsi le gouvernement s'est chargé d'accomplir les travaux les plus dispendieux, à ses frais, de livrer les chemins presque en état d'être exploités à des compagnies qui perçoivent tous les bénéfices de l'exploitation pendant une fort longue durée déterminée par le contrat.

Si l'État sème, ce sont les compagnies qui récoltent, et cependant elles n'ont pas été satisfaites. Après avoir épuisé en frais énormes d'administration, de publicité et d'influence leurs deniers les plus clairs, elles ont sommé en

1850 le gouvernement de combler le déficit de leur caisse en leur accordant une prolongation de jouissance contraire aux conditions primitives du marché. L'Assemblée législative a tout accordé, à une faible majorité toutefois, et non sans vive répugnance.

La grande explosion de l'enthousiasme officiel pour les chemins de fer date du règne de Louis-Philippe et de la loi du 11 juin 1842.

Jusqu'alors des tronçons seulement avaient été construits ou votés, se dirigeant de Lyon à Saint-Étienne, de Paris à Saint-Germain, à Versailles, à Corbeil, à Rouen, à Orléans. Mais cette loi fait éclater tout un rayonnement de railways, qui, prenant la capitale pour foyer, se dirigent sur la frontière de Belgique par Lille et Valenciennes, sur l'Angleterre par Boulogne, sur l'Allemagne par Nancy et Strasbourg, sur la Méditerranée, l'Espagne, l'Océan, le centre de la France.

A ce système général que Paris centralisait, deux lignes seulement firent exception ; celle de la Méditerranée au Rhin par Lyon, Dijon, Mulhouse,

Et celle de l'Océan à la Méditerranée par Bordeaux, Toulouse et Marseille.

En thèse générale, l'exécution de ces grandes lignes dut avoir lieu par le triple concours de l'État — des départements et communes intéressées, — enfin de l'industrie privée.

D'après les termes de la loi :

1° L'État se charge d'avancer les *deux tiers* des indemnités dues pour les terrains et bâtiments dont l'expropriation sera nécessaire, et d'en payer définitivement un tiers, les deux autres tiers devant lui être remboursés par les départements et par les communes.

2° Il n'y aura pas lieu à indemnité pour l'occupation des terrains ou des bâtiments appartenant à l'État.

3° L'État se charge de payer les terrassements, les ouvrages d'art et stations, ne laissant à la charge des compagnies privées que la pose et l'entretien des rails, le matériel et les frais d'exploitation.

4° La compagnie, après avoir touché seule les produits des chemins, sans avoir payé la moindre part des indemnités d'expropriation, se fait rembourser à la fin de son bail par la compagnie qui lui succède, ou *par l'Etat*, le prix de la voie de fer et du matériel d'exploitation.

Après avoir posé ces beaux principes, le législateur de 1842, inféodé aux compagnies et aux banquiers, vote immédiatement 126 millions applicables aux dépenses de différents chemins sur lesquels le gouvernement n'a pas un centime à percevoir dans aucun cas. Cette loi de 1842 est devenue la grande charte de la féodalité industrielle.

L'État, ces conditions générales établies, s'était réservé le droit d'empirer encore sa situation en donnant, par des lois spéciales, des priviléges exceptionnels à certaines compagnies. Il usa largement de ce droit d'être prodigue. Par une loi particulière du 11 juin 1842, 10 millions furent prêtés à la compagnie du chemin de fer de Rouen au Havre, à 3 pour 100 d'intérêt seulement, l'intérêt ne commençant à courir que trois années après l'époque fixée pour l'achèvement du chemin de fer. Quant au remboursement du capital par la compagnie, il ne devait commencer que *dix années* après l'époque fixée pour l'achèvement du chemin de fer et s'effectuer par *quarantièmes* seulement.

Indépendamment du prêt de 10 millions, prêt souscrit par l'État à des conditions si désavantageuses pour lui, il fut alloué à la compagnie, à titre de *subvention gratuite*, une somme de 8 millions de francs.

Quand on parcourt l'énumération de ces avantages excessifs faits pour le chemin de fer de Rouen au Havre à MM. Charles Laffite et compagnie, on se demande comment et pourquoi l'État, fournissant l'argent, consentait à laisser aux administrateurs, aux actionnaires, et surtout aux spéculateurs de bourse, tous les bénéfices de l'opération.

Une loi du 15 juillet 1840 avait déjà autorisé l'État à prêter 12 millions 600,000 francs à la compagnie du chemin de fer de Strasbourg à Bâle et 14 millions à la compagnie du chemin de fer de Paris à Rouen, prêts dont les versements chargèrent le budget pendant plusieurs années. En 1843[1] l'État fit à la compagnie Talabot, Ricard, Chaponnière et de Foresta, qui se chargeait du che-

(1) Loi du 24 juillet 1843.

min de fer de Marseille à Avignon, un cadeau de 32 millions à titre de subvention, sans compter la part ordinaire de l'État dans les achats de terrains. De nombreuses concessions aussi onéreuses pour le pays eurent lieu en 1844.

Enfin une loi du 19 juillet 1845 abrogea la disposition aux termes de laquelle les départements et les communes devaient rembourser à l'État les deux tiers avancés par lui du prix des indemnités dues pour les terrains et bâtiments dont l'occupation était nécessaire à l'établissement des chemins de fer et de leurs dépendances.

Faire à peu près complétement toutes les dépenses aux frais du budget, ne tirer des chemins de fer aucun bénéfice, livrer les fonds du pays pour alimenter les administrations, les états-majors des compagnies, pour nourrir l'agiotage; introduire la corruption et le trafic dans les bureaux de journaux, dans les administrations publiques, dans le cabinet des hommes d'État; acheter par des concessions de lignes ou de tronçons de lignes des colléges électoraux tout entiers, tel fut, dans la question des chemins de fer, le rôle de la monarchie constitutionnelle.

Dira-t-on que l'exploitation des chemins de fer par l'État n'eût pas été possible? Cette assertion est anéantie par le gouvernement belge, qui construit, exploite lui-même les nombreux railways de ce pays, un seul excepté, celui d'Anvers à Gand. Le gouvernement français lui-même a temporairement exploité à son compte les chemins de fer de Lille et de Valenciennes à la frontière belge en 1842[1], 1843, 1844. Est ce que le gouvernement provisoire, après février, n'a pas fait administrer lui-même, sous le contrôle des inspecteurs et ingénieurs Didion, Sauvage, Bineau, les chemins de fer d'Orléans et du Centre, qui se trouvaient obligés de suspendre leur service? Cet exemple n'a-t-il pas été imité en novembre 1848 par le gouvernement du général Cavaignac pour le chemin de fer de Marseille à Avignon; par celui de M. Louis Bonaparte pour le chemin de fer de Paris à Sceaux, mis temporairement sous le séquestre?

Un dernier argument contre cette prétendue incapacité

(1) Ordonnances royales du 15 septembre et du 5 novembre 1842.

de l'État en matière d'administration des chemins de fer, c'est la loi du 21 avril 1849 :

« Art. 1er. Le ministre des travaux publics est autorisé « à exploiter, pour le compte de l'État, le chemin de fer « de Versailles à Chartres et à la Louppe, jusqu'à ce qu'il « ait été statué définitivement sur la concession ou l'exploi- « tation du chemin de fer de Paris à Rennes. »

Enfin la loi du 10 mai 1849 autorise le ministre des travaux publics à exploiter, pour le compte de l'État, les parties terminées du chemin de fer de Paris à Lyon, jusqu'à ce qu'il ait été statué définitivement sur la concession ou l'exploitation entière de ce chemin.

Quand arriva la révolution de février, les compagnies de chemins de fer sentirent instinctivement qu'elles étaient au nombre des vaincus, et cherchèrent à gagner, ou plutôt à endormir le vainqueur; tout le monde était un peu socialiste alors. La compagnie du chemin de fer de Paris à Orléans offrit elle-même de remplacer les voitures de troisième classe découvertes par des voitures couvertes, ne demandant qu'un demi-centime de plus par personne et par kilomètre. Le gouvernement provisoire accepta, le 20 mars 1848.

A cette époque, le rachat des chemins de fer par l'État n'eût pas trouvé de sérieux obstacles; pour la démocratie, cette mesure était de première nécessité. Elle eût détruit cette féodalité industrielle, qui faisait mouvoir à son profit tous les rouages de la monarchie constitutionnelle, et qui est la plus dangereuse ennemie du régime républicain. L'occasion ne fut pas saisie alors : elle se reproduira.

La demande de prolongation de jouissance, demandée et obtenue en 1850 par les compagnies toujours prêtes à réclamer la résiliation de leurs contrats avec le gouvernement quand elles ne trouvent pas leur compte à l'exécuter, autorise complétement, pour l'avenir, une résiliation en sens contraire accomplie au profit de la nation.

En attendant, le principe de la construction et de l'exploitation des lignes ferrées par l'État gagne sans cesse des partisans. Dans la session de 1849, le conseil de la Côte-d'Or, *à l'unanimité*, exprime le vœu « que l'État

« conserve l'exploitation et la direction entière du che-
« min de fer de Paris à Avignon, cette ligne étant la plus
« importante de la France, sous tous les rapports politi-
« ques, commerciaux et militaires. »

« L'exploitation commencée, dit le conseil, donne les
« plus grandes espérances; cette ligne sera plus produc-
« tive qu'on ne l'espérait, et ce serait compromettre les
« droits les plus sacrés du pays que de la céder à une
« compagnie qui pourrait faire appel aux capitaux étran-
« gers. »

CANAUX.

De presque tous les points de la France des travaux de canalisation sont réclamés. Achevez, disent les conseils généraux, les canaux de l'Aisne à la Marne, de la Marne au Rhin; construisez le canal de Soissons; joignez le canal de la Haute-Seine au canal de Bourgogne, la Meuse à la Saône, la Meuse à la Moselle, la ville de Caen à la mer, la Charente à la Sèvre et à la Gironde, la Gironde à la Seudre, la Dordogne à la Loire.

C'est là en effet une œuvre précieuse et que le gouvernement doit encourager en n'oubliant pas:

Que les canaux, ces grandes voies de communication, deviendraient des instruments d'accaparement et d'agiotage, si l'État, qui en est le maître naturel, les abandonnait à des compagnies, cherchant à rançonner le commerce et l'industrie bien plutôt qu'à les servir. L'expropriation pour cause d'utilité publique des compagnies qui exploitent les canaux les plus importants a de nombreux partisans, même parmi les hommes qui n'admettent pas le même principe pour les chemins de fer.

L'utilité des cours d'eau est moins grande, sera surtout moins grande dans l'avenir, comme moyens de communication et de transport, que comme éléments d'irrigation; un vaste système d'endiguement, d'irrigation et d'arrosage doit être conçu pour la France entière. Un semblable système nécessiterait la révision de la partie du Code civil relative aux servitudes.

Depuis longtemps, au surplus, les conseils généraux sont consultés sur la question de savoir s'il ne conviendrait pas de créer en France un service hydraulique ayant des agents dans tous les départements. L'utilité incontestable d'une pareille institution a été proclamée par plusieurs conseils.

CHEMINS VICINAUX.

Aux chemins vicinaux se rattache la question de la *prestation en nature*. Cet impôt, réglé par la loi du 21 mai 1836, excite de vives réclamations dans les campagnes; serait-ce parce qu'il rappelle *la corvée* de l'ancien régime?

L'assimilation ne serait pas exacte; la corvée indignait parce qu'il y avait des *corvéables*, classe à part dans la nation. Ce n'est point le fait de payer un impôt en travail, au lieu de le payer en argent, qui mécontente le cultivateur; il trouve au contraire un avantage à pouvoir payer, à son choix, la prestation *en nature*, c'est-à-dire par le travail de ses bras, ou à la racheter en argent. Mais il demande que, dans cet ordre de contributions, le sentiment de la justice fasse des conquêtes; que l'impôt de la prestation en nature soit proportionel à la fortune de chacun; que le journalier ne soit pas taxé comme le riche propriétaire; en un mot, que chacun contribue à la confection des chemins vicinaux en proportion de l'intérêt agricole, industriel et commercial, qu'il peut avoir à leur entretien et à leur conservation, et non par tête. Le problème que les paysans soulèvent à propos de la prestation en nature est un problème de *meilleure répartition*. Ne payez rien si vous n'avez rien, payez peu si vous avez peu, beaucoup si vous êtes riche, telle devrait-être la règle.

Le ministre libéral de Louis XVI, Turgot, frappé des inconvénients nombreux que présentait la corvée de l'ancien régime, la fit abolir par l'édit de février 1776, qui contient dans son préambule une critique de ce genre d'impôt fort longue, fort judicieuse, et, nous devons le reconnaître, applicable encore aujourd'hui, sous quelques rapports, à la prestation en nature. Les mêmes motifs furent énergiquement développés par le garde des sceaux, lors du lit de justice tenu à Versailles, le 12 mars

1776, pour obliger le parlement à enregistrer la nouvelle réforme, malgré sa résistance obstinée.

Cette résistance de la part des ducs et pairs et des magistrats privilégiés n'était pas inspirée par un dévouement très pur au bien de l'État. On remarque la phrase suivante dans le discours du premier président au lit de justice :

« Cet édit, par l'introduction d'un nouveau genre d'im-
« position perpétuelle et arbitraire sur les biens-fonds,
« porte un préjudice essentiel aux propriétés des pauvres
« comme des riches et donne une nouvelle atteinte *à la*
« *franchise naturelle de la noblesse et du clergé* dont les
« distinctions et les droits tiennent à la Constitution de la
« monarchie. »

Le premier président émet ensuite des craintes ridiculement exagérées sur les suites de l'édit qui abolissait les corporations d'ouvriers, édit repoussé par le parlement comme l'abolition des corvées :

« L'édit de suppression des jurandes rompt au même
« instant tous les liens de l'ordre établi pour les profes-
« sions de commerçants et d'artisans.

« Il laisse sans règle et sans frein une jeunesse *turbu-*
« *lente et licencieuse* qui, contenue à peine par la police
« publique, par la discipline intérieure des communautés
« et par l'autorité domestique des maîtres sur les com-
« pagnons, est *capable de se porter à toutes sortes d'ex-*
« *cès*, lorsqu'elle ne se verra plus surveillée d'aussi près
« et qu'elle se croira indépendante. »

C'est ainsi que le vieux monde a gémi et vainement prédit un nouveau chaos toutes les fois que la liberté a fait des conquêtes. Dans la jeunesse *turbulente et licencieuse* de M. le président, ne reconnaissez-vous pas la *vile multitude* de M. Thiers?

Les douleurs du parlement n'étaient pas intéressantes sans doute, mais Turgot dépassait le but en enlevant aux cultivateurs le droit d'opter entre la prestation en argent et la prestation en travail. La ressource du travail en nature étant anéantie sans que la perception de l'impôt en argent fût organisée, vu la résistance des états privilégiés, il fallut, le 11 août 1776, rétablir la corvée appelée timidement par la déclaration royale « l'ancien usage ob- « servé pour les réparations des grands chemins. »

Après avoir vu repousser par le clergé, la noblesse et la magistrature l'idée de la prestation en argent obligatoire pour tous les citoyens, après être un instant revenu à la prestation en nature obligatoire pour les manants seuls, Louis XVI adopta de nouveau, le 27 juin 1787, la conversion de la corvée *en prestation en argent*; mais, averti par les premières plaintes du parlement, il ne rendit cette prestation obligatoire que pour les sujets « tailla- « bles ou tenus de la capitation roturière. »

Nous ne sommes pas sortis encore aujourd'hui des tâtonnements en cette question dont la solution est cependant facile.

Jusqu'à ce jour l'impôt de la prestation en nature n'a pas été proportionnel à la fortune; on ne s'est pas mis à ce point de vue : contribution de chacun à la confection des chemins vicinaux dans la mesure des avantages qu'il peut tirer de ces chemins, à raison de son avoir;

Alternative laissée à chacun de fournir sa quote-part en argent ou en travail.

Le législateur ne s'est pas assez complétement délivré de la tradition du moyen âge, exigeant de tous les corvéables, par tête, un nombre égal de journées de travail, exigeant encore des journées de travail de tous les éléments utiles à cette œuvre, tels que bestiaux et voitures. Plusieurs conseils généraux, notamment celui de la Haute-Vienne, ont fait remarquer avec raison que la richesse des cultivateurs ne saurait se mesurer sur la possession des instruments de travail qui leur sont indispensables. L'homme obligé dans les champs d'avoir bestiaux et charrette ne saurait être présumé plus riche que l'oisif à qui cette possession serait inutile; demander au paysan l'usage gratuit de ses animaux et de sa voiture, c'est augmenter ses charges abusivement : par ces motifs, le conseil de la Haute-Vienne demande la suppression des journées exigées des bêtes à cornes, charrettes, chevaux et mulets de trait et de bât, mais en maintenant l'obligation des journées rachetables pour les chevaux et voitures de luxe, ainsi que pour les chevaux de selle.

Les observations des conseils généraux, interrogés sur cette question en 1849, ont présenté des aperçus de détail fort utiles. Généralement les conseils ont proposé le maintien des prestations en nature, à volonté rachetables en argent, mais en combinant cette pensée avec des principes de justice qui ne tiennent pas assez de place dans la loi de 1836.

Quelques-uns, le conseil de la Loire spécialement, ont demandé qu'on déchargeât de cette contribution les pauvres, c'est-à-dire ceux qui ne paient ni contribution foncière, ni contribution mobilière, ni patente.

D'autre part le conseil de l'Orne a proposé d'assujettir aux prestations en nature des classes qui en sont aujourd'hui dispensées par privilége, les veuves et filles mineures au-dessous de dix-huit ans, dans le cas où elles seraient inscrites au rôle des contributions ordinaires pour une cote de plus de 25 fr. Cette extension est juste, si l'on considère la prestation, non pas comme devant être payée nécessairement en nature, mais comme une contribution à fournir en travail ou en argent et mesurée sur la fortune de chacun.

Enfin plusieurs conseils ont demandé avec raison qu'on ne pût éloigner les cultivateurs de leur habitation pour les travaux des routes, au delà d'un maximum de distance:

POLICE DU ROULAGE.

Les conseils généraux récemment consultés sur la police du roulage ont été généralement d'avis,

Que cette police était trop restrictive, et dégénérait en vexations pour les voituriers;

Que spécialement les ponts à bascule établis pour constater les surcharges et autre infractions à la loi n'étaient qu'une superfluité dispendieuse, attendu que les rouliers évitent ces ponts par des chemins de traverse et que les employés sont corrompus fort souvent par les hommes qu'ils ont mission de surveiller;

Que toute liberté devait être laissée aux voitures circulant dans le seul intérêt de l'agriculture;

Que pour les autres voitures la seule règle essentielle à conserver est celle qui fixe un minimum de largeur pour les jantes des roues. Les jantes étroites, surtout quand la voiture est pesante, s'enfoncent dans le sol et détériorent la route en y creusant des ornières. Aussi le minimum de la largeur des jantes devrait-il s'élever d'autant plus que le chargement serait plus considérable, et le poids du chargement peut s'évaluer par le nombre des chevaux attelés.

Les conseils ont pensé du reste que, tout en maintenant le principe d'un minimum pour les jantes des roues, le minimum fixé par la législation actuelle pouvait être abaissé sans inconvénient.

L'expérience a donc prononcé dans la question de la police du roulage en faveur de la liberté. Nous ne protesterons certainement pas contre ces conclusions, qui sont devenues la base d'un projet de loi soumis à l'Assemblée législative.

ARMÉE.

L'institution militaire est évidemment transitoire, et, dès le temps d'Isaïe, le génie prophétisait pour l'humanité l'ère définitive du désarmement universel.

Les vices de l'institution militaire blessent tous les yeux. Envisageons-les un instant, nous plaçant en dehors de tous les partis et de toutes les nations.

Chaque Etat civilisé consacre aujourd'hui la meilleure portion de sa population et de son budget à recruter, à entretenir un corps dont voici la destination :

Égorger l'étranger, ravager sa terre lors des querelles et malentendus qui éclatent non pas entre les nations, mais entre leurs gouvernements ; attaquer l'Espagne, par exemple, dans sa nationalité sous Napoléon, dans sa liberté sous les drapeaux du duc d'Angoulême.

A l'intérieur, intimider les adversaires du pouvoir, et en cas de réclamations trop vives les frapper, sans juger ni discuter en aucune façon le bien ou le mal fondé de leurs plaintes.

Dans les moments de calme à l'intérieur et à l'extérieur, le rôle de l'armée, quelles que soient l'intelligence et l'activité de ceux qui la composent, se borne à consommer dans l'inaction la substance du pays.

Aucune de ces trois situations de l'armée ne peut être acceptée définitivement par la raison, par le progrès social. L'emploi de l'armée à l'extérieur doit être anéanti par la confédération des peuples ; l'emploi de l'armée à l'intérieur sera rendu inutile par l'association des intérêts, la conciliation des classes. Enfin l'inaction ruineuse, en temps de paix, des armées guerrières, doit faire place à la féconde activité des armées agricoles et industrielles.

Il y a longtemps que la conscience des nations commence à protester contre l'intervention des armes dans la politique intérieure des Etats. Le sénat romain défendait à ses généraux de passer le Rubicon ; l'Angleterre écarte les garnisons des villes pendant la période électorale. Eloigner de l'Assemblée constituante les satellites de Louis XVI fut la première victoire remportée en 89 par l'éloquence de Mirabeau. La constitution de l'an III défendait aux troupes d'approcher du siége du gouvernement plus près de 6 myriamètres sans l'autorisation du corps législatif[1].

Confédération des peuples, association du capital, du travail et du talent, souveraineté pratique de l'opinion dans les questions politiques, ces trois progrès feront disparaître les missions diverses aujourd'hui confiées à l'armée. Transitoirement et jusqu'au triomphe du droit dans l'Europe entière, une armée sera nécessaire à la France. Comment doit-elle être composée pour servir la ***République démocratique***, titre officiel du gouvernement français?

Ce que nous avons dit de la magistrature, nous le répétons au sujet de l'armée. L'armée tient son organisation et ses principaux dignitaires de la monarchie. Elle en conserve nécessairement les traditions. Les institutions qui la régissent, les opinions invétérées qui lui servent de code ne sont pas encore en harmonie avec les principes de février, de cette révolution glorieuse dont la date est inscrite

(1) Voyez arrêté du directoire exécutif du 19 thermidor an V, concernant la plantation provisoire de poteaux destinés à fixer la *limite constitutionnelle* pour les troupes.

sur la tribune de l'Assemblée nationale. La monarchie, qui distinguait le gouvernement de la nation elle-même, et qui pouvait se trouver, qui s'est trouvée en lutte avec la volonté générale, devait, dans la prévision de ces conflits, conserver dans sa main l'avancement et la destitution des officiers, entretenir des armées permanentes aussi nombreuses que possible, mettre à l'index la réflexion, la spontanéité dans l'armée, prohiber le raisonnement et la liberté morale au nom de la discipline. Il est impossible que, sur tous ces points, la République démocratique ait les mêmes intérêts que la monarchie et professe les mêmes doctrines.

Les principes qui font de bons officiers royalistes font de détestables officiers républicains. La grande révolution française fut battue lors des premiers pas que ses armées firent hors de la frontière du Nord. Auprès de Lille et à Mons la défaite fut honteuse : c'est que la troupe, déjà démocratisée, n'avait pas, ne pouvait pas avoir confiance dans ses chefs. Quelles avaient été les conditions exigées pour devenir officier de l'ancien régime?

Sous Louis XVI encore, et conformément à des ordonnances plus anciennes, nul jeune homme aspirant à l'épaulette ne pouvait être admis dans les écoles militaires sans prouver quatre générations de noblesse de père.

« Veut sa majesté (règlement de mars 1776) que les fa-
« milles continuent d'adresser leurs preuves et papiers
« généalogiques dans la forme accoutumée au sieur d'Ho-
« zier de Serigny que sa majesté confirme dans les fonc-
« tions de commissaire pour les preuves de noblesse des
« élèves des écoles militaires. »

En 1781 le généalogiste officiel s'appelait Cherin; il avait à vérifier la réalité des quatre générations de noblesse pour tout aspirant à des sous-lieutenances dans l'infanterie française, la cavalerie, les chevau-légers, les dragons et les chasseurs à cheval.

Voici un échantillon des pièces qui devaient lui être envoyées :

« Il sera convenable pour la décoration des preuves de
« joindre aux divers actes les lettres, commissions et bre-
« vets des grades militaires, les lettres de nominations à

« l'ordre de Saint-Louis, les certificats de réception dans « cet ordre, les *brevets de pension* ou les lettres portant « expectative de ces grâces, les provisions de charges, etc.

« Des extraits des rôles des tailles ou autres impositions « roturières des paroisses des domiciles de leurs familles, « dans lesquelles elles seront comprises depuis trente ans « aux chapitres des *exemptés comme nobles.* »

La grande révolution française ne put trouver une armée fidèle que du jour où l'émigration eut éliminé de ses cadres tous les officiers gentilshommes de l'ancien régime, du jour où les bataillons de gardes nationaux et de volontaires, qui avaient constitué leur état-major par élection, bataillons pauvres encore d'instruction militaire, mais riches de zèle démocratique, furent venus réchauffer la vieille armée au contact de leur enthousiasme. Le législateur alors punissait l'officier qui eût empêché les soldats d'assister aux réunions des sociétés populaires dans les moments laissés libres par le service.

La première révolution n'eut pas à déplorer d'avoir établi le principe électif dans ces bataillons de volontaires qui ont sauvé le territoire et renouvelé l'esprit de l'ancienne armée royale. Par décret conventionnel du 16e jour 1er mois de l'an II, la présentation de candidats par un corps électoral compétent fut combinée avec le choix ministériel pour les nominations d'officiers dans la marine. Le mode d'avancement déterminé par la Convention, le 14 germinal an II, attribuait, dans les promotions de l'armée entière, un tiers à l'ancienneté de grade, un tiers à l'élection, le dernier tiers à la nomination du corps législatif sur la présentation de son comité de salut public ou du conseil exécutif.

Par suite de cette réaction, née au sein de la République même, et qui devait aboutir au rétablissement de la monarchie, le principe électif disparut de la hiérarchie militaire; cependant on en trouve encore des traces en l'an VII, époque où furent créées trois légions : *la légion italique*, une nouvelle *légion polonaise* et une légion d'habitants des bords du Rhin, appelée *légion des Francs du Nord.* Lors de la création de ces trois légions, les caporaux, brigadiers, sous-officiers et un sous-lieutenant par compagnie furent pris parmi les légionnaires, à la nomination de leurs camarades.

La Restauration, en 1814, n'ayant rien fait pour mettre l'armée en harmonie avec son principe, ayant laissé debout tout organisée une armée impérialiste, fut abandonnée de cette armée à Grenoble, à Lyon, combattue par elle à Waterloo.

Éclairée par les Cent-Jours, la Restauration, en 1815, renouvela complétement la magistrature impériale, ou du moins lui donna une investiture nouvelle, et licencia l'armée de Waterloo sans réserve [1], sauf à reprendre ensuite quelques éléments dans la vieille organisation. Ces souvenirs doivent fermer la bouche aux royalistes qui trouveraient aujourd'hui trop bardie, trop révolutionnaire, l'idée de remanier complétement les cadres d'une armée royale pour en faire une armée républicaine.

Pourquoi l'armée de la Restauration s'harmonisa-t-elle facilement avec la monarchie de Louis-Philippe, après la révolution de Juillet? C'est qu'il y eut à cette époque des épurations politiques nombreuses; c'est que tous les hommes attachés de cœur au régime qui tombait, ou trop compromis pour sa cause, se retirèrent ou furent repoussés des corps par la manifestation de l'opinion; c'est qu'on vit des régiments réduits à leurs sous-officiers, désordre accidentel qui servait l'ordre, en fondant l'union de l'armée avec le drapeau tricolore, avec un régime un peu plus rationnel que celui de la Restauration.

Mais partout où les armées, après une révolution, demeurent guidées par les mêmes hommes, la révolution n'est pas faite, et la réaction, la contre-révolution, si elle se manifeste, retrouvera dans l'armée un point d'appui. Le roi Charles-Albert n'a pu entraîner à sa suite, dans une guerre entreprise pour l'indépendance de l'Italie et pour le triomphe général de la démocratie européenne, une armée commandée par des comtes, des marquis, des vidames, et qui craignait sa propre victoire.

En France, après la révolution de février, les états-majors ont été traités avec autant de mollesse et d'indécision que la magistrature. Il fallait révoquer en masse le per-

(1) Ordonnance du 23 mars 1815.

sonnel des officiers et des magistrats pour les soumettre à une nouvelle institution, une institution élective. Qu'a fait le gouvernement provisoire? Il a laissé l'organisation de la magistrature comme celle de l'armée exactement ce qu'elles étaient sous Louis-Philippe. Quant au personnel, il s'est borné à destituer quelques individualités qui sont bientôt rentrées dans des corps restés sympathiques à leurs personnes et à leurs actes. Mis à la retraite, sous le gouvernement provisoire, par suite de la mesure incomplète et timide qui supprimait le cadre de réserve dans l'état-major général, MM. de Castellane, Gourgaud, Rullière, d'Hautpoul ont reparu sur la scène militaire ou politique un peu moins démocrates qu'auparavant.

Dans les régiments, quelques éliminations de chefs notoirement hostiles à l'ordre nouveau ont été considérées comme des perturbations par le gouvernement provisoire qui aurait dû prendre lui-même l'initiative de ces exclusions et les régulariser, en provoquant le vote de l'armée sur le maintien de ses chefs.

On ne fonde pas un gouvernement nouveau en établissant ainsi, pour tous les débris de l'ancien, un système de sauvetage. Soyez humain, généreux même pour les hommes, mais brisez les influences et les positions.

La démocratie doit réduire l'armée dans une proportion considérable, allégeant d'autant le budget. La réduction des troupes n'entraînerait pas une aussi forte réduction des cadres. Il est essentiel de donner à la garde nationale, divisée en plusieurs catégories de réserve, une instruction militaire qui permette de compter sur elle en cas de besoin. Des officiers et sous-officiers instructeurs auraient, près de cette réserve, un rôle important à remplir.

L'armée permanente étant réduite à un petit nombre d'hommes, il est possible d'améliorer assez leur sort pour attirer la population aux engagements volontaires et pour réduire ainsi, pour abolir enfin la conscription.

L'élection doit être la base de la hiérarchie militaire. Cette élection permet de conserver tous les officiers qui ont fait leurs preuves de républicanisme et qui possèdent la confiance du soldat. Elle doit se combiner avec des preuves de capacité. Une école serait organisée dans tous les corps pour la préparation des candidats. Désormais les écoles militaires n'envoyant plus dans les régiments des cargaisons d'officiers tout fabriqués et qui, pour la plupart, doivent leur position privilégiée aux sacrifices que leurs parents ont pu faire pour leur éducation, le grade de simple soldat est la seule porte ouverte aux ambitions militaires; mais l'officier nouvellement élu, avant d'exercer les fonctions de son grade, passe dans les écoles spéciales et supérieures un temps jugé nécessaire pour se perfectionner dans la théorie du service. L'élection respecte les échelons de l'avancement, les franchit l'un après l'autre. Ces principes généraux peuvent être appliqués à la marine, où le régime des *classes*, peu différent de la presse anglaise, doit être remplacé par les avantages faits au matelot pour l'attirer au service de l'État, où l'accession de tous les marins aux grades supérieurs doit être facilitée par une organisation démocratique de l'enseignement maritime.

Ici encore la Convention a laissé des précédents remarquables. Un décret du 16 pluviôse an II dispose ce qui suit :

« Art. Ier. Il sera établi, à bord de tous les vaisseaux de « la République de vingt canons et au-dessus, un instituteur chargé de donner aux jeunes citoyens embarqués « à bord de ces mêmes vaisseaux, des leçons de lecture, « d'écriture, de calcul et même, autant que faire se pourra, « de leur enseigner les premiers éléments de la théorie « de la navigation.

« Art. VII. Ceux des mousses, novices ou matelots qui, « dans l'instruction à bord des vaisseaux, auront manifesté une application et des talents qui les rendent propres « à servir la patrie dans des grades plus élevés, en recevront une attestation de l'état-major de l'équipage du « vaisseau, à la suite d'un examen qu'ils auront subi en « leur présence à la fin de la campagne ; copie de ces attestations collationnées par les employés civils seront envoyées au ministre de la marine, qui admettra les sujets « au rang des élèves de la marine, suivant le degré de leur « capacité, et leur fera suivre le cours d'instruction établi « dans les ports. Dès lors, ces citoyens deviendront susceptibles de tous les grades, en subissant les examens « prescrits par la loi. »

Au surplus, c'est à la Convention que la France doit les bases de l'enseignement primaire rendu obligatoire par la loi organique de l'an II.

Le noyau militaire, conservé en permanence, doit rendre au pays, même en temps de paix, des services effectifs. En Algérie on a pu apprécier les avantages de l'application des armées aux travaux publics. Hommes, chevaux, charrois, machines, toutes ces forces doivent être employées à l'amélioration, à l'embellissement du territoire français. Il faut organiser des campagnes industrielles, créer dans ce but des bataillons d'agriculteurs et de terrassiers, germe de transformation complète dans l'organisation militaire.

Dans la session de 1849, les conseils généraux de l'Allier et des Vosges ont formé des vœux pour que l'armée fût employée aux travaux publics.

Une pareille idée doit être d'abord essayée sur une petite échelle par la création de quelques bataillons de travailleurs mobiles.

Le bataillon-type de travailleurs mobiles, dont l'organisation dans un moment de crise eût été infiniment préférable aux ateliers nationaux, confus, onéreux, improductifs, serait à la fois l'essai restreint et le premier élément d'une institution devenue nécessaire, l'armée des travaux publics.

Ce bataillon, tel que nous le comprenons, est divisé en compagnies; on y retrouve tous les grades de l'armée.

Lors de la formation, les officiers sont nommés par l'Etat, qui les choisit dans les corps du génie militaire, des mines, des ponts et chaussées, parmi les ingénieurs civils et les hommes recommandés par leurs connaissances agronomiques.

Chaque bataillon possède au moins un officier instructeur pour les manœuvres militaires, et la moitié des sous-officiers, lors de la formation, est prise dans les régiments de ligne.

Un an après la formation, lorsque tous les hommes du bataillon auront pu s'apprécier, les grades seront mis à l'élection, sauf les emplois d'officiers supérieurs, qui resteront à la nomination du gouvernement jusqu'à nouvel ordre.

Alors même que les grades seront électifs, les électeurs

ne pourront choisir qu'entre les candidats qui auront satisfait à des examens théoriques et pratiques sur les fonctions de l'ingénieur, de l'agronome et sur les principales manœuvres de l'armée.

Le gouvernement publiera le programme de ces examens, différents pour les aspirants aux grades de sous-officier ou d'officier.

Les travailleurs mobiles porteront des blouses d'uniforme; les officiers et sous-officiers seront vêtus de la tunique, ornée sur la manche de galons signalant leurs grades.

La mission des travailleurs mobiles est de se livrer aux travaux de reboisement, d'irrigation, au desséchement des marais, au défrichement des landes, à l'endiguement des fleuves, à la construction des canaux et des chemins de fer; ils entreront en campagne sur la demande des départements, des communes, ou même des particuliers qui voudraient contribuer aux frais faits par l'Etat pour l'amélioration de leurs domaines.

Le bataillon des travailleurs mobiles aura des tambours et une fanfare; un drapeau lui sera donné par la République.

Pour les travaux de couture, de blanchissage, de réparation des vêtements, de préparation des aliments, pour les menus travaux agricoles, une compagnie de femmes et une compagnie d'enfants pourront être annexées à chaque bataillon. On n'admettra que des femmes mariées à l'un des hommes du bataillon, leurs sœurs ou filles; chaque enfant, pour être admis, devra être pris par un homme du bataillon sous sa responsabilité immédiate.

Le logement et la nourriture des travailleurs mobiles pendant les marches seront réglés comme pour l'armée.

Les travailleurs mobiles recevront une solde réduite aux deux tiers pour les femmes et à la moitié pour les enfants; indépendamment de cette solde fixe et proportionnelle aux grades, ils recevront en campagne une prime proportionnelle au travail accompli.

Tous les travailleurs mobiles souscriront un engagement d'une année.

Leurs travaux d'agriculture et de terrassement seront entremêlés d'exercices et de manœuvres, afin qu'ils puissent, en cas d'invasion du territoire, concourir à la défense de la patrie.

On choisira pour les occuper des travaux délaissés faute de bras par les travailleurs ordinaires. Si les travailleurs mobiles étaient appliqués, notamment en hiver, à des travaux industriels, ces travaux ne devraient avoir pour but que la confection ou l'entretien des objets qui leur sont indispensables; les produits ne pourraient pas être vendus.

Au moment où les grades seront mis à l'élection, les femmes pourront élire, dans leur compagnie seulement. Les dignitaires qui présideront à leurs travaux devront satisfaire aux conditions d'un programme spécial; à la même époque, les enfants ne pourront nommer que leurs sous-officiers.

Les travailleurs mobiles seront armés comme l'infanterie; ils passeront la revue, tantôt sous les armes, tantôt avec leurs instruments de travail.

Un règlement spécial déterminera la discipline de ces bataillons, où l'on accordera beaucoup plus de liberté que dans l'armée.

Il sera créé à la suite de chaque bataillon une compagnie de charrois, chargée de voiturer les outils et les machines, ainsi qu'un détachement de cavalerie.

Si l'expérience justifie les espérances que l'on peut fonder sur ces bataillons, comme moyen de féconder notre sol et de le défendre contre l'ennemi, les bataillons d'infanterie de l'armée adopteront une partie de cette organisation, et des cours d'agronomie, de terrassement, de construction des ponts et chaussées seront fondés dans toutes les écoles militaires préparatoires.

FINANCES.

La nécessité d'établir les finances sur des bases toutes nouvelles est le résultat des aperçus que nous venons de présenter.

L'organisation de l'association dans la commune et la contribution de la commune aux dépenses générales de la nation, par un impôt unique et prélevé sans frais, avant toute répartition individuelle, sur le produit collectif, nous présente l'idéal le plus logique du mécanisme financier.

En attendant qu'on puisse le réaliser, la volonté publique se prononce énergiquement, et sans retour possible, contre le système financier incohérent, aristocratique et vexatoire qui nous a été légué par la monarchie.

Les démocrates sont ralliés aujourd'hui à quelques idées fort simples : en fait de dépenses, larges économies sur l'armée, la magistrature, les cultes, — augmentation des frais consacrés à l'enseignement, à l'agriculture.

En fait de recettes, suppression des contributions indirectes en général, spécialement des octrois, des droits sur les boissons et le sel.

Exploitation par l'Etat de quelques richesses d'un intérêt national, telles que les mines et salines ; transformation des contributions en paiement direct de services rendus, comme Assurances nationales, Banque nationale, administration des canaux, chemins de fer, messageries nationales, postes, télégraphie, part contributoire des communes et départements intéressés, dans l'entretien des armées industrielles et autres frais des travaux publics.

Enfin, pour combler la lacune que laisseraient encore ces différentes branches du revenu public, *impôt unique et direct.*

Cet impôt serait-il *proportionnel* à la fortune ou *progressif*, c'est-à-dire atteignant une fraction de la fortune d'autant plus considérable que cette fortune serait plus élevée?

Cet impôt prendrait-il pour base d'évaluation le *revenu* de chacun ou son *capital?*

La démocratie, bien que ralliée généralement à la thèse de l'impôt direct et unique, n'est pas encore fixée sur les deux points, relativement secondaires, que nous venons de toucher.

La question de la progression dans l'impôt peut être sans inconvénient réservée, quand cet impôt n'est pas même encore proportionnel. L'établissement de la proportionnalité, réclamée par la Constitution, offre en ce moment au législateur une tâche assez belle.

Quant à la question de savoir si l'impôt unique aura pour base le revenu ou le capital, nous sommes personnellement d'avis de le fonder sur le revenu, le capital immobilier qui ne produit pas de revenus se trouvant suffisamment atteint par la prime d'assurances nationales.

En bonne administration, la prime d'assurance devrait être calculée de manière à couvrir exactement les sinistres, à en répartir le fardeau sans bénéfice pour personne.

Mais aujourd'hui l'assurance est exploitée par un grand nombre de compagnies dont beaucoup ne présentent aucune sûreté et ne semblent organisées que pour recevoir l'argent du public. Les primes de ces compagnies sont nécessairement très élevées, parce que le cercle de leur clientèle est restreint et qu'elles doivent prévoir le cas où la plus grande partie des sinistres du pays entier s'abattrait dans cette sphère. C'est ainsi que la grêle écrase parfois la récolte de certains départements en épargnant tous les autres, et que les assurances morcelées contre la grêle ont été reconnues impossibles. L'Etat se chargeant de toutes les assurances, sans exception, ne serait grevé que de la moyenne des sinistres dans toute la France, moyenne calculée depuis longtemps et à peu près fixe. Il pourrait donner aux propriétaires les garanties d'une assurance sérieuse, tout en exigeant d'eux une prime très inférieure à celle qu'ils paient aux compagnies rivales. Ce service, qui pourrait être fait par les fonctionnaires des finances, serait infiniment moins onéreux pour le pays que l'entretien des états-majors et des réseaux administratifs qui sont nécessaires aujourd'hui à chacune de ces compagnies d'assurance croisant leurs opérations sur notre sol. Les compagnies d'ailleurs ont besoin, pour recruter leur clientèle, de courtiers qui seraient inutiles à l'Etat.

Le pays ne refusera pas certainement de payer à l'Etat, pour être assuré sérieusement, beaucoup moins qu'il ne paie à des compagnies sujettes à banqueroute. Il souscrira sans peine à ce marché, alors même que, transitoirement, le taux de l'assurance serait calculé de manière à laisser à l'Etat un bénéfice[1].

1) Voyez la brochure intitulée *Organisation unitaire des assurances*, par Raoul Boudon, quai Voltaire, 29.

L'organisation unitaire et nationale des assurances est un principe définitivement admis par la démocratie. La Convention l'avait entrevu et lui avait même donné un commencement de réalisation fort curieux.

Un décret du 20 février 1793 assure des secours à tous les citoyens pauvres qui auront éprouvé des pertes par l'intempérie des saisons ou autres accidents imprévus.

L'Etat n'accorde que des secours. Ne percevant aucune prime pour couvrir ce genre de dépense, il n'assure pas les riches contre les sinistres et se contente de venir en aide aux citoyens qui ont le plus souffert. C'est une loi d'assistance et non de finance. Le décret du 20 février 1793 n'en est pas moins un précieux germe et une indication pour l'avenir.

Toute personne à qui il restera, déduction faite de la perte qu'elle a éprouvée, un revenu net au-dessus de deux mille livres, ne pourra recevoir aucun secours, à quelque somme que la perte puisse monter.

S'il est reconnu que le revenu du réclamant ne se porte pas au delà de deux mille livres, il obtiendra le secours qui sera attaché à la classe dans laquelle il se trouvera porté par les suites de la perte qu'il a éprouvée.

Ce secours *devant toujours être en raison inverse des fortunes*, il sera formé vingt classes qui s'élèveront de cent livres par cent livres, depuis celui qui jouit de la plus mince fortune jusqu'à celui qui jouit de deux mille livres, revenu au-dessus duquel il n'est accordé aucun secours.

Celui qui jouira d'un revenu n'excédant pas cent livres, recevra dans son entier l'évaluation de sa perte. Celui dont le revenu excédera cent livres, mais ne s'élèvera pas au-dessus de deux cents livres, recevra les dix-neuf vingtièmes. Celui qui possèdera un revenu de deux à trois cents livres, touchera les dix-huit vingtièmes, et ainsi de suite, de sorte que celui qui jouira d'un revenu de dix-neuf cents livres à deux mille livres, ne recevra qu'un vingtième de l'évaluation de la perte qu'il aura éprouvée.

Il sera en outre accordé aux quatre premières classes qui ne reçoivent pas en totalité l'évaluation de la perte deux pour cent du surplus de cette évaluation, à raison de chaque enfant non âgé de douze ans, toutes les fois que la famille du réclamant s'élèvera au-dessus de trois enfants.

La même augmentation aura lieu pour les cinq classes subséquentes, et pour chaque enfant aussi non âgé de douze ans, quand le réclamant aura plus de quatre enfants; dans les autres cinq classes, quand le réclamant aura plus de cinq enfants, et dans les cinq dernières, quand il en aura plus de six.

Le célibataire qui réclamera le secours ne recevra que la moitié de celui qui sera accordé à l'homme marié se trouvant dans la même classe.

Telles sont les dispositions ingénieuses du décret conventionnel où l'on découvre une première organisation de l'assurance par l'Etat.

Après avoir posé quelques principes généraux, examinons en détail les différentes questions financières, telles qu'elles sont classées dans les budgets d'aujourd'hui.

DÉPENSES.

Au premier rang des dépenses figure la *dette consolidée* formée des intérêts des rentes que l'État s'est obligé de servir à ses créanciers, et d'un fonds d'amortissement destiné à l'extinction du capital. Ces différents services : rentes 5 p. 100, rentes 4 1/2 p. 100, rentes 3 p. 100, fonds d'amortissement, dotation annuelle, dépassent 300 millions; on voit combien les États se grèvent en recourant légèrement à l'emprunt dans toutes les circonstances difficiles; on voit combien il est urgent de chercher des ressources plus solides et qui ne soient pas, comme les rentes sur l'État, un aliment d'agiotage.

Ces rentes, au surplus, pourraient et devraient subir une réduction par voie d'impôt; il est juste qu'elles contribuent aux charges publiques comme tous les éléments de la fortune des citoyens.

Le budget nous présente encore pour près de 9 millions *d'emprunts* spéciaux pour canaux et travaux divers,

Puis des intérêts de capitaux remboursables à titre de cautionnements déposés,

Les intérêts de la dette flottante du trésor.

Un autre chapitre intitulé *Dette viagère* énumère les obligations de l'Etat envers des individus, obligations restreintes à la durée de leur existence. Cette dette viagère a pour objet de satisfaire à des engagements politiques, à des prédilections de parti, plutôt que de rémunérer des services effectifs. Elle s'élève à 50 millions environ ; on y voit figurer, sous la République démocratique, Mme la duchesse d'Orléans pour 300,000 francs, représentant un douaire que le gouvernement aristocratique de Louis-Philippe lui avait seul garanti, que la nation paie. Dans la dette viagère sont inscrits pour un total de 365,000 francs d'anciens préfets, d'anciens pairs de France dont beaucoup sont riches.

La République, si elle avait supprimé ces pensions ou les avait réduites, en cas d'absolue nécessité, à des subventions alimentaires, aurait pu s'appuyer sur l'exemple du roi Louis-Philippe rayant des registres du Trésor les pensions inscrites au profit des pairs nommés par le roi Charles X, ou qui n'avaient pas prêté le serment exigé par la loi du 31 août 1830[1].

Prodigue pour ses adversaires, la République d'aujourd'hui est avare pour ses défenseurs. Dans la *dette viagère* nous ne trouvons pas un centime affecté aux martyrs de la cause populaire, aux combattants de juillet, de février, aux républicains condamnés politiques.

Les quatre chapitres ; 1° dette consolidée et amortissement ; 2° emprunts spéciaux pour canaux et travaux divers ; 3° intérêts de capitaux remboursables à divers titres ; 4° dette viagère, constituent ce qu'on appelle la DETTE PUBLIQUE. Elle forme un ensemble de près de 400 millions qui serait fortement entamé par une révision faite au point de vue démocratique.

Dotations. Nous n'avons pas besoin de dire ce que nous pensons des augmentations faites, à titre de frais de représentation ou de crédit extraordinaire, au traitement du président de la République fixé par la Constitution à la somme de 600,000 francs, somme plus élevée que le traitement du président des États-Unis et que celui du premier consul Bonaparte.

Les fonctionnaires républicains devraient s'attacher à populariser la démocratie par le contraste de leurs traite-

(1) Ordonnance du 8 décembre 1831.

ments modestes avec les millions que les familles royales ont dévorés sous toutes les monarchies.

Attaquez, messieurs les royalistes, et l'indemnité des représentants, et ce que vous appelez *les comptes du gouvernement provisoire;* nous vous répondrons par les comptes de la Restauration. Louis XVIII en 1814 [1] fit déclarer dettes de l'État ses dettes personnelles et celles de sa famille jusqu'à concurrence de TRENTE MILLIONS; c'était l'arriéré de l'émigration.

Comme indemnité aux troupes alliées qui avaient rétabli la monarchie légitime, la France dut payer 700 millions de francs d'après le traité de Paris du 20 novembre 1815. En outre, pendant les années 1816, 1817 et 1818, cent cinquante mille hommes de troupes étrangères occupèrent nos places fortes, nourris et entretenus à nos dépens.

Indépendamment de la jouissance des châteaux et domaines royaux, la liste civile du roi fut fixée pour Louis XVIII, et ensuite pour Charles X, à 25 millions par an. Les princes et princesses de la famille royale reçurent en outre 8 millions par année, augmentés d'un million après le mariage du duc de Berry [2], réduits à 7 millions après l'avénement de Charles X.

Il n'est pas même nécessaire d'ajouter à toutes ces dépenses les douze millions quarante mille francs de rentes constituées le 15 juin 1818 au profit des créanciers étrangers protégés par la sainte-alliance, ni le *milliard des émigrés* [3], pour comprendre que le gouvernement monarchique est un gouffre pour la richesse d'un pays.

Un seul détail peut faire apprécier le gaspillage de cette époque : l'enterrement de Louis XVIII et le sacre de Charles X coûtèrent ensemble *six millions* [4].

Louis Philippe, roi de la classe moyenne, prenant la couronne au rabais, renonçant à la garde royale, aux maisons militaire et civile, promettant le gouvernement à bon marché, dut se restreindre à une liste civile de 12 millions, mais ce sacrifice lui fut aussi pénible que celui

(1) Loi du 21 décembre 1814.
(2) Loi du 28 mars 1816.
(3) Loi du 27 avril 1825.
(4) Loi du 15 janvier 1825, art. 5.

de ses armoiries fleurdelisées dont il avait d'abord voulu faire le sceau de l'État par une ordonnance insérée au *Bulletin des lois*. L'héritier de la couronne reçut un million par an, deux millions à partir de son mariage, sans compter un million une fois payé pour frais de noces[1]; ajoutons encore un million pour la dot de Louise d'Orléans, reine des Belges.

Le roi, d'ailleurs, se dispensa, malgré l'usage monarchique, l'usage suivi par Charles X, de réunir au domaine de l'État ses vastes propriétés particulières.

C'étaient là des conditions fort avantageuses sans doute. Toutefois des demandes réitérées et toujours infructueuses de dotations pour la famille royale prouvèrent que les d'Orléans ne trouvaient pas leur situation assez lucrative, et qu'ils possédaient véritablement un appétit monarchique. Au surplus, il existe encore en France un parti de courtisans tout prêts à crier : *A l'orgie! à la purée d'ananas!* quand un fonctionnaire plébéien dépense cent sous, comme à s'incliner devant *l'amour éclairé des arts*, *la magnificence*, *la philanthropie* de tout rejeton princier qui jettera des millions par la fenêtre.

Il faut éliminer du budget les parasites, mais la rétribution des fonctionnaires publics est un principe qui ne doit pas être abandonné, si l'on ne veut pas voir toutes les fonctions envahies par les riches et par suite exercées dans l'intérêt des classes privilégiées. La Convention comprenait si bien l'importance de ce principe, que, le 10 floréal an II, au moment où le trésor public n'était alimenté que péniblement, au moment des besoins les plus pressants de la patrie, elle défendit à tout fonctionnaire public de renoncer à son traitement, « sauf aux fonctionnaires à propager par les moyens qu'ils préféreront les « actes de vertu, de générosité et de fraternité dont le « peuple français ne cessera de donner l'exemple. »

Nous ne poussons pas l'amour mal entendu de l'égalité jusqu'à demander que tous les fonctionnaires publics, sans distinction de hiérarchie, soient réduits au même salaire; nous croyons que la gradation des traitements

(1) Loi du 7 mai 1837.

fournit un moyen aussi utile que légitime de stimuler une honorable ambition, de récompenser et l'ancienneté et les services.

Mais dans les circonstances exceptionnelles, en présence d'un déficit énorme à combler dans les finances, il serait juste, jusqu'à ce que l'équilibre du budget fût rétabli, de ne payer aucun traitement au delà d'un certain maximum. Continuons l'examen du budget.

Le ministère de la justice coûte environ 26 millions et demi ; la Légion-d'Honneur 6 millions et demi ; l'imprimerie nationale, institution que nous ne songerions pas à restreindre, environ 3,150,000 fr.; le ministère des affaires étrangères un peu plus de 7 millions; l'instruction publique, service qui doit être développé considérablement, 21 millions; les cultes, dépense à supprimer comme dépense de l'État, 41 millions.

Le ministère de l'intérieur emploie dans ses divers services environ 125 millions.

Le ministère de l'agriculture et du commerce, traité avec une ridicule parcimonie, 17 millions ; le ministère des travaux publics, 115 millions.

Le ministère de la guerre, le plus onéreux de tous et le plus improductif, dépense 307 millions. Il est vrai qu'une partie de ces fonds est jetée en Algérie, comme semence; mais la moisson ne mûrit pas.

Le ministère de la marine absorbe 84 millions et demi et, de plus, 18 millions pour le service colonial, près de 4 millions pour travaux extraordinaires : total 106 millions et demi.

Le ministère des finances coûte, pour la perception des ressources de l'État, la somme exorbitante de 245 millions. En y joignant la fabrication des monnaies et médailles pour 1,200,000 fr. environ, et surtout le paiement de la dette publique et des dotations dont ce ministère est chargé, vous arrivez à une somme de plus de 630 millions.

Le budget total des dépenses pour 1851, budget que nous prenons pour exemple, est d'un milliard quatre cents et quelques millions. Voici la liste des services principaux rangés d'après l'importance des dépenses qu'ils entraînent ;

Guerre. — Finances. — Intérieur. — Travaux publics. — Marine. — Cultes. — Justice. — Instruction publique. — Agriculture et commerce. — Affaires étrangères. — Légion-d'Honneur. — Imprimerie nationale.

Des économies considérables sont à réaliser sur les dotations politiques, l'armée, les cultes, la magistrature; ces économies doivent être assez radicales pour être encore sensibles au pays, même après que l'on aurait donné des développements nouveaux aux budgets de l'instruction publique, de l'agriculture et des travaux publics.

RECETTES.

Le budget des recettes appelle des modifications encore plus profondes que le budget des dépenses.

Le budget des recettes prévues pour l'année 1851 monte à un milliard trois cent soixante-dix millions à peu près; il est par conséquent inférieur au budget des dépenses assurées, et ne diminuera pas le déficit dont la France se plaint depuis longues années. Voici quelles sont aujourd'hui les différentes sources du revenu public.

CONTRIBUTIONS DIRECTES.

Elles se subdivisent en contribution foncière, — personnelle et mobilière, — des portes et fenêtres, — des patentes — taxe additionnelle de premier avertissement.

Contribution foncière.

Pour l'établissement de l'impôt foncier, une méthode permanente d'évaluation des terres est indispensable. Louis XVIII essaya de la créer le 23 juillet 1823, en organisant par ordonnance, dans trente-trois départements, une commission chargée d'opérer une meilleure répartition de la contribution foncière. De pareilles mesures ont souvent été proposées, mais la statistique de la propriété foncière n'a pas encore pris le caractère fixe et normal que nous réclamons pour elle.

Un travail relatif à la création d'un *état civil foncier* a été publié récemment par M. Girard. Nous ne jugeons pas ce travail, nous le mentionnons en ajoutant que, pendant la session de 1849, les conseils généraux de l'Aveyron et de la Dordogne l'ont recommandé à l'attention du gouvernement.

M. Girard propose des mesures tendant à modifier le cadastre au fur et à mesure des mutations de propriété, afin que le tableau cadastral représente toujours le dernier état de la répartition du sol.

Ce tableau, dans l'état actuel, est toujours en arrière de quelques années de la situation réelle, et les sommes énormes qu'il a coûtées demeurent ainsi improductives. De quelque manière que l'on remédie à de pareils inconvénients, il nous sera permis de faire observer que l'association territoriale réduirait énormément les frais cadastraux, en même temps que le morcellement du sol et les perpétuelles mutations de la propriété foncière.

Dans la session de 1849, le conseil général du Haut-Rhin a émis cet avis fort sage, qu'il faudrait obliger les notaires à opérer pour tous leurs actes la mutation cadastrale en même temps que l'enregistrement. Cette proposition n'est qu'un détail de la grande idée souvent développée par M. Loreau et qui ferait de l'enregistrement le germe, le pivot d'une administration nouvelle chargée de la statistique territoriale.

Une loi sur le cadastre est réclamée de tous les points de la France.

A notre avis, et nous sommes d'accord avec le conseil général du Tarn, session de 1849, autant le cadastre est difficile à établir et à maintenir au courant des mutations, quand on prend pour base d'opérations toute la France, autant il serait facile de charger chaque municipalité de présider aux opérations cadastrales pour chaque commune et de constater les mutations intervenues dans cette circonscription.

Nous ne saurions trop le répéter : pour obtenir une équitable répartition de l'impôt, non pas seulement sur les valeurs immobilières, mais sur toutes les valeurs sans exception, il faudrait arriver d'abord à la statistique de la richesse. Mais comment pourrait-on se rapprocher d'un pareil but ?

En terminant sa session de 1849, le conseil général de Tarn-et-Garonne a proposé au gouvernement de frapper de nullité tous les actes d'obligations sous seing privé, c'est-à-dire qui ne seraient pas notariés, à l'exception des actes commerciaux de leur nature. On faciliterait ainsi la statistique des fortunes par la constatation de tous les actes ; mais le procédé, qui serait fort du goût des notaires, nous paraît dispendieux pour le public, et d'ailleurs il laisse en dehors des contrats les fortunes commerciales. Au notariat nous préférerions de beaucoup l'enregistrement simplifié et considérablement réduit dans ses tarifs.

Contribution personnelle et mobilière.

La contribution personnelle, fixée par année à trois journées de travail, variant du prix de 50 centimes à 1 fr. 50 centimes, suivant les localités[1] ; la contribution mobilière, portant seulement sur la valeur locative des appartements consacrés au logement personnel, sont loin de représenter une contribution proportionnelle à la fortune et pesant sur l'ensemble du revenu mobilier.

L'idée d'imposer le revenu mobilier s'est manifestée plusieurs fois au sein des conseils généraux, s'est même traduite en 1849 par un projet émané du ministère des finances. Les conseils généraux qui ont admis le principe d'un impôt sur le revenu ont émis le vœu que cet impôt épargnât la propriété foncière déjà surchargée. C'était avec raison. Nous voudrions, nous, que l'on fît table rase du vieux système financier pour imposer le revenu dans une proportion unique, soit qu'il fût mobilier, soit qu'il fût territorial. L'assurance contre les sinistres est, à nos yeux, la seule charge spéciale que la propriété foncière doive supporter en raison de sa nature.

En dehors de cette idée, qui consisterait à imposer le revenu mobilier dans son ensemble, nous avons vu surgir dans les conseils de département le projet d'imposer im-

(1) Loi du 21 avril 1832.

médiatement certaines branches de revenu dont l'existence peut être facilement constatée, telles que les rentes sur l'Etat, sur les villes, sur les particuliers, les créances hypothécaires, les actions dans les compagnies, enfin toutes les valeurs qui ne peuvent se cacher. Il faut donner suite à ces projets qui ébaucheraient la statistique générale de la fortune publique. Toute forme de la richesse doit alimenter le système de protection sociale dont toutes les richesses profitent.

Il est étrange assurément que les rentes sur l'Etat, après avoir perdu presque toutes leur caractère originaire de créances sur la nation pour devenir purement et simplement un mode de placement plus sûr qu'un autre, soient exemptes de toute contribution aux charges publiques, échappent même, dans les legs, successions, donations, aux droits de mutation qui frappent la richesse sous toute autre forme.

Préalablement à toute refonte du système financier, il serait juste et facile d'imposer la rente par la *conversion* ou réduction de l'intérêt qui lui est alloué maintenant.

Indépendamment du revenu naturel de la rente, les bénéfices faits à la bourse, les *différences* encaissées par les agioteurs étant le produit non d'un travail utile, mais d'un jeu qui détourne les capitaux de tous les emplois agricoles et industriels, ce genre de revenu surtout doit être frappé rigoureusement par l'impôt. Une loi qui atteindrait les opérations de bourse serait assurément populaire. Tel était l'esprit d'un article de la loi de 1850 sur le timbre des effets de commerce, article repousssé à la deuxième délibération par l'Assemblée législative.

La loi de finances du 9 vendémiaire an VI faisait entrer parmi les sources du revenu de l'Etat un droit proportionnel à raison d'un pour mille du montant des créances hypothécaires, et un autre droit d'un et demi pour cent sur le prix des immeubles que les nouveaux possesseurs voudraient purger d'hypothèque.

Mais ce n'était là qu'un véritable droit d'enregistrement. L'idée d'imposer les créances hypothécaires, dans une plus large proportion, s'est produite après la révolution de février.

Le gouvernement provisoire, par son décret du 19 avril,

frappa pour l'année 1848 les créances hypothécaires d'une contribution de un pour cent du capital.

L'impôt des créances hypothécaires fut abrogé le 9 août 1848 par l'Assemblée constituante. Cet impôt, qui retombait en définitive, non sur le créancier, mais sur le débiteur, avait pour effet de rendre le crédit plus cher. Toutefois il faudra bien y revenir quand on voudra rendre l'impôt proportionnel à la fortune, quels que soient les éléments de cette fortune.

Ajoutons que les banques communales, cantonales, départementales, reliées à la Banque nationale, empêcheront par leur concurrence le prêteur isolé de rançonner l'emprunteur, et d'élever l'intérêt, même sous prétexte de compensation pour l'impôt des créances hypothécaires.

Il a été question dans plusieurs conseils départementaux d'imposer spécialement certains objets qui paraissent superflus ou dont la possession seule annonce du luxe. Telles sont les voitures à quatre ou deux roues, les chevaux d'attelage ou de luxe. Mais nous ne croyons ni à l'utilité ni à la justice de ces impôts somptuaires.

Nous ne les croyons pas utiles, parce qu'ils ne donneraient à l'Etat qu'un produit minime. Le nombre des particuliers qui jouissent du luxe est restreint, ce ne sont pas les très grandes fortunes qui alimentent le budget.

Le luxe d'ailleurs ne doit pas être découragé, frappé d'interdit. Le luxe réduit par l'effet de la loi, c'est le chômage et la misère pour des catégories entières d'ouvriers, de producteurs.

Indépendamment de l'intérêt des ouvriers et des artistes, il ne faut pas perdre de vue que le luxe est purement et simplement l'échantillon de l'avenir, le premier essai de substances rares, de procédés dispendieux, dont l'usage, restreint d'abord aux privilégiés de la fortune, doit se généraliser, se populariser avec le temps; frapper les jouissances aristocratiques dans le présent, c'est atteindre les jouissances populaires dans l'avenir.

Les impôts somptuaires sont d'ailleurs injustes.

Pourquoi imposer plus lourdement la richesse qui se manifeste par des dépenses, que la richesse égoïste anti-sociale concentrée dans un coffre-fort? Ce n'est pas telle ou telle manifestation de la propriété que l'impôt doit atteindre ; c'est la propriété, c'est la valeur, partout où elle se cache Nous voulons que toute la propriété soit imposée. aussi ne pouvons-nous approuver les impôts spéciaux qui s'appuient, non sur la quotité du revenu, mais sur la forme donnée à la dépense.

Parmi les objets de luxe dont il réclame la taxation, le conseil de la Dordogne, en 1849, a placé *les livrées*. Nous n'admettons pas la taxe des livrées ; mais nous croyons que l'affermissement en France de l'esprit républicain en fera disparaître l'usage. La domesticité n'est pas une institution conforme aux principes fraternels de l'avenir; tant que l'imperfection de notre société la nécessitera, qu'elle renonce du moins à ces emblèmes qui constatent pour tous les yeux l'asservissement de l'homme à l'homme. Dans l'agriculture, dans l'industrie, dans toute profession libre, l'adoption volontaire de costumes, d'insignes, développerait un utile esprit de corps ; la livrée ne peut fortifier que l'esprit servile. En portant le costume de tous les citoyens, les domestiques gagneront nécessairement en dignité. Mais l'initiative de cette réforme appartient à l'opinion et aux mœurs, non pas à la fiscalité, à la contrainte.

La constatation de la fortune mobilière dans son ensemble est difficile sans doute, mais non pas impossible, puisqu'elle s'opère en Angleterre, où elle sert de base à l'*income tax*. Nous sommes peu sympathiques aux réclamations des oisifs et des agioteurs contre des vexations auxquelles ils peuvent se soustraire par des déclarations sincères et bien justifiées. Cette classe d'ailleurs ne demande qu'à maintenir l'impôt des boissons, l'octroi, les droits réunis, dont la perception est une occasion permanente de vexations et d'humiliations pour les masses laborieuses.

Enfin, l'impôt sur le revenu ne présente de difficultés d'exécution et de causes de froissement que dans l'état de morcellement social. Sous le régime de l'association, il se perçoit sans aucune espèce de contact entre le fisc et les individus. Quand on voudra se soustraire aux inconvénients qu'entraîne la perception des impôts dans le morcellement, on réalisera le régime sociétaire.

Impôt des portes et fenêtres.

On se croit encore au sein du moyen âge et de sa barbarie quand on songe à la naïveté du procédé employé pour mesurer la part contributoire de la propriété bâtie dans les dépenses de l'État. Aujourd'hui encore les bâtiments sont imposés *d'après le nombre de leurs portes et de leurs fenêtres.*

Le nombre des portes et fenêtres n'est pas en rapport exact avec la valeur productive des bâtiments. Rien de plus arbitraire que la distribution de ces ouvertures. Il est injuste d'ailleurs de mettre sur le même rang, sans distinction, les portes et les fenêtres du riche hôtel et les percées faites à la chaumière. Tout est à l'avantage du riche dans cette évaluation. Il est évident que les loyers produits par l'édifice tout entier seraient une base d'imposition incomparablement plus juste. De nombreux conseils généraux se sont prononcés dans ce sens.

Patentes.

Comme la taxe des brevets d'invention, l'impôt des patentes frappe abusivement l'intelligence, l'activité, l'industrie. Ce n'est pas telle ou telle profession qui doit être imposée à cause de son titre, ce sont les bénéfices qu'elle procure.

Après les contributions directes, le budget des recettes comprend :

2° *L'enregistrement*, *timbre* et *domaines* ;

3° *Les produits des forêts et de la pêche* ;

4° *Les douanes et sels* ;

5° *Les contributions indirectes.*

Nous présenterons des observations sur quelques-unes de ces branches de revenue.

FORÊTS.

Les hommes compétents demandent depuis longtemps que l'administration des forêts soit enlevée au ministère des finances pour être réunie à l'administration de l'agriculture. On a trop vu jusqu'à présent dans les forêts le côté fiscal, la vente des coupes et le produit des amendes. On n'y a pas vu assez la question agricole, le rapport qui unit ce genre de richesses à l'irrigation, à toutes les parties de l'économie rurale.

Douanes.

Bien que la douane soit placée aujourd'hui dans les attributions du ministère des finances, en considérant cette institution d'un point de vue élevé, on reconnaît qu'elle se rattache surtout aux relations internationales. Un décret conventionnel du 17e jour 1er mois de l'an II avait distrait la régie des douanes du département des contributions publiques pour la réunir à celui des affaires étrangères, qui est véritablement sa place.

Tous les peuples souffrent des entraves douanières qui disparaîtront un jour absorbées dans la réalisation de l'unité européenne, comme ont disparu les douanes intérieures de la France, de l'Espagne, comme ont disparu sous l'influence prussienne du Zollverein les douanes intérieures allemandes, comme disparaîtront tôt ou tard les douanes intérieures de l'Italie.

Arriver graduellement à la parfaite liberté des relations commerciales entre les nations civilisées, ce sera un des problèmes les plus importants posés à ce congrès européen permanent qui doit servir de modèle au congrès permanent universel.

Une représentation générale de tous les peuples européens, ou même, pour prendre une expression plus large, de tous les peuples civilisés, pourra seule résoudre complétement, définitivement, en tenant compte de tous les intérêts, ces questions douanières décidées jusqu'à ce jour par des traités de commerce intervenant entre quelques nations s'isolant des autres et souvent agissant à leur détriment.

En attendant les résolutions du Congrès des peuples, chacun d'eux peut, dès aujourd'hui, modifier sa législation douanière en vertu de quelques principes nouveaux :

1° N'admettre dans le système douanier aucune prohibition absolue. Il est barbare d'interdire complétement l'introduction dans un pays d'une denrée, d'un produit artistique et industriel qui peut être utile, ne fût-ce que pour éveiller des idées nouvelles, exciter l'émulation des producteurs en raffinant le goût des consommateurs.

Nous ajouterons que le maintien des droits lui-même est une mesure transitoire contraire à cette idée de liberté qui résume le progrès et l'avenir ; comme ressource financière, la douane est un impôt vexatoire, impossible à défendre et à conserver; comme protection du travail national, si le maintien des droits d'importation est jugé nécessaire encore pour assurer la possibilité de grandir et de se développer aux jeunes industries qui seraient tuées par une concurrence prématurée avec l'extérieur, il ne faudrait pas du moins, aux dépens des consommateurs, assurer une existence artificielle à l'industrie indigène qui ne peut pas vivre. N'alimentons pas les industries factices, diminuons dès aujourd'hui la protection accordée aux branches de la production nationale qui peuvent soutenir la lutte avec l'extérieur et qui se fortifieront par cette lutte même; proposons nous constamment ce but de remplacer, autant que nos finances le permettront, pour les jeunes industries indigènes, la *protection indirecte* du tarif douanier par la *protection directe* des améliorations effectives soutenues, encouragées par la nation.

Contributions indirectes.

Ce sont les droits sur les boissons évalués à 94,522,000 fr. ; la taxe des sels, des sucres indigènes, la vente des tabacs, des poudres, etc.

Les Boissons.

La plupart des contributions indirectes sont condamnées sans appel par le sentiment des masses. Elles réclament l'abolition des impôts qui pèsent sur les objets de consommation et spécialement

Sur les boissons,

Sur le sel.

Ces impôts atteignent rudement le pauvre. A toutes les époques d'agitation politique, il en a demandé, espéré la suppression ; la haine des droits réunis se manifestait sur la fin de l'empire par des vociférations qui ne respectaient plus les oreilles de l'empereur. En 1814, Monsieur, comte d'Artois, devançant de quelques semaines son frère Louis XVIII, fut accablé de telles réclamations contre les droits réunis, qu'il jugea la popularité de sa famille et de la Restauration même engagée dans cette question. Il accorda immédiatement quelques adoucissements, modifiant surtout l'impôt des boissons dans les formes de la perception [1].

Ces changements n'étaient que des palliatifs et ne satisfirent point; il fallait que la Restauration payât plus largement sa bienvenue. Sur plusieurs points du territoire, des émeutes éclatèrent contre les droits réunis. On détruisit les bureaux de perception, les registres furent lacérés ou brûlés, les employés battus. Ces scènes de violence occasionnées surtout par la perception des droits relatifs aux boissons, aux sels et aux tabacs, arrachèrent à Louis XVIII une proclamation [2] par laquelle, sans défendre en lui-même le régime des droits réunis, il fait valoir la nécessité de ne pas supprimer une pareille branche du revenu public avant d'avoir trouvé un équivalent. Il promet de chercher cet équivalent. Depuis trente-sept ans que la promesse est faite et l'étude commencée, tous les gouvernements semblent pris au dépourvu quand le peuple s'écrie :

« Abolissez l'impôt des boissons! »

Le gouvernement, comme surpris par la nouveauté du problème, demande quelques mois pour faire une enquête.

Nous venons de le dire : cette plaisanterie dure depuis trente-sept ans.

Quant à Louis XVIII, il s'acquitta de ses engagements en abolissant LE NOM des *droits réunis* qui furent intitulés *contributions indirectes* [3]. C'est ainsi que le *recrutement* avait remplacé la *conscription* abolie avec grand fracas par la Charte.

Louis XVIII dorait à la vérité cette pilule en amnistiant

(1) Décret du 27 avril 1814.
(2) Du 10 mai 1814,
(3) Ordonnance du 17 mai 1814. Voyez l'ordonnance du 1er juin même année.

les citoyens condamnés ou poursuivis pour avoir battu les percepteurs[1] et réclamé tumultueusement, en 1814, l'abolition des droits réunis.

Mais cette question n'en restait pas moins pendante, et Napoléon, durant les Cent-Jours, se crut obligé, pour satisfaire au cri public, de simplifier quelque peu le régime fiscal des boissons[2].

Cette lutte des partis se disputant la popularité par des innovations en matière d'impôt des boissons s'est perpétuée depuis la révolution de février : aboli par l'Assemblée constituante, rétabli par l'Assemblée législative, l'impôt des boissons est encore aujourd'hui l'objet d'une enquête. Elle serait promptement terminée si le pouvoir, entrant enfin dans la voie des économies dictées par le sentiment démocratique, voulait renoncer à l'appareil de compression morale et matérielle qu'il entretient à si grands frais.

Le sel.

L'impôt du sel est classé, aux budgets des recettes, au chapitre intitulé *douanes et sels*, puis au chapitre des contributions indirectes. Sans entrer dans le détail des deux natures de revenu public dont le sel est la base et qui ont motivé cette double mention, nous dirons que les salines sont dans la catégorie générale des exploitations minérales et devraient, comme telles, rester dans le domaine de l'Etat. Nécessaire à la santé de l'homme et des animaux utiles, le sel deviendrait encore un engrais pour l'agriculture si le taux de cette denrée abondante baissait dans une proportion considérable. Cette baisse de prix ne résulterait pas de la seule abolition des impôts pesant sur le sel. L'abolition des impôts ne saurait prévenir la coalition des propriétaires de salines, coalition qui s'est manifestée plus d'une fois par des faits significatifs. Dans l'intérêt du consommateur comme dans celui du budget, le sel doit être mis en régie. Le gouvernement de Louis-Philippe, bien que très peu disposé à défendre l'intérêt de

(1) Ordonnance du 15 janvier 1815.
(2) Décret du 8 avril 1815.

l'Etat contre les grands propriétaires et les compagnies, s'était montré, dans les derniers temps, partisan de cette réforme jusqu'au point de faire imprimer et distribuer des brochures qui la réclamaient.

Après les *contributions indirectes*, viennent en sixième lieu, dans le budget des recettes, les *produits des postes*, auxquels on ajoutera bientôt les produits de la télégraphie, et notamment de la télégraphie électrique, mise au service des particuliers moyennant tarif.

En septième lieu, comme *revenus divers*, la taxe annuelle des biens de main-morte, les produits universitaires, les revenus de l'Algérie, la rente de l'Inde, etc.

Le huitième chapitre du budget des recettes se compose de *produits divers du budget*, tels que bénéfices sur la fabrication des monnaies et la vente des médailles, redevances des mines, produits des établissements agricoles, etc. Ce genre de recettes correspondant à des services rendus est destiné à se développer.

Nous l'avons dit, il faut faire de l'impôt proprement dit une exception, le réduire autant que possible en le remplaçant par la rémunération de services rendus par l'Etat.

Nous avons indiqué plusieurs services qui devraient prendre un caractère national. Le roulage est dans ces conditions comme instrument de circulation pouvant éclairer la statistique commerciale. L'exploitation des messageries par l'Etat n'est pas une idée neuve en France. Les messageries firent partie, sous l'ancien régime, de la ferme des postes, jusqu'au jour où Louis XVI, sous les inspirations de Turgot, reprit la régie de ce service en 1775 pour en faire une administration royale. Le public trouva son compte dans cette transformation. Aux *coches*, voyageant par journées réglées de 10 à 11 heures, se substituèrent, sous le nom de *diligences*, des voitures plus commodes et relativement rapides. Cette administration réunit, la même année, entre ses mains tous les priviléges concédés antérieurement par la royauté pour *coches et diligences d'eau* sur toutes les rivières et canaux navigables du royaume. L'arrêt du conseil qui ordonne cette réunion est très judicieusement motivé. Les messageries gardèrent un caractère national sous la première République jusqu'au 1er nivôse an VI. A partir de cette époque la régie des messageries nationales cessa ses fonctions et vendit son matériel.

Les entreprises de cette nature qui prennent aujourd'hui le titre de *nationales* ne sont que le résultat de spéculations privées.

LOTERIE.

Cette fondation monarchique est heureusement reléguée dans l'histoire. François Ier créa la loterie par édit de mai 1539, sous le titre de *blanque*, à l'imitation de Venise, Florence et Gênes. Le roi qui ne songeait, en cette affaire, qu'à battre monnaie, fait valoir, avec un peu d'hypocrisie, la nécessité d'établir des jeux *honorables* qui détournent ses sujets des jeux dissolus où l'on commet des excès et des blasphèmes.

François Ier n'avait fait que privilégier une compagnie dont il partageait les bénéfices. La loterie royale régie par l'État fut créée par Louis XIV en 1700, sous la pression des nécessités financières, et afin de procurer à ses sujets « un moyen commode et agréable de se faire un revenu sûr « et considérable pour le reste de leur vie, même d'enri- « chir leurs familles, en donnant au hasard des sommes si « légères, qu'elles ne pussent leur causer aucune incom- « modité. »

Les lots étaient alors des rentes, depuis 300 livres jusqu'à 20,000.

Deux nouvelles loteries royales furent établies cinq ans après, l'une à vingt sous, l'autre à deux livres le billet.

Louis XVI, après avoir concédé une loterie à l'*Ecole royale militaire*, la supprima le 30 juin 1776, ainsi que les autres loteries fondées ou autorisées par l'État, pour créer une *loterie royale de France* sur un vaste plan inconnu jusqu'alors. Le but de Louis XVI, en offrant des primes énormes et pouvant aller pour le *quine* à un million de fois la mise, était de détourner les capitaux français des loteries étrangères dont les billets et même les annonces furent prohibés dans tout le royaume.

La loterie a figuré pendant longtemps parmi les ressources du gouvernement ; elle produisait douze millions au budget du Directoire. Fondée sur l'avidité crédule de l'ignorant et du pauvre, école de paresse et de cupidité, source de dissensions dans les familles, excitation permanente à l'abus de confiance et au vol, vaste et productive escroquerie exercée par le gouvernement aux dépens des citoyens, la loterie a toujours été réprouvée par le sentiment démocratique, encouragée au contraire par les pouvoirs réactionnaires intéressés à l'avilissement de l'esprit public. La loterie florissait sous l'ancienne monarchie, la Révolution la supprima, le Directoire la rétablit en l'an VI ; les gouvernements monarchiques de l'Empire et de la Restauration l'enracinèrent. Consacrant un mouvement de l'opinion qui exerçait déjà son influence sous le règne de Charles X[1], la victoire de juillet 1830 nous en délivra. La loterie reparaîtrait si la réaction qui règne depuis le 10 décembre devait prolonger son empire ; déjà l'administration actuelle semble préluder à cette *restauration* par la loterie des lingots d'or.

BUDGET DES COMMUNES.

Il est indispensable d'augmenter le budget spécial des communes, des départements, et de laisser aux communes, aux départements, pour en disposer, plus d'indépendance qu'elles n'en possèdent aujourd'hui. Le budget des villes doit être proportionnel à la fortune des habitants. Les octrois, comme l'impôt des boissons, ont été jugés sans retour par l'opinion publique.

En 1849, il a été émis par les conseils généraux de l'Allier, de l'Aude, de la Charente, de la Corrèze, en un mot de huit départements, un vœu qui se justifie par son énoncé seul. Ces conseils demandent que les propriétés de l'Etat soient grevées de charges communales et départementales au même titre et dans les mêmes proportions que les propriétés privées.

(1) Ordonnance du 22 février 1829, contenant diverses dispositions relatives à la loterie.

RESSOURCES EXCEPTIONNELLES.

Dans plusieurs circonstances extraordinaires le gouvernement a augmenté le chiffre des impôts, il a procédé habituellement par voie de centimes additionnels, mais il n'est pas d'acte plus dangereux pour la popularité, pour l'existence même des pouvoirs que de pareilles mesures. On ne peut les tenter que dans un intérêt public vivement senti par la nation. Le 11 décembre 1813, Napoléon, voyant l'ennemi envahir la France, ajouta trente centimes au principal des contributions foncières, des portes, fenêtres et patentes de 1813, doubla les contributions personnelles et mobilières, augmenta l'impôt du sel, les droits réunis, les tarifs des octrois. La nation française, pour la défense de son territoire en 1792, eût facilement supporté de tels sacrifices ; en 1813, elle n'en avait plus la volonté ni la force. Nous n'avons pas besoin de rappeler les 45 centimes de 1848 et l'effet désastreux qu'ils ont produit. En cas de nécessité pressante, exceptionnelle, et en attendant la transformation du budget sur les bases que nous avons posées, un gouvernement démocratique n'a que deux moyens de faire face transitoirement aux exigences d'une pareille crise : escompter l'avenir en émettant dans une proportion restreinte et sévèrement contrôlée un papier-monnaie qui sera détruit au fur et à mesure qu'il sera créé des ressources normales ;

Demander une contribution extraordinaire, non pas à l'ouvrier ni au paysan, mais à la richesse. L'intérêt de la République exigerait qu'une pareille contribution prît par exception un caractère fortement progressif ; un tel acte, si les circonstances en exigeaient l'emploi temporaire, ne rendrait pas un nouveau pouvoir impopulaire dans la nation.

Les adversaires du gouvernement provisoire, qui ont si ardemment exploité l'impopularité des quarante-cinq centimes, ont oublié de nous dire que la véritable faute du gouvernement en cette affaire avait été de ne pas faire peser cet impôt de circonstance sur eux seuls.

CONCLUSION.

La France s'appelle aujourd'hui république démocratique, et nul ne la débaptisera. Si l'on croit après l'empereur Napoléon, après Charles X, après Louis-Philippe, qui ont usé, pendant la première moitié de notre siècle, toutes les formes possibles de monarchie, pouvoir installer en France une royauté nouvelle dont l'avénement ait un lendemain sérieux, — qu'on essaie.

La France restera république et démocratie; mais ces mots ne doivent pas demeurer une stérile formule. Une branche nouvelle a poussé sur le tronc français; stérilisée jusqu'à présent par des maléfices, il faut qu'elle produise enfin des feuilles, des fleurs et des fruits. Comme autrefois Constantin, fixant les yeux sur la croix lumineuse qui présageait la transfiguration du monde et la ruine de l'antique esclavage, les populations non-seulement de la France, mais de l'Europe et du monde entier qui se réveille, contemplent aujourd'hui ces mots radieux inscrits au firmament : *Liberté, Égalité, Fraternité !*

Elles croient y lire les noms de trois divinités qui descendront prochainement sur la terre.

Leur incarnation n'est qu'ajournée.

Les hommes qui se virent un instant maîtres des destinées françaises après février reviendront-ils au pouvoir? Peu importe! la démocratie française y reviendra.

Pourquoi s'en est-elle vue passagèrement écartée?

Ne disons pas que la révolution de février fut trop clémente; qu'elle eut tort de ne pas frapper ses ennemis; cette clémence dans le passé devient son droit de résurrection dans l'avenir.

Elle n'a pas été paralysée parce qu'elle était clémente et généreuse, mais parce qu'elle manquait d'idées.

Frapper les hommes est une injustice. En politique, si l'on trouve souvent des actes odieux à condamner et à flétrir, on rencontre dans les camps les plus opposés peu de mauvaises intentions ayant conscience d'elles-mêmes.

Frapper les hommes est de plus un tort immense envers les idées qu'on veut servir : c'est ainsi que les réactions se justifient et que les représailles s'éternisent. Ne jetons pas notre geôlier dans la prison dont nous venons de sortir; démolissons-la pour qu'on n'y enferme plus personne.

Novice et malhabile dans le maniement des affaires, dans la réforme des institutions, la révolution de février a cependant converti des millions d'hommes à la République, parce qu'elle a débuté en renversant l'échafaud politique. Ignorante et généreuse, elle a gagné des partisans, sauvé l'avenir; ignorante et persécutrice, elle eût tout perdu.

Ce qui lui manquait, c'étaient des idées, ou plutôt c'était la notion claire et précise d'une idée qu'elle aimait d'instinct, *la liberté.*

La liberté dans sa forme la plus complète et la plus vivante, la liberté joignant à la théorie la pratique, à l'émancipation de l'individu la force collective des masses : c'est L'ASSOCIATION.

Qu'a t-il manqué aux premiers mandataires de la révolution de février? Comprendre la portée merveilleuse, les conséquences divines de ce mot, ASSOCIATION, qui est l'avenir tout entier.

L'idée de l'association contient toute une politique extérieure, l'affranchissement de toutes les nationalités et leur confédération volontaire; l'association contient toute une politique, et plus qu'une politique, une économie sociale intérieure; elle groupe, conformément à la liberté, à la vérité, à la justice, tous ces hommes que l'isolement livre à l'exploitation des forts et qui n'ont accompli que la moitié de leur tâche providentielle en rompant les groupes formés autrefois sous la contrainte de l'esclavage et du servage. Nous ne voulons être ni attachés au même joug, ni seuls; unissons-nous en frères et répartissons d'après la justice absolue les produits du travail collectif; telle est aujourd'hui la devise de l'homme du peuple. Cette notion si simple, mais si féconde, enfante une agriculture, une industrie, un commerce, un enseignement, des sciences, des arts, d'un caractère entièrement nouveau.

A cette liberté d'association, éclairée, complétée par le droit de réunion, par la liberté de la presse, par toutes les libertés fondamentales, donnons pour rempart des institutions politiques assurant la souveraineté de l'opinion, la surveillance et l'intervention permanentes du peuple entier. Demandons à la volonté populaire cette ligne de conduite cherchée si longtemps dans les caprices ou les intérêts des rois; que le gouvernement, respectant l'initiative de tous, se borne à protéger l'Association, à la développer en favorisant la création sur échelle réduite de types et modèles supérieurs; désarmons les auxiliaires du passé, en donnant à la magistrature, à l'armée, transitoirement conservées, un caractère électif qui les mette en harmonie avec la fraternité; que les religions vivent de leur propre vie.

Pour que l'Association prenne son développement complet, nous aurons encore un groupe à dissoudre, celui des financiers, celui des barons de la féodalité industrielle. Nous y pourvoirons en organisant la Banque et les assurances nationales, en faisant rentrer entre les mains de l'État mines, salines, chemins de fer, canaux, roulage, courtage, instruments de circulation générale qui ne sauraient devenir le privilége de quelques-uns. Nous ne le ferons pas sans indemnité conforme aux principes de l'expropriation pour cause d'utilité publique, partout où nous trouverons des droits acquis, des engagements nationaux.

Cette fonction de circulation attribuée à l'État ne le met nullement en possession de l'agriculture, de l'industrie, en un mot de la production, demeurée libre; elle en fait seulement l'intermédiaire universel. Cette attribution même n'est que transitoire. Un jour les associations, en se reliant, en devenant solidaires, constitueront elles-mêmes leur centre et leur unité, qui aura sa racine dans la liberté seule; mais en attendant ce travail d'organisation complète, l'État reste le pivot, le centre nécessaire de l'activité sociale, dans cette nature de relations qui a l'unité pour caractère indispensable.

Au produit de ses propriétés, à la rétribution des services publics organisés par lui, l'État joint comme ressource un seul impôt direct ayant le revenu de chacun pour base.

Telles sont les idées qui constituent pour nous l'avenir. Nous les avons consignées dans cet écrit, dont le caractère est celui d'une simple profession de foi. Si les publicistes dévoués à la démocratie veulent bien critiquer, juger notre programme, nous en montrer le complément ou la rectification dans l'histoire et dans la nature, nous aurons contribué, suivant la mesure de nos forces, au ralliement de tous les républicains sérieux dans le même symbole et dans la même communion.

Le jour de ce ralliement serait, pour l'opinion démocratique, celui d'un avénement sans retour et sans nouvelles épreuves.

FIN

TABLE DES MATIÈRES.

FIN DE LA TABLE.

www.ingramcontent.com/pod-product-compliance
Ingram Content Group UK Ltd.
Pitfield, Milton Keynes, MK11 3LW, UK
UKHW020117200726
13856UKWH00002B/597

9 782011 780454